해 방 의 교 육 자

프레이리와
교육

해 방 의 교 육 자

프레이리와
교육

초판 1쇄 인쇄 2014년 9월 11일
초판 1쇄 발행 2014년 9월 19일

지은이 존 엘리아스
옮긴이 한국교육연구네트워크

펴낸이 김승희
펴낸곳 도서출판 살림터

기획 정광일
편집 조현주
북디자인 꼬리별

인쇄·제본 (주)현문
종이 월드페이퍼(주)

주소 서울시 마포구 서교동 395-27
전화 02-3141-6553
팩스 02-3141-6555

출판등록 2008년 3월 18일 제313-1990-12호
이메일 gwang80@hanmail.net
블로그 http://blog.naver.com/dkffk1020

ISBN 978-89-94445-70-0 03370

해 방 의 교 육 자

프레이리와
교육

존 엘리아스 지음
한국교육연구네트워크 옮김

살림터

서문

이 책을 쓰는 데 무려 21년이 걸렸다. 나는 1970년 템플Temple 대학 박사논문 주제로 '프레이리의 사회철학과 교육철학'을 정했다. 나의 지도 교수는 급진적인 사회비평가인 일리치Ivan Illich를 논문에 포함시 킬 것을 제안했다. 그러한 요청에 따른 것이 「의식화와 탈학교 교육: 프레이리와 일리치의 사회 개조를 위한 제안」이라는 논문이다. 파울 로 프레이리에 관한 책을 출판하려는 애초의 생각은 뒤로 미루었다.

파울로 프레이리는 내 교육 연구에서 중요한 비중을 차지해왔다. 내가 맡은 많은 강의에서 그의 사상을 상세히 설명하고 대화를 진행 했다. 나는 프레이리 이론의 여러 측면에 대하여 많은 논문을 출간했 다. 나의 연구 분야인 성인교육(평생교육), 종교교육, 도덕교육은 그의 교육적 이론과 실천에서 많은 영감을 받았다. 내가 관심을 갖게 된 가장 주요한 이유는 프레이리가 포드햄Fordham 대학에서 학위 과정을 밟던 많은 제3세계 학생들과 소수자 학생들에게 여전히 매력적인 사 상가였기 때문이다.

이 책은 오늘날 더욱 잘 어울리는 시대를 맞이한 듯하다. 현재 70 세인 프레이리는 고향인 브라질로 돌아와 있다. 그의 교육 이론에 대 한 주요 저작은 완벽한 경지에 이른 것처럼 보인다. 프레이리의 가장 최근 저서들인 '대화록들'은 프레이리가 학자들과 나눈 대화를 자세 히 보여주고 있다. 프레이리는 이 저서들에서 자신의 사상을 더욱 분명하게 드러내고 있다. 그는 자신에 대한 비판에 적극적으로 잘 대응하고 있으며, 좀 더 학구적인 활동을 통해 드러난 것보다 사람을 사로잡는 인품을 더 깊이 보여주고 있다.

프레이리 사상에 꾸준하게 관심을 보이는 학자 집단의 숫자도 늘어나고 있다. 교육자들, 사회복지 노동자들, 의료 서비스 노동자들, 사회운동가들과 정치 활동가들, 철학자들, 그리고 사회 이론가들은 프레이리 사상의 어떤 요소를 자주 인용하곤 한다.

이 책은 1970년대 중반 이래 처음으로 프레이리 사상에 대해 영어로 쓴 저술이다. 나의 접근법은 분석하고 비판하는 것이며, 중심 주장은 두 가지이다. 첫째, 프레이리 사상은 교육 실천가이자 이론가라는 입장에서 볼 때 이해가 가장 잘 된다는 점이다. 그가 철학과 사회 이론, 정치 이론, 언어학 그리고 인류학을 두루 섭렵할 때 지침이 된 것은 교육에 대한 관심이었다. 이러한 점에서 볼 때, 프레이리는 철학을 본질적으로 교육철학으로 보는 존 듀이John Dewey와 가장 비슷하다.

두 번째 주장은 프레이리를 가장 풍부하게 해석하려면, 프레이리를 가톨릭 사상가로 이해해야 한다는 점이다. 프레이리의 절충주의 eclecticism 때문에 그를 여러 관점으로 해석할 수 있고, 그리고 그것은 정당하다고 할 수 있다. 나의 관점은 프레이리가 보여주는 사람, 세계, 사회, 그리고 정치 변화에 대한 종교적이고 신학적인 관점이 프레이리 사상의 많은 요소들을 만들어내고 있다는 것이다. 프레이리는 많은 종교적인 개념들과 이미지들을 활용하였다. 출애굽Exodus, 대화, 유월절Passover, 예언, 복음, 창조 그리고 구원이 그것이다.

이 책은 비판적인 글이다. 이 책을 통해 나는 프레이리의 사상에서 나타나는 어떤 혼란, 비일관성, 오류의 가능성에 관해서 많은 의문을 제기하였다. 이러한 비판은 내가 프레이리의 사상과 다른 사상가의 저작을 견주어보려고 시도한 끝에 나온 것들이다.

이 책의 첫 번째 장은 라틴아메리카와 아프리카에서의 삶에 대한 프레이리의 저작들로부터 비롯된 내용이다. 나는 그의 저작 중에서 이론과 실천의 핵심인, 지금도 유명한 교육 방법인 '의식화 conscientization'에 대하여 간단히 기술하였다. 그다음에는 프레이리 글에서 나타나는 그 골치 아픈 '절충주의'를 살펴본다. 인간, 사회, 지식, 그리고 정치적 변화에 대한 프레이리의 철학은 자신의 교육적 관심과 밀접하게 관련되어 있다. 이어지는 두 개의 장은 프레이리가 강조한 교육 이론에 초점을 맞추고 있다. 먼저 은행 저축식 교육banking education에 대해 비판하며, 나머지는 프레이리의 교육 이론을 구성하는 요소들을 설명한다. 마지막 장은 프레이리의 업적을 제3세계에 팽배했던 해방신학the theology of liberation의 필수 불가결한 일부로 이해하는 것이 적절하다는 논거를 제시한다.

이 책은 나의 친구이자 동료인 모건James Morgan과 퍼킨스Edna Perkins의 제안에 따른 것이며, 세심하게 편집을 한 출판사의 도움을 받았다. 나는 이 책을 모든 사람의 스승, 특히 억압받는 자들의 스승이었던 프레이리에게 바친다.

존 엘리아스
포드햄 대학교

차례

제1장
혁명가의 탄생

파울로 프레이리Paulo Freire, 그는 아마도 오늘날 세계에서 가장 유명한 교육자라 할 수 있을 것이다. 근래 역사에서 프레이리만큼 세계 곳곳의 독자들이 읽어주는 수많은 저서를 지닌 교육자가 누가 있을까? 그처럼 교사, 활동가, 교육학자에게 많은 이야기를 들려준 이가 또 있을까? 이런 면에서 그는 진정 전 세계적인 교육자라고 말해도 지나치지 않을 것이다.

프레이리의 저작을 이해하고, 그의 영향력을 평가하기 위해서 그가 살았고, 일했던 맥락에 관한 지식을 갖추어야 한다. 물론 그의 생애 동안 있었던 중요한 사건도 포함해서 말이다. 이 장은 이 두 가지 모두에 대해서 밑그림을 제공하고자 한다. 이 밑그림을 통하여 프레이리의 주요 저작을 소개할 것이다. 아직 프레이리의 자서전이 없긴 하지만,[1-1] 프레이리에 관한 정보는 이런저런 연구물 속에서 발견되고 있고, 특별히 프레이리의 인터뷰와 녹음된 대화 속에서 발견되고 있다.

초년 시절

브라질의 북동부, 프레이리가 태어나고 그가 초보적 교육 실천과 철학을 발전시켜온 곳, 그곳은 전 세계적으로 가장 가난한 지역 중의 하나였다. 1960년대 동안, 그곳 7개 주에는 비문해율非文解率이 75%였고, 기대 수명이 남성의 경우 28세, 여성의 경우 32세였다. 1956년 당시 그 땅의 반을 그곳 인구 가운데 단 3%의 사람들이 소유하고 있었다. 오늘날까지도 오로지 이 땅의 작은 부분만이 경작되고 있을 뿐이다. 1인당 GNP는 브라질 평균의 40%에 불과하였다.[1-2]

프레이리는 1921년 9월 19일 브라질 북동부 항구도시인 헤시피Recife의 중산층 가정에서 태어났다. 헤시피는 가장 가난한 곳의 중심지라고 할 만한 곳이었다. 아버지의 이름은 조하킴 테미스토클레스 프레이리Joaquim Themistocles Freire, 어머니의 이름은 에델트루데스 네베스 프레이리Edeltrudes Neves Freire였다. 독실한 가톨릭 신자였던 어머니와 이름만 걸친 가톨릭 신자였던 아버지 사이에 종교를 둘러싼 특별한 긴장관계가 집안에서 조성되지는 않았다.

1929년 대공황이 중산층에게까지 영향을 미치기 시작하면서 프레이리는 초년 시절에 지독한 가난과 배고픔에 시달려야 했다. 1931년 프레이리의 가족은 자타타우Jatatao로 이사를 갔지만, 곧 그의 아버지가 죽고 만다. 당연한 결과라 보이지만, 프레이리는 동년배 아이들보다 학교 수업이 2년이나 늦었다. 설상가상으로 몇몇 교사들은 프레이리를 두고 정신박약아라고 진단하기도 했다. 프레이리는 이러한 가난의 경험에 지대한 영향을 받았고, 이로 인하여 브라질 북동부 지역의 가난 문제를 해결하기 위해서 필요한 일을 하겠다고 맹세하였다.

프레이리는 페르남부쿠Pernambuco 대학교에서 법학과 철학을 전공하였다. 프레이리는 모태신앙인이었지만 1년 동안 가톨릭교회를 떠났었다. 물론 트리스타우 데 아야데Tristao de Ayade의 감명적인 강연을 듣고는 다시 가톨릭 신앙을 되찾기는 했지만 말이다. 다른 많은 라틴아메리카 가톨릭 신자들과 마찬가지로 프레이리는 대학에서 마리탱Jaques Maritain,[1-3] 베르나노스George Bernanos,[1-4] 무니에Emmanuel Mounier[1-5] 등 프랑스 종교사상가들의 글을 읽게 되었다. 이 사상가들은 이후 프레이리의 신학적 철학에 큰 영향을 끼친다.

프레이리는 대학을 졸업하고 수년간 고등학교에서 교사로 포르투갈어를 가르쳤다. 그동안 그는 포르투갈어의 문법과 언어학에 대한 특별한 관심을 발전시킬 수 있었는데, 프레이리의 앎, 학습, 그리고 교육에 관한 분석에서 그 흔적이 종종 엿보인다. 프레이리에게 들은 바에 따르면, 이 당시 프레이리의 관심사는 언어학, 철학, 언어철학, 그리고 의사소통 이론 등이었다.

1944년 프레이리는 헤시피에서 초등학교 교사를 했고 나중에 교장을 하기도 한 엘자 마리아 코스타 올리베이라Elza Maira Costa Oliveira와 결혼하였다. 그녀는 프레이리의 학생이기도 했다. 파울로와 엘자는 헤시피 중류계층으로 구성된 가톨릭 운동단체에 참여하였다. 기독교 신앙에 따른 가르침과 가난한 사람들의 생활 사이에 나타나는 극심한 불일치에 충격을 받은 프레이리와 엘자는 빈자貧者와 비문해자非文解者들을 위한 일에 발을 들여놓았다. 프레이리는 분명 이 시기에 사회계급 간의 차이에 대해 잘 알게 되었다. 이들은 슬하에 아들 셋과 딸 둘의 다섯 자녀를 두었다. 그는 말년의 저작과 대화에서 종종 엘자를 협력자로 묘사한다. 특히 프레이리가 아프리카에서 수행했던 문해 교육 프로젝트의 경우, 이 말은 맞는 것 같다.

프레이리의 문해 교육 방법은 그가 고등학교 교사로 일하던 당시 학부모와 교사들을 사로잡기 시작했던 수업 시간에 근거를 두고 있다. 비판적 사고를 키우기 위한 노력으로 그는 학부모와 다른 교사들에게 규율, 규율과 자유, 자유와 권위, 암기 등의 문제를 두고 토론하도록 이끌었다.[1-6] 이로써 그의 평생에 걸친 성인교육에 대한 관심이 시작되었다.

브라질의 문해 교육자

프레이리는 빈민가에서 교사이자 빈민들을 위한 변호사로 일했다. 바로 프레이리가 문해 교육과 관련을 맺는 시기가 이 일을 하고 있던 시기와 같다. 그는 점차 교육, 특히 헤시피 빈민들을 대상으로 하는 성인 문해 교육에 온통 주의를 기울이기 시작했다.

프레이리는 자신의 목표를 달성하기 위해 사회복지 공무원이자 페르남부쿠Pernambuco 주州의 사회복지부 교육문화국 국장으로 일하였다. 1947~59년 기간에 성인 문해 교육에 깊이 관여하면서 전통적인 문해 교육의 방법이 적절하지 않다는 사실을 점차 인식하게 된다. 그것은 전통적인 문해 교육의 방법이 교사와 학생 간의 권위주의적 관계에 기반을 두고 문해 교육의 문제를 다루고 있었기 때문이다. 프레이리는 전통적 문해 교육 입문서에 깔려 있는 사회적 편견을 발견하고, 문해 교육 과정에서 이미 준비된 기본 독본을 사용하는 것을 꺼려했다.[1-7] 오늘의 말로 이해하면, 그러한 교재들 속에는 비문해자들이 자기도 모르게 배우게 되는 지식, 태도, 가치들이 감추어져 있었고, 그것을 문해의 기초 원리로 교육과정이 구성되어 있었다.

프레이리는 1959년 성인 비문해자를 가르치는 것에 관하여 박사학위 논문을 썼다. 그리고 곧바로 헤시피 대학에서 교육사와 교육철학교수로 임용되었다. 교수로서 프레이리는 성인 문해 교육에 계속 관심을 가지면서 문해 교육 프로젝트에 학생들을 끌어들여 일을 했다.

1960년대 초에 프레이리는 브라질 북동부 지역의 다양한 개혁 운동에 뛰어들었다. 이 개혁 운동을 연구하고 있는 역사학자 카드트Emmanuel de Kadt에 의하면, 그의 문해 교육 운동은 그다지 많은 대중을 끌어들이지도 못했으며, 오래가지도 못했다. 1964년 굴라르Joao Goulart 대통령을 끌어내리기 위한 군사 쿠데타가 감행되면서[1-8] 순식간에 문해 교육은 끝나게 된다.[1-9] 이렇게 중단된 개혁의 핵심은 민중 문화운동이었다. 이 운동은 민족주의, 이익 공유, 경제 발전, 문해 교육과 같은 주제에 대해 토론하면서 문화의 민주화를 이루고자 하는 것이었다. 또한 학생들과 프레이리 같은 참여자들은 계급의식을 고양하고 대중 선거 참여를 높이고자 노력하였다.

1960년대 초에는 북동부에서 농촌 지역과 도시 지역 노동조합이 떠오르고 있었다. 대략 1,300여 개의 농장노동자 노동조합이 12개월 내에 결성되었다. 1963년 페르남부쿠에서 농장노동자들의 파업이 성공하여 노동조합들의 힘을 과시하였다. 최초의 파업에는 8만 4,000명의 노동자가 참여하였으며, 두 번째에는 23만 명이 참여하였다. 민중 문화운동은 농업개혁자문단SUPRA과 함께 노동자들을 조직화하고 동원하였다.

그런데 온갖 개혁 운동의 핵심은 브라질의 북동부 지역에서 이루어진 문해 교육이었다. 그것은 오직 글을 깨우친 사람들에게만 투표권을 주었기 때문이다. 특권계층과 대규모 농장주들의 이해관계에 따라 투표를 하는 것은 꽤 오랫동안 소작농들에게 정치적 "의무"로 여겨졌다. 1950년대 줄리앙Francisco Juliao을 따르는 소작농 연대의 형성으로, 소작농들은 투표의 힘에 대해 좀 더 잘 알 수 있게 되었다. 프레이리의 『자유의 실천으로서 교육』 포르투갈어판 서문에서 웨포트 Weffort가 이 당시 브라질 문해 교육 운동의 중요성에 대해 언급하고 있다. 웨포트는 비문해와 사회경제적 지체 사이에 높은 상관관계가 있었다고 주장한다.[1-10] 그러면서 의도적으로 이러한 상황을 유도하는 브라질의 지배 권력층을 고발하였다.

프레이리가 브라질에서 참여한 문해 교육의 역사는 그리 길지 않았다. 그 이유는 문해 교육 프로그램이 너무 짧게 끝났기 때문이다. 민중문화운동은 시청각 매체를 동원하여 다양한 쟁점들을 토론 형식의 드라마로 만들었다. 그 결과는 꽤 만족스러웠다. 이 일을 계기로 프레이리는 자신의 문해 교육 훈련에 자신감을 갖고 같은 방법을 계속 사용하겠다고 마음먹는다. 1963년은 프레이리가 문해 교육 운동을 본격적으로 시작한 해다. 시작 단계에서 미국의 재정 지원을 받는 진보연맹은 프레이리의 실험에 관심을 보였다. 프레이리의 실험은 리우그란데두노르테Rio Grande do Norte 지역의 도시인 안지코스Angicos에서 열렸다. 실제 프레이리는 미국 국제개발지원재단AID으로부터 도움을 좀 받았다.[1-11] 이 실험의 결과는 상당히 인상적이었다. 300여 명의 노동자들이 45일 동안 읽고 쓰는 방법을 배웠기 때문이다.

프레이리는 실험의 초기 단계에서 가톨릭교회의 지도를 받고 있었던 민중문화운동과 직접적으로 함께 일했다. 공산당원들이 이 운동의 회원으로 점차 침투해 들어왔다. 프레이리가 자신의 민중주의적 방법을 헤시페 대학의 문화 확장 교육기관cultural extension service[1-12]으로 변화시킨 것은 부분적으로 이러한 변화 과정에 대한 대응이라고 할 수 있다. 가톨릭교회와 정부로부터 지원을 받고 있었던 또 다른 문해 교육 프로그램 기초교육운동MEB은 이와 때를 맞춰 급진적으로 변해갔다. 좌파로 이동한 이런 변화는 대학에서 그의 방법을 적용하는 방향으로 전환되었고, 프레이리는 그것이 옳았다고 더욱 확신하였다.

프레이리에게 있어 1962년은 아주 중요한 해였다. 헤시피 시장이었던 아라에스Miguel Arraes가 프레이리를 그곳의 성인 문해 교육 책임자로 임명했기 때문이었다. 프레이리는 성인 문해 교육의 노력을 배가하도록 하기 위해서 토론 그룹 등 그의 문화 서클을 활용하였다.

프로그램 확산

프레이리의 친구인 타르수Paulo de Tarso가 교육부 장관이 되었을 때, 프레이리의 문해 교육 프로그램은 1963년 6월 전국으로 확산되었다. 가톨릭 운동단체의 일원이자, 자유주의적 개혁가이면서 학생 지도자들에게 인기가 좋았던 타르수는 프레이리를 전국 문해 교육 캠페인 책임자로 임명하였다. 1963년 6월부터 1964년 3월 사이에, 프레이리는 거의 모든 주州와 군郡에서 성인 문해 교육자들을 위한 훈련 프로그램을 가동시켰다. 리우그란데두노르테 주州, 상파울루San Paulo, 바이하Baiha, 세르기페Sergipe, 리우그란데두술Rio Grande do sul 주에는 이미 관련 프로그램이 있었다. 프레이리는 폴란드로부터 3만 5,000개의 슬라이드 프로젝터를 수입하여, 브라질의 2,000만 비문해자들을 위한 2만 개의 문화 서클cultural circles을 전국에 세울 것을 계획하였다. 8개월에 걸쳐 코디네이터로서 열정적 봉사활동을 펼친 대학생들과 함께 문해 교육 교사 프로그램을 개발하였다. 3개월에 걸쳐 진행될 프로그램에는 한 그룹당 30명이 배치되었다. 이 국가 문해 교육 프로그램은 쿠바의 사례를 따라 만들어진 것이었다. 쿠바는 이미 몇 년 전까지 대중 문해 교육 캠페인을 통하여 비문해자를 일소한 상황이 었다.[1-13] 프레이리는 이 캠페인이 1960~64년 동안의 쿠바에서의 캠페인과 마찬가지로 성공하기를 간절히 바랐다.[1]

연방 문해 교육 캠페인은 프레이리의 노력과 반디에라Marina Bandiera가 지도하는 가톨릭교회 기반 캠페인인 기초교육운동을 후원하였다. 프레이리가 담당한 일들은 기초교육운동과 별개의 것이었지만, 이 두 캠페인 사이에는 상당한 유사점이 있었다.[1-14] 기초교육운동이 반디에라의 지도에 따라 브라질에서 계속되기는 했지만, 정부의 재정 보조는 줄어들었다. 결국 기초교육운동은 정부가 주도하던 브라질 문해교육운동MOBRAL으로 통합되었다. 기초교육운동은 1963년 '삶이 곧 투쟁Viver e Lutar'이라 이름 붙인 교리문답식 학습 자료를 준비하였다. 이것은 실제와 같은 사진들을 이용하여 실례로 보여주는 30개의 학습과정으로 구성되어 있었다. 이들은 무엇보다도 소작농의 경험과 그들의 실제 삶이 처해 있는 상황으로 인도하는 것이었다. 이런 교리문답식 학습 자료는 프레이리의 방법과 아주 유사한 출발이었다. 1962년 말부터 어느 정도의 접촉이 있었다. 그렇지만, 다양한 문해 교육 프로그램 중에서도 브라질 북동부 지역이 특별하였다.

그런데 이러한 문해 교육 방식을 반대하는 광범위한 여론이 형성되어 보수주의적 집단들을 결집시켰다. 프레이리는 그의 문해 교육을 활용하여 사회 전복 사상(급진적 사상)을 퍼뜨린 죄목으로 고발되었다. 한 인터뷰에서 프레이리는 리우데자네이루Rio de Janeiro 우파 신문인 『글로부*Globo*』가 이러한 공격을 선도했다고 회고한 바 있다.[1-15] 이 신문은 프레이리가 사람들에게 사회 전복을 선동하였다고 몰아붙였다. 기초교육운동의 사업 또한 그러한 공격을 받았다. 특별히 작은 교구에서 특히 그러하였다.

혁명을 선동한다는 것은 교육자로서 프레이리가 원래 가지고 있는 직접적 목표가 아니었다. 프레이리는 단지 브라질 북동부 지역에서 정치적·사회적 개혁을 추진함으로써 굴라르Joao Goulart의 개량주의 정부를 돕기를 바랐을 뿐이었다.[1-16] 프레이리의 주된 관심사는 민주화였다. 그는 교육에 있어 그 어떤 권위주의적 방법도 거부했다. 복지를 내세워 사회문제를 완화시키려는 것이나 정치적 표현을 억압하는 것도 완강히 거부하였다. 그러나 그의 일은 부인할 것도 없이 사회혁명의 씨앗을 담고 있었다. 그 이유는 사람들에게 그들의 억압적 삶의 실제 모습을 이해하도록 하고 있었기 때문이다. 브라질에서 수년 동안 경험한 후 쓴 『페다고지*Pedagogy of the Oppressed*』에서 프레이리는 스스로 교육이 혁명적 행동을 고양시키는 수단이 된다는 것에 실로 관심을 보이고 있다.[1-17] 실제, 『페다고지』는 혁명적 교육을 위한 지침서로 여겨질 수도 있다. 프레이리는 이런 혁명 이론을 제안하며 특별히 브라질 상황을 고려하였다. 그가 보기에 당시 브라질은 사회 정치적 변화를 가져올 수 있는 유일한 수단으로서 혁명이 불가피해 보였다.

프레이리의 문해 교육 캠페인은 1964년 초 갑작스럽게 끝나게 된다. 당시 굴라르 대통령과 군부 사이에 극심한 정치투쟁이 발발했다. 굴라르는 1961년 쿠아드로스Quadros 대통령이 사임하고 정권을 차지한 인물이었다. 굴라르는 꽤 오랫동안 좌파 정치 개혁 운동에 관여해왔다. 쿠아드로스가 사임하던 당시, 굴라르는 카스트로Castro의 쿠바를 이미 방문했고, 공산국가인 중국을 방문하고 있었다. 브라질에서 몇 년 동안의 굴라르 대통령 재임 시기에 진보적이고 혁명적 단체가 가 장 대대적으로 발전했다. 이 중 많은 단체들은 마르크스주의자들로 구성되었다. 그리고 가톨릭 급진주의 단체들 또한 정치개혁, 특히 북 동부 지역의 개혁 노력에 적극적으로 나섰다.

1964년 4월 1일, 군부가 권력을 차지하면서 굴라르와 군부 사이의 갈등은 끝이 난다. 프레이리의 친구였던 아라에스Miguel Arraes 주지사 는 군사 쿠데타와 이후의 상황 전개에 대해 진술한 바 있다.[1-18] 아라 에스는 군정에 의해 추방당했던 사람들 가운데 한 명이었다. 쿠데타 를 유발한 많은 이유들 중 하나는 굴라르 대통령이 프레이리와 같은 좌파 실험에 우호적이란 점이다. 다른 많은 좌파 지도자와 마찬가지 로, 프레이리 또한 투옥된다. 쿠데타가 발생했을 때, 프레이리는 세르 기페Sergipe 주州의 북동부에 있는 아라카주Aracaju에서 문해 교육 캠 페인을 벌이고 있었다. 실험에 참가했던 한 사람은 쿠데타 이후 발생 했던 일들을 다음과 같이 증언한다.

"그 당시, 파울로 프레이리가 사용할 슬라이드 프로젝터가 캠프에 막 도착했다. 그런데 그 순간 군인들이 들이닥쳐 박스를 부수어 열었 다. 마치 그 안에 사회혁명을 위한 총기라도 숨겨져 있다고 믿고 있는 듯했다. 프레이리는 체포되었다."[1-19]

이렇게 프레이리는 이후 결국 75일간 투옥되어 시련을 겪었다. 이 기간 동안 프레이리는 조그만 감방에 갇혔다. 비록 고문을 받지는 않았지만, 그 시련을 엄청 힘들어했다.

1964년 쿠데타 이후 프레이리는 개량주의적 교육자reformist educator 의 노선을 넘어 급진주의자로 변화하였다. 그때까지 자기가 참여해왔 던 개혁적 활동은 그동안 자신이 맞서 활동한 억압적 상황을 변화시 키기에는 적합한 것이 아니었다는 반성을 감방에서 하였다. 당시 쿠 바 혁명의 성공이 다른 많은 라틴아메리카 좌파들과 마찬가지로 프 레이리의 사고에도 영향을 끼쳤다는 것은 틀림없는 것 같다. 쿠바 혁 명이 성공함으로써 다른 라틴아메리카 국가들이 추진해온 개혁 사업 의 약점이 무엇인지 뚜렷하게 드러났다. 프레이리는 또한 쿠바 혁명을 통해 개혁주의자에서 혁명주의자로 변화하였다. 프레이리에게 이렇게 서서히 다가왔던 변화의 과정은, 1964년 쿠데타가 발발하자 비극적이 게도 추방으로 이어졌다. 프레이리는 이런 경험을 통해 스스로 급진 화 또는 자기 변신을 하게 되는데, 이때 교육자는 정치가이기도 하다 는 것을 깨달았다. 추방된 기간 동안 그는 교육의 정치학에 대해 많 은 고민을 하였다.[1-20]

추방된 프레이리: 칠레

프레이리는 체포 이후 70일 동안 감옥 생활을 했다. 그는 심문을 위해 리우데자네이루로 옮겨졌고, 자신이 또다시 수감될 것이라고 생 각했다. 그리하여 가족과 함께 추방되는 쪽을 선택하여 망명을 하였 다.[1-21] 어떤 자료에 따르면, 프레이리는 다른 150여 명의 양심수와 함 께, 브라질 시민권을 박탈하고 추방한다는 판결을 받았다.

아내와 가족을 데리고, 프레이리는 가장 먼저 볼리비아의 라파즈La Paz로 이동하였다. 그러나 두 달밖에 머물지 않았다. 그 이유는 기후 탓, 그리고 프레이리가 취업될 가능성이 전혀 없었기 때문이었다. 그래서 칠레의 수도 산티아고Santiago로 갔다. 거기서 유네스코UNESCO의 자문으로 농업개혁훈련연구소ICIRA에서 5년을 근무했다. 또한 칠레 대학교와도 관계를 맺었다. 칠레에서 프레이리는 기독교 민주당의 프레이Eduardo Frei 대통령이 이끄는 정부의 문해 교육 캠페인을 감독하는 일을 하였다. 프레이리는 산티아고 야학의 총책임자였던 코르테스Waldemar Cortes의 지도 아래 있는 성인교육 특별기획국에서 일하였다. 그곳에서 2년간 일을 하면서, 프레이리의 캠페인에 힘입어 칠레 정부는 많은 수의 비문해자 감소를 성공적으로 이끌었다. 이로 인해 그는 유네스코상을 수상하였다.[1-22] 당시 프레이리는 그가 책임진 국가 단위의 성인교육 부서를 영구적 기관으로 세우려는 시도를 하였는데, 이는 실현되지 못했다. 결국 그는 칠레를 떠나 미국으로 건너가게 된다.

칠레에서 프레이리는 두 권의 책을 써서 성인 문해 교육과 급진적 정치 교육 분야에서 지도자로 부상한다(이 장에서는 프레이리의 저작에 대해서 개괄적인 소개만 다루고자 한다. 그의 저작에 대해서는 이 책 전반에 걸쳐 다룰 것이다). 프레이리는 감옥에 있는 동안, 이미 문해 교육 방법에 관한 생각을 작성하였다. 1967년에 칠레에서 『자유의 실천으로서 교육Educacao como pratica de liberdade』이라는 제목으로 완성된 책은 얼마 안 있어 스페인어로 출간되어 광범위하게 활용되었다. 이 책은 프레이리가 개발한 문해 교육 방법에 대한 내용을 담고 있다.

이 책은 1967년도에 출간되었지만, 영어판은 1973년이 되어서야 빛을 보았다. 단행본이 아니라 『비판적 의식을 위한 교육*Education for Critical Consciousness*』의 한 부분으로 나온 것이다. 불행히도 이 책은 『페다고지』가 출간된 이후에야 출판되었다. 『비판적 의식을 위한 교육』은 프레이리의 철학과 교육 방법에 대한 더 좋은 안내서이다. 그 이유는 프레이리 자신이 문해 교육에서 사용했던 삽화를 포함하여 브라질 문해 교육을 실천할 수 있는 방법을 잘 묘사하고 있기 때문이다. 대조적으로 『페다고지』는 혁명적 교육학에 관해 좀 더 이론적으로 설명하는 방식을 취하고 있다. 이보다 일찍 출간된 책은 또한 칠레의 사회교육 프로그램에 관한 비판적 글인 「지도인가, 소통인가Extension or Communication」를 포함하고 있다.

『비판적 의식을 위한 교육』은 프레이리의 방법을 명확하게 묘사하고, 그 방법을 발전시켜온 상황을 잘 설명하고 있다는 측면에서 가치가 있다. 이 책에서 나타난 프레이리의 모습은 분명 자유주의적 개혁가, 기독교 민주주의자, 실존주의적 기독교인이었다. 당시 이 책에서 특히 교육과 정치에 관련된 내용 가운데 나타나는 "순진함naiveties"을 현재 프레이리는 인지하고 있다. 이 책에서 교육가의 정치적 역할은 충분히 분석되지 않았다. 그가 설명하고 있는 이 책의 내용을 살펴보자.

"쿠데타의 충격을 경험하면서 나는 교육의 본질적 한계에 대해 이해하기 시작했다. 쿠데타 이후 나는 정치, 교육, 그리고 변혁에 관한 새로운 의식을 갖고 확실히 다시 태어났다. 여러분은 나의 첫 번째 책인 『비판적 의식을 위한 교육』에서 이러한 것을 확인할 수 있다. ……난 그 책에서 교육 정치학을 전혀 참고하지 않았다. 그러나 그 이후 역사를 배울 수 있었다. 이러한 모든 것들을 통해 자유를 향한 영원한 도정이 될 사회에서의 정치적 실천이 우리에게 얼마나 필요한지를 배울 수 있었다. 그리고 그 실천 속에는 우리를 해방으로 이끄는 교육이 함께할 것이다."

『비판적 의식을 위한 교육』은 브라질 사회가 거쳐온 변천을 기술하고 있다. 이 책에서 브라질은 폐쇄적이고 민주적 경험이 부족한 사회로 그려지고 있다. 기존 제도 교육이 사람들을 개인으로서 고려하지 않는 대중화된 사회를 다루는 하나의 수단으로 제시되고 있다. 프레이리는 의식화conscientization를 사물의 원인을 파악하는 비판적 반성으로 보았다. 문해 교육 과정의 다양한 단계는 문화 서클에서 논의되었던 상황에 대한 그림을 제시하는 것으로 이루어져 있다. 칠레의 농업 개혁이라는 맥락에서 쓴 이 책은 기술과 근대화 간의 관계를 파악하고, 교육자가 농촌 현실이 직면한 문제를 어떻게 다루어야 하는지를 탐색하고 있다.

『비판적 의식을 위한 교육』에 담겨 있는 비교적 짧은 글인 「지도인가, 소통인가」는 그 중요성이 소홀히 다뤄져왔다. 이 글은 프레이리의 교육 이론을 뒷받침하고 있는 지식 이론을 다루고 있다. 프레이리는 사회교육 프로그램과 의사소통 프로그램을 구분한다. 인간의 앎을 설명하는 데 그리 적합하지 않다는 이유로 관념론도 유물론도 거부한 채, 프레이리는 인간 앎의 원천을 실천praxis에 두고 있는 변증법에 관해 기술하고 있다. 문화적 침략이 아닌 대화는 교육과 농업 개혁 양자에 모두 본질적인 것으로 제시되었다. 이 글은 명확히 프레이리 교육철학에서 인식론의 중요성을 보여주고 있다.

칠레에 있는 동안 프레이리는 두 번째 책을 완성했다. 프레이리에게 일약 국제적 교육가로 명성을 갖게 해준 『페다고지』이다. 이 책은 1968년도에 첫 출간되었지만, 영어 번역본은 1970년에 출판되었다. 확실히 프레이리는 이 책에서 이전의 저작들보다 훨씬 더 급진적 모습을 보여준다. 주요한 내용은 혁명적 교육을 이론적으로 분석하는 것이다. 많은 비평가들이 『페다고지』에 대해 불분명하고, 장황하고, 추상적이며 복잡하다고 평하고 있지만, 여하튼 이 책은 교육 관련 책 중에서 거의 '고전'에 맞먹는 반열에 올랐다. 이 책의 비판론자들은 이 책이 철저한 논증 형식을 통한 철학적 논문이라기보다 혁명적 선언에 가깝다는 사실을 잊어버린 듯하다. 또한 많은 비판자들은 억압적 교육과 사회적 상황을 해결하기 위한 수단으로 혁명적 폭력을 용인하고 있다고 비판하기도 한다.

여하튼 『페다고지』의 핵심적 주제는 다음의 내용을 포함하고 있다. 온전한 인간으로서 살고자 하는 이들은 주체로 바로 서야 하며, 대상화된 객체로서 사물로 머무는 것에 만족해서는 안 된다는 것이다. 교육은 피억압자들에 의해 그리고 피억압자들과 함께 이루어져야 한다. 그러나 그들만을 위해서 교육이 시행되어서는 안 된다. 피억압자들에 의한 교육은 피억압자의 의식화를 수반한다. 즉, 피억압자들로 하여금 자신들의 억압적 상황을 깨닫게 하고, 그들의 실천을 통하여 이러한 억압적 상황을 변혁할 수 있다는 것을 보여준다. 폭력을 경험한 피억압자는 스스로를 해방하기 위하여 폭력을 사용할 수 있다는 것이다. 프레이리는 "은행 저축식 교육banking education"과 반反대화적 교육non-dialogic education에 대해 문제 제기식 교육problem-posing education과 대화적 교육을 대비시켜 제시하고 있다.

미국에서의 체류

프레이리는 1969년 매사추세츠Massachusetts의 케임브리지Cambridge에 위치한 하버드 대학교의 교육개발연구센터CSED와 개발과사회변화연구센터의 합동 초청으로 미국으로 건너갔다. 이 연구소에서 초빙교수의 자격을 얻게 된 프레이리는 세미나와 학술회의에 참여하였다. 당시 프레이리는 많은 북미 교육자 및 교육학자들과 교류를 가졌다. 프레이리는 거의 1년에 한 번 미국을 방문하면서, 서로 마음이 맞는 많은 추종자들을 볼 수 있었다. 물론 그에 대해 아무런 비판이 없었던 것은 아니지만 말이다.

풀뿌리 교육의 노력을 계속하기보다는 하버드와 다른 유수한 서구 대학들로 갔다는 이유로 라틴아메리카 사람들이 자신을 비판하는 것을 두고 신경을 곤두세우기도 했다. 이러한 비판에 직면한 프레이리는 자본주의 세계의 중심지를 직접 보아야 했다고 답변했다.

이즈음에 프레이리는 산업화된 국가의 학교교육에 혹독한 비판을 가하고 있는 일리치Ivan Illich와 만난다. 프레이리는 멕시코 쿠에나바카에 위치한 일리치의 상호문화문서센터Center for Intercultural Documentation에서 많은 학술토론과 세미나를 개최하였다. 두 급진적 교육자 사이에 유사성이 있기는 하지만, 역시 중요한 부분에서 일군의 차이점들이 있다.[1-23]

미국에 있는 동안, 프레이리는 자신의 이론에 대한 가장 학문적인 설명이라 할 수 있는 책을 발간하였다. 하버드 대학의 『하버드 교육 비평Harvard Educational Review』에 두 개의 논문을 작성하였다. 그것은 곧 모노그래프 형식의 『자유를 위한 문화적 실천Cultural Action for Freedom』으로 발간되었다.[1-24] 이는 곧 『교육의 정치학The Politics of Education』이라는 제목으로 다시 출판되었다.[1-25] 이 글 속에는 프레이리가 분명 마르크스주의자로 나타나고 있다. 공허하게 사는 주변부의 일원으로서 제3세계 비문해자의 상황을 프레이리는 그려내고 있다. 그는 자신의 문해 교육 실천을 뒷받침하고 있는 지식 이론에 대한 철저한 검토를 하고 있다. '대화'는 그의 핵심적 방법론으로 등장한다. 이 글에서 그는 의식화와 의식구조의 단계를 기술하고 있다. 이는 상부구조에 하부구조가 미치는 영향에 관하여 마르크스의 해석을 아주 강하게 받아들이고 있음을 보여주는 것이다. 또 문화적 행동과 문화적 혁명의 역할이 제시되어 있다.

제네바와 세계교회협의회

프레이리는 1970년 세계교회협의회 교육국에서 전문 컨설턴트로 일하기 위하여 스위스 제네바Geneva로 이사하였다. 세계교회협의회는 프레이리에게 10년 동안의 고용을 약속하였다. 이런 조건을 토대로 프레이리는 교육 프로그램을 가지고 전 세계의 다른 많은 국가들(페루, 앙골라, 모잠비크, 탄자니아, 니카라과, 그레나다, 기니비사우)을 다닐 수 있는 기회를 얻었다. 이러한 국가들에 프레이리가 관여하는 방식은 유사한 양상을 보였다. 그는 정치적 혁명을 경험한 국가로부터 초청을 받았고, 그 국가의 문해 교육 노력을 도와달라는 부탁을 받았다. 프레이리는 정부와 경제를 강화시킬 수 있는 문해 교육 캠페인을 수행하는 일을 도와줄 수 있는 사람으로 인식되었다.

프레이리는 자신의 일을 굳이 제3세계 국가들로 한정 짓고자 하지 않았다. 그는 캐나다와 미국, 이탈리아, 이란, 인도, 호주에서 열린 세미나와 심포지엄에 참가하였다. 그는 그동안의 공로를 인정받아 1973년 영국의 개방대학으로부터 명예 박사학위를 받았다.

1971년 프레이리는 제네바에 문화행동연구소IDAC를 창설하였다. 이 연구소는 프레이리의 새로운 의식화 방법을 실험하고 연구하는 기구였다. 연구소에서는 여성해방, 페루의 정치 교육, 제3세계 국가에 대한 국제 원조 프로그램에 관련된 모순 등을 다루는 다양한 자료들이 발간되었다.

문화행동연구소는 아프리카에서 교육적 노력을 기울이는 데 많이 참여하였다. 1975년 프레이리는 기니비사우의 신정부로부터 문해 교육을 도와달라는 초청을 받았다. 그는 기니비사우와 카보베르데 제도에서의 주요한 노력들을 총지휘하였다. 프레이리는 아밀카르 카브랄Amilcar Cabral의 지도하에 막 탄생한 정부의 비문해 퇴치 노력을 지원하였다. 이 정부는 1974년 우파 독재정부를 전복하고 출현하였다.[1-26]

문해 교육 캠페인과 그 속에서의 프레이리의 참여는 커다란 논쟁의 주제가 되어왔다. 프레이리는 기니비사우에서 자신의 시도를『과정으로서의 교육학Pedagogy in Process』에서 묘사하고 있다.[1-27] 그런데 여기서 프레이리는 대중의 인기에 영합하는 이상주의적인 계획을 수행하려 했다는 비난을 받았다. 즉, 기니비사우의 중요했던 정치적·경제적·문화적·언어적 현실을 무시했다는 비판이 주된 내용이었다. 이는 문해 교육의 언어로 포르투갈어를 사용하는 것이 맞는가 하는 문해 교육 담론에 있어서 핵심적 쟁점이었다. 이 점에 관해 프레이리는 이 책의 마지막 단락까지 침묵하였다. 또한 카브랄에게 보낸 편지를 이 책에 포함시키지 않았다. 프레이리는 이 편지에서 토착 언어보다 포르투갈 언어를 캠페인에 사용하는 것을 유보해달라고 강력하게 요청한다. 그렇지만 프레이리는 정부의 요구대로 포르투갈 언어를 사용하는 데 동의함으로써 문화적 제국주의 또는 침략을 부추기고 있다는 의심을 많은 사람들에게 받게 된다.

또 다른 비판으로, 프레이리 자신이 세운 원칙들을 스스로 어기고 있으며, 신新식민주의적인 상황을 만드는 데 조력하고 있다는 지적을 받았다. 프레이리는 자신을 향한 이런 의심들에 대해 당시 자기에게 가능한 일을 했을 뿐이라고 반박한다.[1-28] 그는 정치적 상황에 아주 민감하지 않을 수 없을 뿐만 아니라, 동시에 많은 현지 토착어들 중 하나에 대한 호의적 입장을 취하여 포르투갈어를 포기한다는 것은 기니비사우 처지에서 비현실적이라는 것을 잘 알아야 한다며 반론을 제기했다. 물론 프레이리는 이런 팽팽한 긴장을 감내해야 했다. 이런 상황을 겪으면서 프레이리는 다언어주의multilingualism가 갖는 문제를 민감하게 다루어야 한다는 것을 알게 되었다. 이것은 이전에 전혀 알지 못했던 부분이다.

기니비사우의 문해 교육 캠페인을 다룬 자료로서 『과정으로서의 교육학』은 주로 교육문화부 위원이었던 마리오 카브랄Mario Cabral과 나눈 편지로 구성되어 있다. 1975년 1월부터 1976년 봄까지의 편지들은 프레이리의 매우 인간적인 면면들을 보여주고 있다. 이러한 면들은 이전의 어떤 글에서도 보이지 않았던 것이다. 그러나 그와 만났던 사람들은 이에 대해 잘 알고 있었다. 프레이리의 아내인 엘자는 이 프로젝트에서 중요한 협력자로 그려지고 있다. 이런 노력 속에서 프레이리는 교육을 경제적 생산성을 높이기 위한 정부 차원의 노력과 최초로 연결하게 된다.

브라질로의 귀환

1980년 6월, 프레이리에게 브라질 귀환이 허용된다. 당시 피게이레도 대통령은 5,000명에 이르는 추방자들과 '정치사상범'을 대상으로 한 대사면을 단행하였다. 프레이리와 프레이리에게 헤시피 시의 문해교육을 맡겼던 전 헤시피 주지사 아라에스가 포함되어 있었다. 프레이리는 '현재' 리우데자네이루의 교육감이다.[1-29] 그의 아내는 이미 죽었다. 프레이리는 브라질의 기독교 기초공동체 활동에 참여하고 있다.

프레이리 삶의 후반부는 책들이 많이 출간된 것이 특징이다. 1985년 『교육의 정치학』을 출간하였다. 지난 20여 년간 발표했던 보고서, 논문, 그리고 대화록을 묶어 엮은 것이다. 이 책은 프레이리의 이론이 문해 교육, 농업 개혁, 사회복지, 정치 교육, 교회 개혁, 해방신학, 학교교육제도 등에 어떻게 적용되고 있는지에 대해서 살펴볼 수 있다. 이 책 속에 들어 있는 미발표 원고는 자신의 동지였던 마세두Donaldo Macedo와의 인터뷰 내용이다. 프레이리는 자신의 비판교육학을 되돌아보고, 자신의 사회적·교육적 철학이 딛고 있는 면면들을 명료히 할 수 있는 기회를 가졌다. 프레이리의 진한 인간적 면모가 이 인터뷰에 잘 나타나 있다. 프레이리는 친구를 사랑하고, 독서, 아이들, 편지 받기, 음악, 글쓰기 그리고 먹고 마시는 것을 좋아했다. 그는 잘 차려진 식사보다 알약이나 '플라스틱으로 만든 음식 표본'을 찾는 사람들을 의심의 눈초리로 보았다.[1-30] 그에게 있어 먹는 것, 관능적인 것, 그리고 창의적인 것 사이에는 깊은 연관관계가 있다.

지속적으로 프레이리가 문해 교육에 참여하고 있다는 것은 『문해 교육: 글 읽기, 세상 읽기Literacy: Reading the Word and the World』에서 볼 수 있다.[1-31] 이 책은 프레이리와 마세두 사이에 있었던 두 차례의 대화에다가 많은 논문들과 짧은 글들을 가지고 엮은 것이다. 부록으로 프레이리가 기니비사우 문해 교육 캠페인에서 어떻게 포르투갈어를 활용할 것인지에 대해 자세하게 다룬 편지들이 실려 있다. 이 책은 문해 교육을 증진시킬 수 있는 도서관의 중요성과 독서 활동에 대해 다루고 있다. 프레이리는 이 책을 기니비사우에서 자신이 참여한 일들에 가해진 비판적 평가들에 대해 대답할 수 있는 공간으로 삼고 있다. 여기에서 미국의 비문해 문제를 언급한다. 또한 아프리카 문해 교육에서 활용한 워크북 내용의 일부를 담고 있다. 이를 통해 프레이리가 평생학습에 어느 정도로 헌신하였는지를 엿보게 해준다. 그리고 그는 또한 이런 형태의 성인교육이 끼칠 정치적 잠재력을 옹호한다.

프레이리는 미국 교육가인 쇼Ira Shor와 나눈 대화 형식의 책에서 이른바 제1세계의 교육 문제를 다루고 있다. 『해방을 위한 교육학: 교육 변혁에 관한 대화Pedagogy for Liberation: Dialogues on Transforming Education』에서 해방 교육을 옹호하는 수많은 책을 써온 쇼는 아주 다양한 주제에 대해 프레이리와 대화를 나누고 있다.[1-32] 두 사람의 공통점은 모두 대학교수라는 것과 전공이 교육철학이라는 것이다. 대화의 많은 부분이 쇼의 글에서 집중적으로 다루고 있는 교실에서의 교수법이다.

프레이리 사상에 대한 더 깊은 통찰은 프레이리와 칠레의 철학과 교수인 파운데스Antonio Foundez와의 대화인 『질문하는 법 배우기: 해방의 교육학*Learning to Question: A Pedagogy of Liberation*』에서 살펴볼 수 있다.[1·33] 파운데스는 1973년 아옌데*Allende*의 사회주의 정부가 무너지는 시점에 칠레를 떠나 프레이리와 함께 제네바 세계교회협의회에 있었다. 지금은 제네바에 위치한 대학개발연구센터*University Institute of Development Studies, UIDS*에서 가르치고 있다. 이 두 사람은 다양한 주제에 걸쳐 대화를 전개하고 있다. 대화로 이루어진 책의 장점, 추방당한 지식인들, 이데올로기의 역할, 교육철학, 정치와 교육, 대중문화 등. 마르크스주의 지식인이라 불릴 수 있는 이 두 사람은 기니비사우에서의 쟁점들을 깊이 파고들고 있다. 흥미롭게도 파운데스가 따끔한 비판자의 입장에 있는가 하면, 프레이리는 한결 방어적인 자세를 견지하는 모습을 보여주고 있다.

1970년에 출간된 『자유를 위한 문화적 실천*Cultural Action for Freedom*』 이후의 글들은 프레이리의 사회적·교육적 철학에 본질적으로 새로운 것을 추가한 것이 없다. 그러나 더 많은 자서전적인 이야기들을 제공하고 있다. 그 글들은 프레이리의 아내, 엘자의 도움과 협력의 소산이었다. 프레이리의 그 글들은 큰 공을 들여 번역이 되었기 때문에 그의 주요한 글들보다 훨씬 읽기 수월하다. 프레이리는 자신의 입장을 명료하게 정리했고, 그중 일부는 수정했다. 자신의 초기 사상에 있었던 순진함을 솔직히 인정했고, 비평가들이 자신의 생각을 비판하는 내용에 수긍을 하였다. 프레이리의 지성과 광범위한 관심은 이러한 대화체 형식의 책에서 드러난다. 그의 아이디어는 그와 대화하는 사람들이 더욱 갈고닦는다. 마세두와 함께, 프레이리는 문해 교육에 관한 많은 쟁점들을 탐색하였다. 마찬가지로 그는 쇼와 함께 미국이라는 맥락에서 자신의 이론이 갖는 의미를 다루었고, 보수적 국가에서 해방 교육이 가능한지에 대해 토론하였다. 또한 그는 파운데스와의 대화에서 네오마르크스주의 이론가들에 대한 자신의 생각을 보여주었으며, 전 세계에서 읽히고 있는 자신의 저작들을 되돌아보았다.

1-1. [옮긴이 주] 그 흔한 '평전' 형식으로도 파울로 프레이리의 자서전은 아직 출간 되지 않았다. 그러나 그의 사상을 맥락적으로 설명하기 위하여 필요한 그의 자전 적 이야기는 지금까지의 관련 서적들에 거의 포함되어 있다. 이들 중 최근 발간된 Daniel Schugurensky(2011)의 'Paulo Freire', Jone Irwin(2012)의 'Paulo Freire's Philosophy of Education', Andrew Kirkendall(2010)의 *Paulo Freire and Cold War Politics of Literacy* 등을 참고할 수 있다.

1-2. Clift Barnard, "Imperialism, Underdevelopment and Education", In Robert Mackie, ed., *Literacy and Revolution: The Pedagogy of Paulo Freire*, New York: Continuum, 1981, pp. 12-38.

1-3. [옮긴이 주] Jacques Maritain(1882-1973)은 아퀴나스를 현대적 시각으로 조명한 프 랑스의 가톨릭 신학자이며, 세계인권선언의 주요 초안자 중 한 사람이다.

1-4. [옮긴이 주] Georges Bernanos(1888-1948). 20세기 프랑스 기독교 문학을 대표하는 소설가로, 대표작으로는 '사탄의 태양 아래'가 있다.

1-5. [옮긴이 주] Immanuel Mounier(1905-1950). 프랑스의 철학자이자 가톨릭 신학자. 1930년대 이후 『에스프리지誌』지를 통하여 인격주의를 제창하였다. 실존주의와 입장이 유사하였으며, 사회적 도덕을 강조함으로써 가톨릭의 진보적 진영에 영향을 끼쳤다.

1-6. Paulo Freire and Donaldo Macedo, *Literacy: Reading the Word and the World*, South Hadley, Mass.: Bergin and Garvey, 1987, p. 176.

1-7. Charles Wagley, *An Introduction to Brazil*, New York: Columbia University Press, 1971, p. 192.

1-8. [옮긴이 주] 굴라르 대통령은 군부와 지배세력과의 갈등으로 정부 체제에서 다양한 도전을 받아왔었다. 특히 대미 관계의 악화, 연속되는 경제 불황, 그리고 외교적인 문제 등에 있어서 보수적 당파 세력과 경쟁 관계를 이어왔다. 이것이 1964년 주요 산업 기 반 시설 및 자원의 국유화를 진행하면서 정치적 긴장 관계를 극대화하게 되었다. 굴라 르 대통령은 이러한 정치적 경쟁 관계에서도 총선 및 국민투표 등을 통하여 성공적으 로 정치적 지배를 이어왔는데, 1964년 3월 1일 국외 순방으로 자리를 비운 사이 쿠데타 가 발생하여 4월 11일 의회가 새로운 대통령을 선출하고 공식적으로 정권 이양을 승인 함으로써 그의 정치적 실험은 막을 고하게 되었다.

1-9. Emmanuel de Kadt, *Catholic Radicals in Brazil*, London: Oxford University Press, 1970.

1-10. Francisco Weffort, "Education and Politics," Introduction to Paulo Freire, *Educacao como pratica da libertade*, Cambridge, Mass.: Center for the Study of Development and Social Change, 1969, p. 12.

1-11. John W. Dulles, *Unrest in Brazil*, Austin, Texas: University of Texas Press, 1970, p. 216.

1-12. 주로 대학 평생교육기관을 일컬어 extension이라고 부른다. 영국의 경우 이러한 college extension은 유명하다. 그리고 미국의 경우에도 대학 사회교육기관을 일컬어 university extension이라고 부른다. 여기서는 cultural extension service는 헤시피 대학의 사회교육 프로그램을 의미한다.

1-13. 쿠바의 국가문해교육캠페인(Campaña Nacional de Alfabetización en Cuba)을 의미하는 것으로, 1961년 1월 1일부터 12월 22일까지 1년에 걸쳐 진행된 대대적인 문해 교육 캠페인을 가리킨다. 쿠바 혁명 직후 전개된 것으로, 1959년 60~76% 정도의 문해율을 96%로 끌어올린 성공적인 캠페인으로 평가받고 있다. 이를 위하여 쿠바는 1961년 한 해를 '교육의 해(Year of Education)'로 정하고 비문해 일소를 위한 대대적인 노력을 기울였다.

1-14. Emmanuel de Kadt, *Catholic Radicals in Brazil*, 1970, p. 103.

1-15. Thomas Skidmore, *Politics in Brazil 1930-1964: An Experiment in Democracy*, New York: Oxford University Press, 1967, pp. 406-407.

1-16. Emmanuel de Kadt, *Catholic Radicals in Brazil*, 1970, p. 104.

1-17. Paulo Freire, *Pedagogy of the Oppressed*, New York: Continuum, 1970.

1-18. Miquel Arraes, *Brazil: The People and the Land*, Middlesex, England: Penguin Books, Ltd., 1969.

1-19. Leo Diuguid, Brazil Wages Two-pronged War on Illiteracy: *The Washington Post*, Section D-3, December 20, 1970.

1-20. Ira Shor and Paulo Freire, *A Pedagogy for Liberation: Dialogues on Trans-forming Education*, South Hadley, Mass.: Bergin and Garvey, 1987, p. 31.

1-21. Paulo Freire and Donald Macedo, *Literacy*, p. 181.

1-22. [옮긴이 주] 1986년 프레이리는 문해 교육을 통한 국제사회의 개발과 평화를 증진한 공을 인정받아, UNESCO Prize for Education for Peace를 수여받았다.

1-23. John L. Elias, *Conscientization and Deschooling: Freire's and Illich's Proposals for Reshaiping Society*, Phila.: Westminster, 1976.

1-24. Paulo Freire, *Cultural Action for Freedom*, Cambridge, Mass.: *Harvard Educational Review* and Center for the Study of Development and Social Change, 1970.

1-25. Paulo Freire, *The Politics of Education: Culture, Power, and Liberation*, South Hadley: Bergin and Garvey, 1985.

1-26. [옮긴이 주] 기니비사우는 오랜 독립 투쟁을 전개해왔다. 마침내 1973년 9월 24일 포르투갈로부터 독립 선언을 하였고, 국제사회로부터는 1974년 4월 25일 독립국의 지위를 인정받았다. 독립 순간을 함께하지 못하였지만, 카브랄은 기니비사우 독립 투쟁의 아버지로 여겨지며, 무장 독립 투쟁의 지도자였다. 그의 동생이었던 루이 카브랄이 초대 대통령이 되어 독립 기니비사우의 국가 건설 및 사회 개발을 위한 노력을 기울이는데, 프레이리와 IDAC는 이때 기니비사우를 두 차례 방문하여 문해 교육을 포함한 국가 개발을 위한 대화에 참여하였다.

1-27. Paulo Freire, *Pedagogy in Process: The Letters to Guinea-Bissau*, New York: Continuum, 1978.

1-28. Paulo Freire and Donald Macedo, *Literacy*, pp, 96ss; Paulo Freire and Antonio Faundez, *Learning to Question: A Pedagogy of Liberation*, New York: Continuum, 1989, pp. 103-105.

1-29. [옮긴이 주] 프레이리는 귀국 후 1980~1986년까지 국가 수준의 성인 문해 프로그램 자문 역할을 담당하였다. 그리고 노동자당(Worker's Party, PT)이 새롭게 정치적 세력으로 등장한 상파울루 시 정부의 요청에 따라 1988년부터 1990년까지 상파울루 시의 교육행정 최고 책임자로 일을 하였다. 그러나 1990년 고령과 건강을 이유로 임기를 채우지 않고 퇴임하였다.

1-30. Paulo Freire, *The Politics of Education*, p. 196.

1-31. Paulo Freire and Donald Macedo, *Literacy*.

1-32. Ira Shor and Paulo Freire, *A Pedagogy for Liberation*.

1-33. Paulo Freire and Antonio Faundez, *Learning to Question*.

제2장
파울로 프레이리의
교육 방법: 의식화

본 장에서는 프레이리의 교육 방법에 대해 상세히 서술하고자 한다. 프레이리는 주로 교육 실천에 뿌리를 두고 교육 이론을 만든 교육자라는 사실을 이해하는 것이 중요하다.

프레이리는 자신의 저서 가운데 가장 널리 알려진 『페다고지』에서는 교육 방법에 대해서 설명하지 않았다. 오히려 이 책은 자신의 교육 실천에 관한 철학적 반성을 다룬 이론서이다. 이 책에서 프레이리는 문해 교육에 이어지는 문해 이후 프로그램에 대하여 상세히 다룬다. 프레이리의 교육 방법에 대한 설명을 위해서는 아프리카 여러 나라에서의 경험과 문해 교육 활동을 다룬 최근의 여러 저작뿐만 아니라, 그의 첫 번째 저서인 『비판적 의식을 위한 교육*Education for Critical Consciousness*』을 검토할 필요가 있다.

프레이리는 성인 문해 교육을 위해 자신의 교육 방법과 교육 실천을 가다듬었다. 그는 또한 이 방법을 문해 이후의 교육 또는 정치 교육에까지 적용하였다.

성인 문해 교육의 방법

프레이리의 문해 교육 방법은 세 단계로 이루어진다. 문해 훈련에서 사용될 단어의 선정을 위한 학제 간 연구팀의 맥락 연구, 발견된 어휘들로부터 단어 선택, 그리고 문해 훈련의 실제로 구성된다.

1단계: 맥락 연구

학제 간 연구팀은 참가자들이 사용하는 공통 어휘와 해당 지역의 당면 문제를 결정하기 위해 그들의 활동 맥락을 연구한다. 이 수준에서 훈련 참여자의 총 규모를 정한다. 그들의 사고, 소망, 그리고 당면한 문제들은 비공식적인 대화를 통해 논의된다. 연구팀은 그들이 사용하는 어휘들과 단어를 충실히 기록한다. 프레이리의 교육 방법은 맥락에 깊이 연관되기에 브라질의 농촌과 도시 모두에 해당하는 상이한 단어와 문제의 목록을 개발하였다. 마찬가지로 그는 칠레와 아프리카의 여러 나라들에서도 각각 상이한 단어 목록을 사용하였다.

프레이리는 공통 단어를 활용하는 입문서를 제공하는 관행에 반대하였기 때문에 참가자 본인들로부터 단어를 이끌어내었다. 프레이리는 참가자들로부터 단어가 발생되어야 하며, 그들 자신의 단어를 사용하여 말을 해야 하고, 다른 사람에 의해 단어가 강요되어서는 안된다고 주장하였다. 도시 지역의 읽기 교육자들은 프레이리가 문해 교육 캠페인에서 달성하고자 한 것과 동일한 결론을 얻었다.

2단계: 발견된 어휘들로부터 단어 선택

연구팀은 참가자들로부터 발견된 단어 가운데 실존적으로 가장 적절한 의미를 담고 있는 단어들을 선택한다. 프레이리는 참가자들이 사용하는 전형적인 표현뿐만 아니라 중요한 감정적 내용을 담고 있으며, 그들에게 영향력 있는 단어들에도 관심을 가졌다. 이러한 단어들이 학습자에게 다른 단어들을 생각나게 하거나 연상시키기 때문에 프레이리는 그것을 '생성어generative words'라고 호칭하였다.

프레이리는 문해 교육을 위한 생성어를 선정하는 데 몇 가지 기준을 제시한다. 첫째 기준은 대중들이 사용하는 언어, 주로 포르투갈어 또는 스페인어의 '기본적인 소리'를 포괄할 수 있는 단어인가 하는 문제이다. 이 두 언어의 단어들은 모음 변화가 거의 없는 음절과 최소한의 음절 조합에 기초하고 있다. 프레이리는 16~20개의 단어를 가지고서 포르투갈어와 스페인어 두 언어의 소리를 충분히 포괄할 수 있다는 사실을 알게 되었다.

생성어를 선정하는 두 번째 기준으로, 어휘가 일단 조직되면 학습자들이 '단순한 문자와 음성에서 더욱 복잡한 문자와 음성으로' 이동할 수 있도록 한다. 훈련 초기 단계에서 프레이리는 이런 식으로 성취감을 갖게 되는 방식을 통해 성공을 거두었다. 학습자들은 기초 단어들을 출발점으로 하여 자신들이 사용하는 언어에서 음절, 문자, 그리고 특별히 어려운 음절을 발견할 수 있을 것이다. 선정된 단어들이 진정한 생성어라면 그것들은 새로운 단어를 찾는 발판으로 기능하게 된다.

생성어로서 단어를 선정하는 가장 중요한 세 번째 기준은 사람들이 살아가는 '사회적·문화적·정치적 현실에 대처할' 수 있는 능력을 창출할 수 있는 역량이다. 프레이리에게 있어 생성어는 사람들에게 중요한 어떤 것을 연상시키는 힘을 가져야 한다. 생성어는 참여자들의 정신과 감정 모두를 자극해야 한다. 예를 들면, 리우데자네이루에서 사용하려고 선정된 단어 중 일부는 다음과 같다. favela-슬럼; terrno-소규모 토지; trababo-작업; salario-봉급; governo-정부;

manque-늪(또는 리우의 매춘 지역); 그리고 riquezza-부. 이런 도발적인 단어들은 사람들의 삶의 절박한 문제에 대한 토론을 불러일으킨다. 즉 가난, 재산권, 토지분쟁, 노동의 의미와 가치, 공정한 임금, 사람들의 삶에 미치는 정부의 힘, 매춘의 개인적·사회적 해악, 그리고 부의 불평등한 분배 등을 토론할 수 있게 해야 한다.

3단계: 문해 훈련의 실제

프레이리는 문해 계획을 세울 때 기존의 학교교육에서 사용하는 언어나 조직 모두를 가능한 한 피하고자 하였다. 학습자 집단으로는 학급이 아닌 "문화 서클"을 만들었다. 리더는 대개 교사가 아니라 코디네이터라고 불렀다. 전통적 강좌나 정보 전달은 대화로 대체되었다. 학습자는 수동적인 수용자가 아니라 적극적인 집단 참여자였다. 문화 서클의 목적은 상황을 명료하게 하거나 그 명료함으로부터 비롯된 행동의 추구를 통해 읽기와 쓰기를 학습하는 것이다. 이렇게 훈련의 목적은 기술적으로 언어를 숙달하는 것을 넘어 의식의 변화와 실천 지향을 포함하였다. 프레이리는 말한다.

> 읽고 쓰는 능력을 획득한다는 것은 - 실존하는 세계와 관계없는 무생물인 - 문장들, 단어들, 음절들을 기억하는 것이 아니다. 그것은 자신의 상황을 창조하고 재창조하는 태도요, 바로 자아의 변혁인 것이다.[2-1]

참가자들의 삶을 이해하고 그들과 대화할 수 있는 능력에 따라 서클의 코디네이터들이 신중하게 선정된다. 그들은 약 25~30명과 작업을 했다. 브라질에서의 문해 훈련 수업은 6~8주 동안 매주 밤에 이루어졌다.

동기 부여 시간

프레이리는 브라질에서 처음 문해 교육을 시작했을 때, 참여자들의 동기 유발을 위해 그들을 세 번에 걸쳐 강의에 참여시켰다. 그는 칠레에서 참가자들이 빨리 문해 교육의 실전 단계로 이동하고 싶어 한다는 사실을 알고 난 이후, 동기 유발 시간을 문해 훈련 속에 통합시켰다. 그룹의 코디네이터는 이 예비 강의 시간에 단어가 들어가지 않은 슬라이드나 사진을 보여준다. 이렇게 한 이유는 인간, 세계, 자연, 자연과 문화, 인간과 동물, 인류의 문화, 그리고 인간 행동의 유형에 대해 참가자들 간에 일종의 토론이나 논쟁을 불러일으키기 위해서이다. 프레이리는 인간의 힘이 미치지 않는 자연의 영역과 인간이 창조하고 형성한 문화 영역의 차이를 참가자들이 자각하기를 바랐다. 마지막 열 번째 슬라이드에서 드러난 또 하나의 목적은, 참가자들이 학습과 반성의 과정에 참여하는 동안 자신들에 대해 깊이 생각할 수 있도록 집단의식을 고양시키는 것이었다. 프레이리에게 있어 의식화 과정은 이러한 시간에서부터 시작하였다. 토론 주제들이 인간과 세계에 대한 프레이리 철학의 기본 개념을 형성하고 있다는 사실에 주목할 필요가 있다.

브라질에서 프레이리는 브라질의 위대한 예술가인 브레나드 Francisco Brenand가 그린 그림을 가지고 문화의 이미지화나 코드화를 시도하였다. 그러나 이 그림들은 1964년 쿠데타 이후 압수되었기에 『비판적 의식을 위한 교육』에서 사용된 그림들은 다른 브라질 예술가인 아브레유Vincente de Abreu[2-2]의 것이었다.

교수 자료의 개발

학제 간 연구팀은 각각의 상황에 적합한 교재를 개발하였다. 그것은 두 가지 유형이 있다. 하나는 단어를 세분하여 보여주는 카드 혹은 슬라이드 종합이다. 두 번째 교재 유형은 그림 카드 세트로서 단어들에 연관된 상황과 학생들에게 다양한 인상을 주기 위해 구안한 상황을 그린 것이다. 이 그림들은 단어가 의미하는 상황에 대해 생각하도록 자극한다. 프레이리는 구체적인 현실에 대한 이미지를 개발하는 이런 과정을 '코드화codification'라고 말하였다. 다양한 그림을 통해 가난하고 억압받는 사람들의 처지를 그림 형태로 코드화하거나 표현하였다.

프레이리는 코드화에 대해 확실한 지침을 제시하였다. 코드화는 지나치게 분명하지도 막연하지도 않아야 한다. 코드화가 지나치게 분명할 경우, 참가자들에게 특정 견해를 강요할 위험이 있다. 반면에 지나치게 막연하면, 그것은 생각을 자극하는 것이 아니라 풀어야 할 퍼즐 또는 수수께끼로 기능할 것이다. 이와 같이 이미지화 또는 코드화를 창조적으로 사용하는 것이 프레이리 방법의 독특한 측면이다. 프레이리에게 코드화는 가르치는 과정을 돕는 정도에 그치는 보조 장치가 아니다. 오히려 그것은 비판적 사고 과정을 시작하고 자극하는 교육과정의 중심에 있다.

문해 훈련: 탈코드화

문해 훈련 시간마다 단어와 그림에 초점을 둔다. 예를 들면 favela-슬럼이란 단어는 배경에 슬럼 그림이 함께 인쇄된다. 그룹은 코드화된 전체를, 즉 슬럼이라는 단어와 그림을 분류하기 시작한다. 그들은 또한 슬럼의 실제 상황과, 단어 favela-빈민가와 그것이 의미하는 현실 사이의 관계에 대해 토론한다. 그러고 나서 슬라이드는 단어 빈민가만을 비추고, 생성어는 이제 fa-ve-la의 음절로 분리된다. 첫 음절군 fa, fe, fi, fo, fu가 제시된다. 나머지 음절들을 가지고도 역시 그렇게 한다. 그다음에 참가자들은 이런 음절들과 그들의 음절군을 사용하는 다른 단어들을 만들게 된다. 두 번째 생성어가 제시될 때, 그들은 두 단어로부터 음절들을 사용하여 추가로 단어를 만든다. 대여섯 개의 단어를 알고 나면, 참가자들은 간단한 기록을 할 수 있게 된다. 동시에 그들은 계속해서 코드화되어 묘사된 실제 맥락을 비판적으로 토론하고 분석한다.

단어들이 제시되는 순서는 중요하다. 처음에 세 음절 단어 하나가 제시되는데, 각각의 음절은 하나의 자음과 하나의 모음으로 구성된 것이다. 그러고 나서 음성학적 관점에서 볼 때 덜 평범하면서 더 어려운 자료가 제시된다. 세 번째, 추상적·사회적·정치적인 단어들에 앞서 구체적인 단어들이 다루어진다.

프레이리에 따르면, 단어를 분석하기 전에 그림에 대해 논의한다. 그룹에게 제시할 그림을 개발하는 데 엄청난 노력이 들어간다. 처음엔 그림만, 그다음엔 그림과 단어, 그리고 마지막엔 단어 순으로 제시된다. 단어를 음절들로 분해하고 나면, 그룹은 학습한 음절들을 가지고 가능한 한 새로운 단어를 많이 만들도록 권장된다.

강의 시간 동안 참여자들은 큰 소리로 쓰고 읽기를 연습한다. 그들은 자신의 의견을 표현하고 글로 써나간다. 그들은 또한 신문을 읽고 지역 현안에 대해 토론하도록 격려를 받는다. 전 과정이 끝나는 데 30~40시간이 걸린다.

문해 교육 이후의 교육, 정치 교육

프레이리가 브라질에서 국립문해훈련 프로그램the National Literacy Training Program 책임자로 있는 동안, 문해 훈련의 첫 단계를 거친 사람들을 위한 문해 교육 이후의 캠페인을 계획하였다. 그러나 군사 쿠데타 때문에 이 프로그램을 이행할 수 없었다. 그렇지만 칠레에서 프레이리는 이 프로그램을 실행으로 옮길 수 있었다. 『페다고지』는 이러한 문해 교육 이후의 단계에서의 더욱 진전된 모습을 보여준다. 프레이리는 아프리카에서의 문해 운동을 기반으로 문해 교육 이후의 프로그램을 완성하였다.

1단계: 주제의 탐색

문해 교육 이후의 캠페인에서 학제 간 연구팀은 참가자의 열망을 반영하여 생성한 주제에 대해 더 깊이 파고 들어간다. 생성 주제들은 문해 캠페인 기간 동안 만들어진 녹음테이프와 기록에서 찾을 수 있다. 참가자 스스로 생성 주제들을 선택하고 개발하는 데 참여한다. 프레이리는 제3세계 국가에서 다룰 수 있는 여러 주제를 예로 제시하였다. 개발과 저개발, 의존, 지배, 해방, 선전, 광고, 교육. 또한 프레이리는 이런 다양한 주제들을 사회과학의 영역에 따라 다르게 분류할 수 있다고 주장하기도 하였다. 예를 들면, 개발이라는 주제는 경제학, 정치과학, 사회학, 종교학, 인류학의 관점에서 더 잘 고찰될 수 있다. 학문 분과에 따른 이러한 분류는 프레이리가 대학의 인류학자, 심리학자, 교육자들과 함께 활동했음을 보여주는 것이다.

2단계: 주제의 코드화

문해 과정에서와 같이 다양한 표현 방식을 사용해 토론과 대화를 위해 선정된 생성 주제에 대한 관심을 끌어내곤 한다. 스케치와 사진 제시라는 두 가지 방법을 사용하며, 코드화는 참가자에게 익숙한 상황을 제시해야 한다. 생성어와 마찬가지로, 생성 주제들은 지나치게 명백해서도 지나치게 수수께끼 같아도 안 된다. 주제들은 부채의 형태로 조직되어, 특정 주제들이 다른 주제들을 향해 열려 있어야 한다. 참가자가 자신들의 삶에서 확실한 모순을 발견할 수 있게 하는 방식으로 주제가 제시되어야 한다.

연구팀이 다양한 주제들의 코드화를 완료하게 되면 이러한 주제들에 대해 참가자들과 대화를 시작하기 위해 그룹으로 돌아가야 한다. 이 부분은 다음 연구를 위해 녹음된다. 그룹의 코디네이터는 참가자들에게 귀 기울이고, 동시에 어떤 문제를 제기함으로써 그들에게 도전한다. 코디네이터와 참가자 사이에서는 진정한 대화가 이루어져야 한다.

이 최초의 대화를 시도한 이후, 선정된 코드화된 결과와 주제들을 시범적으로 사용해본 결과에 대해 팀은 학제 간 연구를 한다. 주제는 여러 부분으로 나뉜다. 필요하다면, '이음 주제hinged themes'로 불리는 특정 주제를 추가해 두 개 이상의 주제들 사이의 관계를 분명하게 할 수도 있다. 전문가뿐만 아니라 학습자도 토론될 이음 주제를 자유롭게 추가한다. 그다음에 문해 교육 이후의 캠페인에서 사용될 모든 주제들을 위해 코드화가 이루어진다.

3단계: 문해 이후의 과정

이제 주제가 선택되고 나면, 그룹 코디네이터와 참가자들 사이에서 주제에 대한 대화가 이루어진다. 프레이리는 수업 교재뿐만 아니라 잡지 기사, 신문, 책을 읽고 토론하면서 대화와 교육을 진행하자고 제안하였다. 그러나 가장 강조한 것은 대화와 토론이다. 참가자들의 이야기를 경청하고, 그들의 생각이 존중받고 있다는 확신을 주는 데 모든 노력을 기울여야 한다.

파울로 프레이리 교육 방법의 구체적 내용

앞에서 기술한 프레이리의 문해 교육과 문해 교육 이후의 교육 방법은 1965~1969년 브라질과 칠레에서의 활동에 기초하고 있다. 비록 프레이리가 여러 다른 문제에 관심을 쏟았지만, 성인 문해 교육이 주요 관심사였다. 1987년 한 논문에서 프레이리는 아프리카에서의 문해 활동을 회고하였다. 그는 이 캠페인을 위해 자신이 개발한 민중문화 교재와 자신의 교육 방법에 대해 상세하게 기술하였다.[2-3] 이 교재는 프레이리와 그의 아내 엘자가 새로 건설된 공화국의 관료들로부터 자신들의 대중 문해 활동에 대한 자문을 요구받은 이후, 이 캠페인에서 사용한 일련의 책과 초급 입문서이다.

문해 훈련 단계

프레이리는 캠페인의 목적을 서술할 때 문해 교육에 대한 자신의 철학을 분명히 드러냈다. 그것은 문해 교육이 국가의 경제적·정치적·사회적·기술적 재건을 촉진시키기 위해 폭넓은 구상 아래 수행되는 노력이라는 점이다. 문해 캠페인의 주제들은 다음과 같다.

- 노동 과정과 생산 활동 전반에 대한 이해
- 생산(량)을 계획하고 발전시키는 방법
- 기술 훈련의 필요성(하지만 이것이 다른 사람을 소외시키는 편협한 전문화로 환원되지 않도록 해야 한다)
- 해방의 과정은 물론 국가 재건 과정에서 필요한 문화와 그 역할에 대한 이해
- 문화적 정체성의 문제(물론 문화적 정체성의 옹호가 다른 문화가 기여하는 부분까지 완전히 부정하는 태도는 아니다)[2-4]

프레이리의 첫 번째 교재인 『배우기를 실천해보기*Practice to Learn*』를 살펴보면, 우리는 그의 문해 교육 방법이 어떻게 민중의 구체적인 삶에 훨씬 더 견고하게 뿌리내릴 수 있었는지를 확인할 수 있다. 이 교재에서는 자연과 문화에 관한 추상적인 토론보다는 민중의 실제 모습, 즉 여가생활과 노동생활을 다루고 있다. 프레이리의 문해 팀은 국가의 경제 발전에 대한 요구가 있었기에, 노동의 측면에서 농장, 토지, 생산물, 괭이, 파종, 수원지 등과 같은 단어들을 선택하였다.

프레이리가 자신의 이전 문해 방법에 추가한 것은 쓰기의 중요성이다. 참가자들은 쓰기와 읽기를 배우도록 권장된다. 쓰기와 읽기는 "분리할 수 없는 동일한 과정의 두 국면이며, 그들이 쓰는 특정 언어와 일반 언어에 대한 이해력과 지배력을 표현하는 것"으로 보인다.[2-5]

프레이리는 특히 상투메프린시페Sao Tome and Principe 같은 구전 문

화oral cultures가 발달한 국가에서는 코디네이터가 크게 소리 내어 읽을 것을 강조한다. 학습자들은 먼저 눈으로 조용히 책을 읽은 다음에, 각자가 크게 읽어야 한다. 그리고 학습자들이 읽은 모든 텍스트들은 또한 토론되어야 한다.

다음에서 보다시피, 교재의 읽기 구절 내용은 문해 교육의 정치적·경제적 성격을 분명하게 보여준다.

상투메프린시페 해방 운동MLSTP을 통해 우리는 모두가 잘 사는 사회를 모든 사람이 함께 만들어가고 있다. 우리는 소수가 다수를 지배하고 착취하는 구조로 되돌리려는 사람들에 대해 주의할 필요가 있다.

우리는 많은 희생을 치르고 독립하였다. 우리는 독립을 견고히 하기 위해 통합하고, 훈육하며, 노동하고 있다. 우리는 우리를 반대하는 자에게는 저항하고, 우리에게 연대감을 보여주는 사람들과는 힘을 합친다.

식민주의자인 당신들, 착취하는 당신들의 권력이 영원할 것이라고 잘못 생각하고 있다. 당신들은 약하고 착취 받는 대중이 당신들의 권력에 맞서 싸우는 세력이 될 것이라고는 조금도 생각지 못했을 것이다.

당신들은 우리들의 거의 모든 것을 다 가져갔다. 그러나 자유로워지려는 우리들의 확고한 의지를 빼앗지는 못했다.[2-6]

『배우기를 실천해보기』 교재는 민중들에 의해 한 세대에서 다른 세대로 전래되는 이야기들을 많이 다루고 있다. 학습자는 이러한 전래 이야기뿐만 아니라 자신들의 이야기, 심지어 인기 있는 문집의 요점까지도 찾아내 쓰도록 격려받는다.

민중들이 사용하는 연습장의 마지막 부분에 있는 아래 글은, 민중이 참여해온 문해 교육 프로그램의 목적과 방법을 간단한 말로 표현한 것이다. 아마도 이것 또한 프레이리의 철학과 실천을 가장 분명하게 나타내는 것이리라.

여러분, 동지들은 연습장의 마지막에 도달하였습니다. 당신은 또한 첫 번째 민중문화 교재를 끝마치게 되었습니다.

읽고 쓰기에 참여함으로써, 동지 여러분은 우리 민중의 이해와 관련된 문제들에 대해 토론하는 것과 동시에 읽고 쓰기를 학습하였습니다. 여러분은 "ba-be-bi-bo-bu"를 외워서 기억하거나, 단순히 "ta-te-ti-to-tu"를 반복하는 식으로 읽기를 학습하지 않았습니다. 여러분이 읽기와 쓰기를 배우는 동안, 동지 여러분은 국가 재건, 생산, 건강, 단결, 훈육, 그리고 국가 재건에서 우리 민중이 할 일에 대해 토론하였습니다. 여러분은 상투메프린시페 해방 운동에 대해, 그리고 그 운동에서 민중 선봉의 역할에 대해 대화를 나누었습니다.

이제, 우리는 다시 함께, 우리가 배워온 것을 실천하여 잊지 않는 것은 물론이고, 더 많은 지식을 얻기 위해 전진할 것입니다. 우리가 이미 알고 있었던 것들은 좀 더 제대로 알도록 하고, 아직까지 알지 못했던 것들은 조금씩 알아가도록 합시다. 우리 모두 어떤 것은 잘 알고 있습니다. 하지만 우리 모두는 다른 어떤 것은 전혀 모르고 있습니다. 바로 이 이유 때문에, 우리는 항상 배우는 것입니다.

알고자 하는 우리의 노력은 계속해온 투쟁 속에서도 끊임없이 이어지고 있습니다.

승리는 우리 것입니다.[2-7]

문해 교육 이후의 단계

상투메프린시페에서 사용된 두 번째 민중문화 교재는 프레이리가 의도한 문해 교육 이후의 훈련 또는 정치 문해 훈련이 무엇인지를 가장 명쾌하게 보여준다. 브라질에서의 활동은 프레이리가 실제로 문해 교육 이후의 단계를 시작하기도 전에 끝나버렸기 때문에, 그의 초기 저작에는 문해 교육 이후의 단계에 대한 이론적 설명만 나온다. 문해 교육 이후의 훈련이 지닌 목적은 학습자가 이미 알고 있는 것을 보강하고, 국가 재건에 참여하는 데 필요한 지식을 증진시키는 것이다. 또한 이 훈련은 국어 문법을 더 많이 공부하도록 한다.

두 번째 교재는 '공부한다는 것'에 대한 토론을 유발하는 것으로 시작한다. 공부는 학교에서만 국한되는 것이 아니다. 그것은 문해 교육이 이루어지는 문화 서클을 포함해 여러 곳에서 일어난다. 우리가 관찰한 사건과 사실들을 이해하기 위해서는 호기심에 차서 탐구하는 진지한 태도가 필요하다. 이런 종류의 공부는 창조하고 재창조하며, 다른 사람이 말한 것을 단순히 되풀이하지 않으려는 노력을 끊임없이 하는 훈련이 요구된다. 우리가 텍스트를 가지고 공부하는 것은 그것을 해석하려는 시도를 통해서 이루어진다.

교재의 두 번째 주제는 '국가 재건'으로, 즉 새로운 사회, 노동자들의 사회를 만들기 위한 노력이다. 국가 재건은 농장과 공장에서 더 많이 생산함으로써 이루어질 수 있다. 이 일을 실행하는 데 필요한 핵심 단어는 단결, 훈육, 노동, 각성이다.

세 번째 주제는 '노동과 변혁'이다. 노동이 세상을 어떻게 변혁시키며, 도구가 어떻게 문화 예술 작품이 되는지를 보여주기 위해 많은 이야기들이 사용되었다. 아래의 글에서 확인할 수 있듯이, 마르크스주의 지향이 독서에 뚜렷하게 반영되어 있다.

식민지 시대에 우리의 노동은 자유롭지 못했다. 우리는 우리를 착취하는 식민주의자들의 이익을 위해 일하였다. 그들은 우리의 땅과 노동력을 양도받았으며, 우리의 희생으로 부자가 되었다. 그들이 더 부자가 될수록 우리는 더 가난해졌다. 그들은 착취하는 소수자였고, 우리는 착취당하는 다수자였다. 오늘, 우리는 독립하였다. 우리는 더 이상 소수자를 위해 일하지 않는다. 우리는 공정한 사회를 만들기 위해 일한다. 우리는 아직 할 일이 많다.[2-8]

동사 문법을 공부한 후, 다음 주제는 '해방을 위한 투쟁'에 관한 간략한 설명이다. 이러한 해방 투쟁은 식민주의적 착취, 제국주의, 모든 형태의 착취에 반대한다. 이 투쟁의 주체로서 민중의 역할이 강조되었다.

그다음에 소개된 주제는, 해방 투쟁이 목표로 하는 '새로운 사회'이다. 자유로운 남성과 여성으로 이루어져 있는 이 사회는 민중의 창조적 노력 끝에 탄생한다. 비록 이제 작업이 시작되었다고 할지라도 그 완성을 위해서는 참여하는 모든 개인이 단결, 훈육, 노동, 각성의 정신을 가지고 노력할 필요가 있다. 새로운 사회는 사회주의적인 계급 없는 사회의 관점에서 묘사되었다.

착취하는 자도 착취당하는 자도 새로운 사회. 이 사회는 타인의 노동력을 착취하는 남자도, 여자도, 집단도, 계급도 없는 그런 사회이다. 그 사회는 펜으로 일하는 사람들을 위한 특권이 없고, 농장과 공장에서 손으로 일하는 사람들에게 잘해줄 의무만이 있는 그런 사회이다. 모든 노동자들은 모든 사람의 행복을 위해 봉사해야 한다.[2-9]

새로운 사회와 관련된 하나의 주제는 사회에는 모든 것을 모르는 사람도 없고, 모든 것을 아는 사람도 없다는 것이다. 나아가 이 사회는 육체노동과 정신노동의 분리를 용납하지 않는다. 그 교재에 계속해서 나오는 구절은 다음과 같다.

> 이런 이유 때문에 우리의 학교는 노동 학교가 될 것이다. 우리의 아이들은 아주 어려서부터 노동을 통해 배우게 될 것이다. 상투메프린시페에 어느 누구도 공부하기 위해 일하지 않고, 일하기 위해 공부하지도 않아도 될 그날이 올 것이다. 왜냐하면 모든 사람이 일하는 동안 공부할 것이기 때문이다.[2-10]

국가 재건에서 경제 발전의 중요성을 받아들인다면, '생산과정'에 주목하는 것을 이해할 수 있다. 자연자원, 생산수단, 노동자와 노동자의 생산물 간의 사회적 관계에 대한 독서를 하면서 이 과정을 탐구한다. 참가자는 새로운 사회에서의 사회적 관계의 변화에 대해 독서를 한다. 식민주의 시대에는 소유주가 토지, 자연자원, 원재료, 도구, 기계, 수송, 노동력에 대한 절대적인 권한을 갖고 있었기 때문에, 노동자는 착취당했다. 그러나 이제는 아니다.

> 오늘날 우리가 새로운 사회를 만들기 위한 국가 재건에 대해 이야기할 때, 우리는 진짜로 다른 사회, 즉 더 이상 착취는 없고, 모든 사람

사이에 평등과 협력이 있는 사회적 생산관계를 갖는 사회에 대해 말하고 있는 것이다.[2-11]

프레이리 사상의 중요한 주제인 '문화와 문화적 정체성'은 이 교재 전체에 반영되었다. 독서 활동이 노리는 것은 민중들이 자신들의 전통문화의 가치를 다른 문화와의 비교 속에서 깨닫게 하는 것이다. 민중들의 과제는 다른 문화에 대해서는 개방적이면서, 조국의 문화를 보존하는 새로운 문화를 창조하는 것이다.

참가자들은 그 교재를 통해 자신들이 하고 있는 바로 그 학습과정에 몰두하게 된다. 참가자들은 독서를 통해, '정확하고 바르게 생각하기', 이른바 의식화(이 단어를 당시까지만 해도 프레이리가 아직 소개하지 않았음)라는 주제에 다가감으로써, 의식적인 참여, 행동과 사고, 실천과 이론을 습득하여 국가 재건을 향해 꾸준히 전진하게 된다. 다시 교재의 말을 들어보자.

정확하고 바르게 생각한다는 것은 우리가 관찰하고 분석한 사건과 사실들 속에 숨겨진 것이 있다는 것을 발견하고 이해하는 것을 의미한다. 바르게 생각하고, 사실의 존재에 대한 이유를 발견하고, 실천을 통해 우리가 더욱 심오한 지식을 얻는 것은 소수의 특권이 아니라 혁명 사회에서 민중들이 갖는 권리이다.[2-12]

교재에는 프레이리 사상의 다른 주제들인 실천의 계획, 실천에 대한 평가, 새로운 남자와 새로운 여자, 교육과 같은 것들도 담겨 있다. 매우 흥미로운 점은 교육자인 프레이리가 이 교재에서 교육에 대한 자신의 생각을 대단히 소략하게 제시하고 있다는 점이다. 그는 교재를 통해 새로운 교육이 식민지적 교육과 분명히 달라져야 한다고 이야기한다. 이러한 새로운 교육에 대하여 다음과 같이 기술하였다.

노동을 통한 교육은 경쟁이 아니라 협력할 것을 격려한다. 개인주의가 아니라 상호 협력에 가치를 두는 교육, 수동성이 아니라 비판 정신과 창조성을 발전시키는 교육, 실천과 이론, 육체노동과 정신노동 간의 통일에 기초한 교육이 이루어지길 요구한다. 이렇게 하면 올바로 생각하도록 교육받은 사람들은 신이 난다. …… 여타 교육들이 정치적인 것처럼 그것은 정치 교육이어야 하며, 중립적이려고 노력하지 않는다. 중립적이지 않음을 선언하는 동시에―중립이란 실제로 불가능하기에, 새로운 교육은 그 정책이 우리 민중의 이해와 일치해야 한다고 확고하게 말한다.[2-13]

결론

프레이리의 교육 실천에 대한 서술은 그의 정치 이론과 교육 이론의 다양한 측면들을 강조하는데, 이것은 다음 장에서 다룰 것이다. 프레이리의 교육적 노력은 명백히 정치적이다. 그는 교육 그 자체의 본질적 가치를 추구하는 교육자가 아니다. 그를 움직이는 것은 세계 여러 나라 사람들의 삶이 더욱 빈곤해지고 있다는 사실에 대한 자각이다. 프레이리는 교육자로서 자신이 가장 잘 알고 있는 방식, 즉 가난한 사람들로 하여금 자신들이 처한 상황에 대한 비판적 성찰을 하도록 이끄는 방식으로 이 문제를 해결하려고 노력했다.

교재에 실린 인용문들을 읽어보면, 프레이리의 시도들은 차라리 교화indoctrination에 가깝다고 결론내릴 수밖에 없다. 프레이리는 중립적인 교육은 없다는 자신의 원칙에 충실하다. 과장해서 말하자면, 그는 교재에서 지나치게 이데올로기적 신념을 명확히 드러낸다. 이러한 문제에 대해 공정하고 충분한 평가를 하기 위해서는 훈련이 어떻게 이루어지는지에 대한 지식이 필요하다. 참가자들은 코디네이터의 생각과 교재에 담긴 개념을 거부할 자유가 있는가? 프레이리는 이러한 생각에 대한 어떠한 반대도 기록하지 않았다. 교화라는 문제에 대해서는 이 책 뒷부분에서 충분히 다룰 것이다.

2-1. Paulo Freire, *Education for Critical Consciousness*, New York: Seabury, 1973, p. 48.

2-2. Barbara Bee, "The Politics of Literacy," In Robert Mackie, ed. *Literacy and Revolution: The Pedagogy of Paulo Freire*, New York : Continum, 1981, pp. 14, 158.

2-3. Paulo Freire, "The People Speak their Word: Literacy in Action," In Paulo Freire and Donaldo Macedo, *Literacy: Reading the Word and the World*, South Hadley, Mass.: Bergin and Garvey, 1987, pp. 63-93.

2-4. Ibid., p. 67.

2-5. Ibid., p. 70.

2-6. Ibid., pp. 72-73.

2-7. Ibid., pp. 74-75.

2-8. Ibid., p. 81.

2-9. Ibid., p. 82.

2-10. Ibid., p. 84.

2-11. Ibid., p. 85.

2-12. Ibid., pp. 87-88.

2-13. Ibid., p. 93.

제3장
프레이리의 절충주의:
여러 샘에서 물 마시기

전문성을 좇는 오늘날에 프레이리만큼 많은 학문과 연구 영역을 접한 학자를 찾기란 쉽지 않다. 그의 담론과 논변의 영역은 여러 가지 다른 방식으로 분류되고 있다. 교육철학자, 지식철학자, 사회비판가, 지식사회학자, 성인교육자, 해방신학자. 그리고 혁명 이론가 등으로 말이다. 그는 현상학자, 실존주의자, 기독교주의, 마르크스주의자 등 더욱 전문적으로 묘사되기도 한다. 제네바의 한 연구소에서 함께 일하던 그의 동료 두 사람은 프레이리에 대한 여러 묘사를 다음과 같이 설명하고 있다.

라틴아메리카의 독자들은 사회적-경제적 틀을 갖고 있는 사회운동의 참여나 정치투쟁의 경험을 가지고 프레이리를 이해한다. 가톨릭 독자들은 프레이리를 휴머니스트 성향을 가진 인물로 이해하고 그와 그에게 영향을 미쳤던 철학자들에게 친근감을 가지고 있다. 마르크스주의자인 독자들은 프레이리 저서 속에서 그람시Gramsci, 루카치Lukacs, 마르쿠제Marcuse와 같은 마르크스주의자들이 다루었던 현대의 많은 사조들을 포착한다. 어쩌다가 독자가 된 교육자들은 현대 교육의 논의에서 진보적 성향의 특징인 해방을 강조하고 있음을 발견한다. 부분적이라도 한번쯤 자신의 역사 속에서 이러한 색다른 '단계들'을 밟았거나 이런 '영향들'을 받았던 사람만이 프레이리의 지적 발달을 전체적으로 파악

할 수 있을 것이다.[3-1]

프레이리에게 어떤 주의자라는 별칭을 붙이려고 하다 보면 그가 인용한 원전의 다양성과 복잡성에 의문을 갖게 된다. 그의 주요한 저작에는 철학자, 신학자, 정치학자, 사회학자, 인류학자, 역사학자, 교육자 그리고 언어학자로부터 빌려온 많은 참고 문헌과 인용이 나타나 있다. 프레이리 자신의 '대화록들'에서조차 프레이리는 다른 사람의 저서를 훌륭하게 활용한다. 그렇게 많은 출처들을 끌어오기 때문에 프레이리 이론이 어디에 바탕을 두고 있는지를 판단하기란 쉽지 않다. 또한 그로 인해 프레이리가 이루어낸 통합 작업의 가치에 대한 평가가 어려워진다.

이러한 학문적 정체성과 출처의 문제에도 불구하고 프레이리는 아주 분명한 하나의 정체성을 가지고 있다. 그는 무엇보다도 교사이고 교사 교육자이다. 19세에서 43세까지 그는 브라질에서 교단에 몸담았다. 이후 그는 제3세계와 제1세계의 여러 나라에서도 교사 생활을 계속했다. 70세 나이에 이른 지금도 그는 브라질에서 대학교수를 하고 있고, 많은 나라에서 강의를 한다. 더욱이 프레이리는 자신의 저서를 통해 세계를 향한 교사가 되고 있다. 미국에서 300만 부가 팔려나간 『페다고지』는 많은 언어로 번역이 되었다. 또 그의 다른 책은 광범위한 독자층을 확보하고 있다. 프레이리를 접하는 것은, 가르쳐야만 하고 또 가르침을 철저히 즐기는 한 사람과 조우하는 것이다.

이 장에서 내가 말하고자 하는 것은 프레이리 사상의 바탕을 이루고 있는 주요 원전들을 검토함으로써 프레이리의 절충주의를 명확히 하는 것이다. 프레이리가 자기 저서에서 그렇게 많은 원전을 이끌어낸 사실을 어떻게 이해해야 하는가? 프레이리가 정립한 종합의 원천은 무엇인가? 프레이리의 사상에 일관성이 있는가? 프레이리의 사상에서 무슨 발전이 있었는가? 프레이리를 묘사하는 최상의 방식이 무엇인가?

이 장에서는 프레이리의 사회철학과 교육철학에 미친 다섯 가지 주요한 영향인 자유주의, 실존주의, 현상학, 가톨릭 신학, 혁명적 마르크스주의에 대해 설명할 것이다. 프레이리는 이 모든 이론을 자신의 저서 구석구석마다 들이대는 것은 아니지만, 이 영역의 원전을 인용하면서 자기 이론의 중요한 구성 요소를 만들어낸다.

프레이리: 정치적·교육적 자유주의자

프레이리는 『자유의 실천으로서 교육*Educacao como pratica de liberdade*』에서 자기 자신을 정치적·교육적 자유주의자로 드러내 보이는데, 그 이유는 자유주의 철학자, 사회과학자, 교육자의 저서들을 인용하기 때문이다. 이 책은 마르크스나 마르크스주의 학자만 인용하지는 않고 있다. 이런 자유주의 입장의 근원은 그가 자유개량주의 정부에 참여하고 자유주의 브라질 학자와 교류하는 한편, 유럽과 북미의 자유주의 학문의 책을 읽으면서 대학 내에서 성인교육자로서 했던 작업에 있다. 이 책의 앞장에서는 브라질 사회의 급진적 분석과 반대되는 자유주의 입장을 제시하였다. 그는 브라질이 민주적 경험이 부족했기 때문에 열린사회로 나아가기를 거부했다고 주장한다. 그는 이러한 경험 부족이 순진한 의식 수준의 유지로 이어졌다고 판단한다.

그는 계급투쟁을 주장하지 않고 계급의 존재를 인정하는 의식(수준)을 보여준다. 브라질의 많은 문제가 식민지 시대 유산으로 물려받은 생각들에서 비롯된 것이라고 그는 설명한다.

프레이리가 브라질 학자를 인용했음을 언급하지 않고 그의 절충주의를 논의하는 것은 이야기를 반토막내는 일이 될 것이다. 자신의 교육 활동 시기에 브라질 사회가 어떻게 돌아가는지를 이해하기 위해 프레이리는 먼저 브라질의 사회과학자들, 특히 웨포트Francisco Weffort, 프레이레Gilberto Freyre, 아제베다Fernando de Azeveda, 그리고 핀투Alvara Vieria Pinto를 주로 인용한다. 브라질고등교육연구소Instituto Superiro de Estudos Brasilieros; ISEB의 구성원이었던 당시의 지식인들은 주인과 노예의 복종적 관계가 지배적이었던 식민지 유산의 관점에서 브라질 사회의 발전을 이해하려 하였다. 브라질 사회를 의식 수준 발달의 관점으로부터 이해하는 방식은 아제베다가 구상한 것이다. 프레이리는 현재 일어나고 있는 일을 설명하기 위하여 유럽과 북미학자를 인용한 반면, 브라질 근현대사에 일어난 일을 묘사하기 위해서는 주로 브라질 학자를 끌어들였다.

프레이리는 사회적·정치적 분석에 핵심이 되는 요점에 대해 유럽과 북미의 자유주의자의 저서를 끌어온다. 그는 프랑스 가톨릭 인격주의personalism 철학자 무니에Emmanual Mounier로부터 '인간의 인간화 humanization of man'라는 지극히 중요한 주제를 만들어내는데, 이는 인간 역사가 본질적으로 진보적이고 낙관적이라 보는 관점이다. 프레이리는 브라질 정치에서 자신의 급진적 입장을 역사와 진보를 만들어내는 개인의 능력을 강조한 무니에의 정치적 입장과 일치시킨다.

남미의 많은 가톨릭교도와 마찬가지로 프레이리는 무니에를 많은 남미 국가의 발전 상황을 이해하는 데 적절한 사람으로 보았다. 무니에는 유럽 합리주의와 전통적 가톨릭주의에 바탕을 둔 비판이론가이다. 그는 또한 제2차 세계대전 이후 마르크스 사상에 관심을 보였다. 프레이리의 철학에서 무니에에게서 끌어온 다른 주제는 다음과 같다. "역사는 의미를 갖고 있다. 전쟁과 재앙에도 불구하고 역사는 인류의 개선과 해방을 향해 질주하고 있다. 과학과 기술은 이런 발전에 도움을 준다. 인간은 자신을 해방하는 주체이다." 무니에가 꿈꾸었던 것과 동일한 기독교적 낙관주의가 프레이리의 철학에서 엿보인다.

프레이리가 브라질을 열린 민주사회로 이행하는 닫힌사회로 묘사한 것은 포퍼Karl Popper의 고전적 연구를 떠올린다. 만하임Karl Mannheim의 유토피아의 힘과 사회 변화를 위한 희망에 대한 분석을 통해 닫힌 사회의 균열을 설명한다. 프레이리가 보기에 이런 시대의 브라질에 필요한 것은 만하임이 묘사한 전투적 민주주의이다.

프레이리의 교육철학은 또한 자유주의적이고 개량주의적인 특징을 갖고 있다. 교육이 사회에서 해야 할 역할과 관련하여 프레이리는 자유주의 학자와 자유주의 교육자의 저서를 인용한다. 그는 '대중화된 massified' 사회에서 '자유로운' 사회로 이행하는 데 있어서 교육이 그 기본으로서 중요하다고 주장한 만하임을 다시 인용한다. 브라질의 교육에 대하여 지나치게 말로만 떠들고 이론적이라고 비판하는 프레이리는 실천과 관련된 이론을 다루어야 한다고 주장한다. 프레이리는 화이트헤드Alfred Whitehead의 '생기 없는 관념inert idea'[3-2]에 대한 논의를 참고한다. 프레이리는 프랑스 철학자 마리탱Jacques Maritain을 인용하면서 교육이란 진정한 휴머니스트 입장과 기술주의적 입장을 조화시키는 것이어야 한다고 주장한다. 그는 자신의 대화 개념을 주로 독일 실존주의자 야스퍼스Karl Jaspers에게서 끌어왔다.

프레이리의 자유주의 화두는 문맹자와 여타 사람들을 지도했던 문화 서클에서 논의했던 기본 주제에서 드러난다. 민족주의, 이윤의 해외 이동, 브라질의 정치적 발전, 개발, 문맹과 문맹자의 투표 참여, 민주주의. 이러한 주제들의 실현은 모두 기존 사회구조의 변화가 요구되는 것이다.

『비판적 의식을 위한 교육』에 기술된 '의식화conscientization'의 개념이 듀이John Dewey의 비판적 사고나 반성 개념과 유사한 것은 확실하다. 의식화는 다음과 같은 태도를 통해 문제 상황을 바라보는 식견이 깊어지는 것을 말한다.

> 주술적 설명 대신 인과적 원리를 채택하기, 결과를 검토하되 수정 가능성을 열어놓기, 책임을 전가하지 않기, 수동적 위치에서 탈피하기, 건전한 논쟁, 논쟁을 위한 논쟁보다는 대화적 실천하기, 옛것이든 새것이든 타당한 것을 수용하기.[3-3]

프레이리는 듀이에 대한 직접적인 언급은 하지 않지만, 듀이와 여러 북미 교육학자들의 자유주의적 사상을 표절했다는 비판에 대해 자기 방어를 하고 있다.

그는 이런 초기의 저서에 대한 자신의 생각, 특히 정치와 교육의 연계와 관련하여 자기 비판을 가했지만, 그 속에 담긴 일부 개량적 자유주의 요소는 끝까지 포기하지 않았다. 그는 계급투쟁, 억압, 그리고 지배에 대한 마르크스주의 분석을 채택함으로써 열린사회와 닫힌 사회에 대한 자유주의적 비판을 더욱 구체화하였다. 그의 급진주의는 프랑스 인격주의자들의 관점을 넘어서 나아간다.

프레이리가 사용하는 교육 방법은 보통 권력을 가진 정부, 즉 브라질과 칠레, 기니비사우, 니카라과에서 그가 참여했던 상황과 관련이 있다. 혁명 이전의 상황에는 자신의 방법을 적용하지는 않았다. 마지막 장에서 지적하겠지만 브라질에서의 경험을 담은 그의 원래 저서는 개량주의 정부를 위한 것이었다. 실제로 프레이리는 자신의 방법을 정치 구조의 혁명적 변화를 일으키는 데 사용하지 못했다. 그의 혁명적 교육학은 그런 분야에 거의 적용되지 못했다. 이렇게 되었기 때문에 그의 교육 이론이 자유주의적이거나 민주주의 관점에서 해석되었다는 점을 지속적으로 중시하는 것이다. 프레이리가 미국의 학교와 대학에서 필요한 교육적 변화에 대해 쇼Ira Shor와 대화를 나누었을 때, 그는 특정 상황에서 무슨 변화가 가능한지를 다루려고 시도하면서 초기의 개량주의적 입장으로 돌아갔다.[3-4]

실존주의

프레이리는 자신의 모든 책에서 프랑스와 독일의 실존주의에 크게 빚지고 있음을 보여준다. 그는 마르셀Gabriel Marcel, 사르트르Jean Paul Sartre, 야스퍼스, 부버Martin Buber를 인용하고 있다.

실존주의 주제는 프레이리 초기 저서 『비판적 의식을 위한 교육』에서 등장한다. 여기에서 그는 야스퍼스와 여러 인물이 발전시킨 인간과 동물 사이의 차이를 설명하기 위해 '사는 것to live'과 '실존하는 것to exist' 사이의 실존주의적 구분을 끌어온다.[3-5] 실존하는 것은 초월하고 분별하고 대화에 진입하는 것을 의미한다. 또한 프레이리는 이런 구분을 개인적·사회적 의식의 여러 수준과 의식화의 목적을 설명하는 데 사용하고 있다. 프레이리는 마르셀로부터 대중화된 사회에 대한 많은 설명을 인용하고 있다.[3-6] 프레이리는 비판적 태도를 만들어주는 열쇠로서 사랑, 겸손, 믿음, 신뢰에 터한 대화의 개념을 주장하기 위해 야스퍼스의 생각을 끌어온다. 그는 또한 소통이 아닌 지시 전달 방식의 교육을 설명하기 위해 야스퍼스의 '반反대화' 개념을 끌어온다.[3-7]

프레이리는 『페다고지』에서 실존주의 주제를 선명하게 드러내고 있다. 그는 자신의 '은행 저축식banking' 교육 개념이 교사가 학생들에게 떠먹여줘서 영양을 공급하는 사르트르의 '소화digestive' 또는 '영양식nutritive' 교육 개념과 유사함을 인정한다.[3-8] 그는 의식과 세계의 관계를 논의하기 위해 샤르트르가 생각하는 노선을 따른다.[3-9] 무엇을 극복하기 위한 '한계 상황'이라는 중요한 개념은 극복되어야 할 그 무엇인데, 독일 실존주의자들의 비관주의를 제거한 채 야스퍼스로부터 빌려온 것이다.[3-10] 그리고 대화적 행위에 대한 프레이리의 설명은 '나와 너'라는 부버의 고전적 묘사에서 빌려온 것이다.[3-11]

실존주의자의 주제는 프레이리가 『하버드 교육 비평』에 처음으로 기고했고 지금 재판 인쇄 중인 『교육의 정치학』에 나오는 그의 가장 학문적 저작인 『자유를 위한 문화적 실천』에 계속 나타난다.[3-12] 통제 속의 독서, 설교식 강의, 암기식 수업, 요점 정리된 메모, 그리고 평가로 구성되는 사르트르의 '영양식' 교육 개념은 제3세계 교육의 결점을 부각시키기 위한 배경으로 사용된다. 마찬가지로 사르트르는 프레이리가 주체와 객체 사이의 긴장을 논의한 출처가 된다.

프롬Eric Fromm은 보통 심리학자로 분류되지만 그의 심리분석 유형은 실존주의 철학과 근접하고 있다. 프레이리는 프롬을 개인적으로 알고 지냈고, 그에게서 많은 핵심적 분석을 끌어왔다. 억압과 피지배 의식의 본질을 분석하는 데 있어 가학증 사랑이나 시체 애호증 necrophilia뿐만 아니라 자유의 두려움 같은 프롬의 개념에 공감을 표했다.[3-13] 또한 억압받는 사람은 생명을 사랑함으로써 자유를 위한 사랑을 드러내야 한다는 프롬의 개념을 빌려온다. 억압을 이해하기 위해 심리학자에게 의존한 프레이리의 용어는 지나치게 심리학에 치우쳐 있다고 할 수 있다. 그는 억압을 경제적·정치적 용어로 분석하는 마르크스의 사상으로까지 결코 나아가지는 않는다.

요약하면 실존주의에서 도출된 프레이리의 주제는 거짓된 삶·교육의 유형과 참된 삶·교육의 유형을 구분하는 것, 삶의 주체가 되려는 인간의 자유를 중시하는 것, 특히 인간의 삶과 교육의 심장부라고 할 수 있는 '대화'의 중시 등을 포함한다. 의심할 여지없이 실존주의자들로부터 채택된 주요한 주제는 참된 삶과 교육을 위한 인간의 자유와 대화의 중요성이다. 여느 실존주의자와 같이 프레이리는 민중들이 자신들의 삶의 상황이 외부의 힘에 의해 결정되는 것이 아님을 파악하고 있다는 점에 관심을 두었다. 프레이리와 실존주의자들 모두 사람들이 자각하기를 희망하고 그들이 선택의 자유를 누릴 수 있기를 바란다. 여기서 선택의 자유란 자유로운 사회를 만들기 위해 일하고 참된 삶을 사는 사람이 되기 위하여 필요한 것이다.

현상학

프레이리 철학의 핵심인 지식 분석에 있어, 그는 실존주의자들과 밀접하게 연관된 유럽의 현상학자에게 기대고 있다. 그는 인간 의식의 단계와 의식의 변화 과정을 기술하는 것에 깊은 관심이 있다. 그가 받아들이는 원리는 실재에 대해 알기 위해서는 의식을 탐구해야 한다는 것이다. 왜냐하면 의식의 탐구를 통해서야 비로소 인식 주체는 그에게 지각 대상으로 보이는 실재를 연구할 수 있기 때문이다. 프레이리는 대상과 그것을 의식하는 과정 모두를 탐구함으로써 실재의 베일을 벗긴다. 이런 방법을 통해 사람들은 그들이 실재의 일부이지만 또한 유의미한 방식으로 그것과 구분되어 존재한다는 것을 알게 된다. 프레이리가 의식의 문제를 광범위하게 탐색한 끝에 내린 결론은, 인간은 주체로서 실재를 변화시키는 행동을 스스로 할 힘을 갖고 있음은 물론이고 인간 의식을 결정하는 사회적 조건을 어느 정도 인정해야 한다는 것이다. 이런 앎의 이론에 문제 제기를 하는 관념론의 비판에 대해서는 이후의 장에서 논의될 것이다.

현상학의 영향은 『페다고지』에 나오는 분석에서 매우 두드러진다. 인간을 의식의 중심에 놓고 연구하는 프레이리는 주인과 노예의 의식을 탐구하는 헤겔의 정신현상학에 크게 의존하고 있다.[3-14] 프레이리는 우리의 환경 안에 있는 대상이 어떻게 우리의 인지 대상이 되는지를 설명하기 위해 후설Husserl을 광범위하게 인용한다.[3-15]

자유주의, 실존주의, 현상학은 프레이리의 철학적 지향을 형성하는 데 있어 중요한 역할을 한다. 그런데 프레이리를 가장 분명하게 정의할 수 있는 부분은 그의 종교적·신학적 전망과 마르크스주의이다. 마지막 장에서 지적하겠지만 이 두 가지는 어느 정도 결합되어 있다. 프레이리가 신학적 입장을 더 많이 취하면 취할수록 그는 그만큼 더 마르크스주의자가 되어갔다.

프레이리의 종교적 비전

프레이리는 헤시피에서 가톨릭 신자로서 성장했으며 더욱 헌신적인 가톨릭 신자가 되기 위해 평생을 노력했다고 술회하였다. 이런 종교적 차원은 그의 저서 대부분에 영향을 미치고 있다. 프레이리는 자기 저서를 종교적이고 신학적인 관심과 구체적으로 연관시키고 있다. 10장에서 설명하겠지만 신학자들은 프레이리의 생각에 특별한 관심을 가졌다.

프레이리는 『비판적 의식을 위한 교육』에서 종교적 근원을 쉽게 인용한다. 프레이리는 세계와 인간의 역사에서 의미를 찾자고 주장하는 프랑스 기독교 인격주의자 무니에의 생각을 자신과 동일시하고 있다. 기독교와 진보에 대한 글에서 무니에는 인간 역사가 인간 해방이라는 진보를 보여주고 있다고 주장한다. 이러한 해방은 과학과 기술의 진보와 연관되어 있지만 인간의 행위에 달려 있다. 이렇게 프레이리는 자신의 초기 저작에서, 신이 인간을 통해 활동하면서 그들로 하여금 진정한 인간 해방을 이룩할 수 있게 하는 것이 인류의 역사라는 관점을 옹호하고 있다.

원전에서는 발견되지만 영어 번역에는 불행하게도 누락된 문단에서 프레이리는 인간의 영적·초월적 본성을 서술하고 있다. 즉, 그 본성은 창조주와의 관계에 뿌리를 두고 있는 것이어서 그 관계 때문에 인간은 본질적으로 종교적 천성을 갖는다고 한다. 프레이리는 신에 대한 믿음을 긍정하고 있고, 신에 대한 인간의 관계를 세계를 살아가는 인간을 설명하는 중심 고리로 표현하고 있다. 인간이 타인과 맺는 관계 그리고 사회 속에 존재해야 하는 관계는 인간이 창조주와 맺는 관계에 의해 결정되며 그 관계를 닮아간다.

신과 인간의 관계는 우리가 유한한다는 사실, 이런 한계에 대한 우리의 지식에 바탕을 두고 있다. 왜냐하면 우리는 불완전한 존재이고, 우리의 불완전함을 완성하는 것은 창조주와 우리의 관계 속에서 이루어지기 때문이다. 그런데 그 관계는 본질적으로 지배되거나 길들여지는 관계가 아니라 항상 해방의 관계이다. 이렇게 인간들 사이의 초월적 관계를 육화한 종교(religion은 '묶다'의 뜻을 가진 'religare'이 어원임)는 결코 소외의 도구가 아니다. 더 분명히 말하면 인간은 유한하고 궁휼한 존재이기 때문에, 인간은 사랑을 통한 초월 속에서 자신을 해방시키는 자신의 근원으로 되돌아갈 수 있다.[3-16]

이 중요한 인용은 심원한 종교적 진리를 표현한 것으로서 이후의 장에서 분석될 것이다. 프레이리는 또한 인간 존재를 인간과 인간, 인간과 세계, 인간과 창조주의 영원한 대화를 함의하는 '역동적 개념'으로 생각하고 있다. 인간을 역사적 존재로 만드는 것은 바로 이런 대화인 것이다.[3-17]

프레이리는 세계에서 살아가고 있는 인간에 대한 그의 관점을 표현하면서 다른 종교적 목소리에도 귀를 기울이고 있다. 더 나은 사회를 위한 노력에 교회가 참여하는 것은 교황 요한 23세의 사회적 회칙에 따라 그가 주장하는 원칙이다. 인간 진화의 가능성에 대한 그의 낙관주의적 관점은 샤르댕Teihard de Chardin과 비슷하다. 이 관점은 니버Reinhold Niebuhr의 기독교 사실주의와 연결되면서 균형을 이룬다. 이미 언급한 대로 그의 인간 개념은 무니에의 기독교 인격주의에 빚지고 있다.

프레이리는 이행 과정 중에 있는 브라질 같은 나라에 지지의 글을 보내면서, 요한 23세의 회칙 서한인 『기독교와 사회적 진보』를 인용한다. 그 서한의 요점은, 그러한 지원은 위장된 지배 형태이어서는 안 되고, 반대로 국가가 스스로 사회적·경제적 발전을 이룩할 수 있게 한다는 목표를 가진 것이어야 한다는 것이다. 사회의 구조적 변화를 가져오기 위해 노력하는 라틴아메리카의 나라들은 권위 있는 교황의 사회적 가르침으로 고무되었다.

프레이리는 주술적 의식을 묘사하면서 주술과 미신을 종교로 믿는 사람들, 특히 소작 농민의 사례를 많이 들고 있다. 그는 자신의 저서에서 거짓된 믿음이라고 할 수 있는 대중에게 만연한 신앙심과 진정한 종교적 믿음을 구분하는 데 주의 깊은 관심을 보였다.

종교적 자료와 참고문헌은 『페다고지』에도 역시 나타나 있다. 이 책은 프레이리가 교육의 혁명적 특성에 대해 서술하고 제안을 하기 위해 썼다. 하지만 그는 자신의 독자층에 기독교인과 마르크스주의자가 포함되리라는 사실을 인식하고, 분명코 급진파를 향해 저술한 이 저서에서 양 집단 모두 불쾌한 점을 몇 가지 발견할 거라고 예견한다.

『페다고지』의 언어는 일종의 종교적 느낌이나 특질을 가지고 있다. 프레이리는 소명의식, 존재론적 소명, 신뢰, 믿음, 겸손, 희망, 죄책감,

대화, 원죄와 같은 종교를 연상시키는 언어를 사용한다. 혁명적 교육의 중심인 대화는 종교적 실존주의자 야스퍼스로부터 나온 묘사인 사랑, 겸손 그리고 믿음에 기반을 두고 있다. 게다가 대화는 부버의 나와 너라는 관계 차원에서 표현되고 설명된다.

프레이리는 폭력이라는 논쟁적 이슈를 다룰 때 프로테스탄트 교회의 신학자인 니버를 인용한다. 프레이리는 또한 인간의 영적 본질과 도덕주의 교육자의 실패에 대해서도 역시 니버의 통찰에 기댄다.[3-18] 프레이리는 억압받는 사람들이 내면화했던 몇몇 미신에 대하여 말하면서 억압자가 서구문명의 옹호자라는 미신을 거론한다. 그는 사적 감정을 넘어 지원을 해야 한다는 주장에 대한 요한 23세 교황의 비판을 인용한다. 그는 또한 반란이 신에게 죄를 짓는 것이라는 미신을 공격한다.[3-19]

프레이리는 기독교인이자 혁명가인 토레스Camilo Torres 신부에 대한 존경을 표현한다. 또한 빈곤과 불의에 반대하여 정서적으로 연대하여 저항하고 그 원인을 분석함과 동시에, 그 원인과 결과의 제공자인 체제를 고발하는 일을 가톨릭교회가 수행해야 한다고 설득력 있게 주장한 프랑스 신부 세뉘M. D. Chenu의 저작과 생각에 경의를 표한다.

이렇게 마르크스주의 사회 분석과 혁명 활동에 대한 강력한 사례를 보여준 저서인 『페다고지』에서 프레이리는 주저 없이 많은 종교적 자료를 끌어들인다. 앞으로 보겠지만, 다른 저서에서 프레이리는 종교적 근거에 바탕을 둔 더욱 직설적 논변을 한다.

프레이리는 『자유를 위한 문화적 실천』에서 인간의 본성이 반성적 존재임을 설명하기 위해 종교철학자 샤르댕의 생각을 채택한다. 그는 기독교인에게 모든 땅이 사명의 땅이어야 함을 주목한다.[3-20]

프레이리의 또 다른 핵심적 개념은 '자기 말을 하기speaking the Word'이다. 이것은 그리스어로 저술한 초대 교부들, 요한 복음, 그리고 히브리 지혜를 담은 문학작품을 통해 내려온 유대 기독교 전통에 뿌리를 두고 있다. 문해 교육과 정치 교육 둘 다 민중들에게 스스로 자기 말을 하도록 하려는 노력으로 볼 수 있다.

프레이리는 자신의 주요 저서 외에 명백히 신학적인 논문 세 개, 즉 「라틴아메리카에서 교회의 교육적 역할」, 「교회, 해방 그리고 교육」 그리고 「어느 신학생에게 보내는 편지」[3-21]를 저술했다. 그는 종교적 주제로 인터뷰도 했다. 그는 또한 콘James Cone의 『흑인 해방신학』에 대한 유명한 비평문을 썼다.[3-22] 이 글 모두에서 그가 얼마나 신학적 개념과 발전을 꿰뚫고 있는지를 잘 보여준다. 프레이리의 책 전체는 앞서의 글에서 빌려온 관념으로 구성되어 있다. 책의 한 장은 그의 신학적 관점에 대한 풍성한 토론 그리고 거기에서 유발된 신학적 논의와 논란에 집중되어 있다.

프레이리는 그가 그릇된 종교적 신관으로 간주하고 있는 것에 대한 비판을 스스로 보여주었는데, 그것은 신의 활동이 세계 속에 존재한다는 것과 신이 인간에게 지니는 기대에 대한 것 모두에 대한 비판이었다. 그는 교회 생활과 조직의 형태에 비판적이다. 그는 급진적이고 혁명적인 기독교를 주창한다.

프레이리의 신학적 관점은 라틴아메리카의 해방신학 사상과 유사하다. 해방신학에서 억압적 요소로부터 인간과 제도를 해방하는 잠재력을 가진 힘으로서 종교를 제시하고 있다. 해방신학자들은 여타의 나라는 물론이고 특히 라틴아메리카 나라들에서 종교가 기존의 억압적인 정치적·사회적 제도를 유지하는 데 했던 역할을 민감하게 인식

하고 있다. 그들은 종교에 더욱 많은 해방적 역할을 기대하는 유대교
와 기독교 전통의 어떤 요소들을 끌어오기 시작하였다. 또한 프레이
리의 의식화 방법은 이런 새로운 관점을 위한 매우 신학적인 방법이
라는 주장도 있다.[3-23]

프레이리는 최근 브라질에서 널리 퍼져 있는 기독교 기초공동체
를 여러 번 언급한다. 그는 이들 공동체와 이야기를 하는 시간을 많
이 가졌고, 그들의 교육적 노력을 보면서 자신의 방법이 효과가 있음
을 알았다. 사회 속의 삶과 관련을 맺는 복음 다시 읽기가 이루어지
고 있는 곳은 바로 이런 공동체이다.[3-24] 복음 다시 읽기는 다음과 같
은 경우에 일어난다.

> 민중 집단은 복음을 공부하는 데 있어 더 이상 단순히 읽기만 할 수
> 없는 주제의 역할을 생각하고, …… 그들은 더 이상 억압자의 관점이
> 아니라 불가피하게 피억압자의 관점에서 공부한다.[3-25]

프레이리의 종교적 견해는 이 책의 여러 곳에서 제시될 것이다. 프
레이리의 종교적 비전에서 본질적 요소들은 다음을 포함한다. 신을
인간의 발전과 역사적 사건의 과정에 적극적으로 참여하는 존재로
보는 관점, 예수를 자유와 사랑의 삶으로 사람들을 불러오는 급진적
개혁가로 보는 관점, 교회를 억압이 존재하는 곳마다 그것을 거부하
는 데 적극적으로 개입하는 기관으로 보는 관점, 기독교인의 역할을
자유 속에 자기를 실현하는 동시에 억압에 대항하여 신과 동료 기
독교인, 그리고 모든 인간과 함께 활동하는 데 있다고 보는 관점 등
이다.

프레이리는 가톨릭을 유지하고 사회에서 가톨릭의 영향력을 행사하는 데 깊이 관여하면서도, 어떤 신학적 경향과 교회의 실천에 대하여는 비판적 입장을 취한다. 앞으로 보겠지만 그는 전통적 교회를 비판하는 동시에 그 교회를 현대화하면서, 예언적 교회를 요청한다.

이렇게 프레이리는 종교 개혁자로 적절하게 묘사될 수 있다. 프레이리가 천명한 종교적 비전은 인간, 사회, 정치, 교육에 대한 그의 관점에 지대한 영향을 끼쳤다. 본질적으로 프레이리가 마르크스 사상을 흡수한 기독교 사상가인지, 혹은 어떤 청중들에게 종교적 언어와 범주를 가지고 강연을 한 마르크스주의자인지는 여전히 논란거리다. 그러나 프레이리 본인은 기독교와 마르크스주의가 자신의 머릿속에 결합되어 있다고 설명한다.

인본주의 마르크스주의자

프레이리는 마르크스주의로 전향하게 된 이유를 설명한다. 또 마르크스주의의 채택을 자신이 기독교적 신념을 거부하는 것으로 보지 말 것을 분명히 말하고 있다. 그는 자신의 전향을 이렇게 말한다.

젊었을 때 나는 진정 기독교 신앙을 바탕으로 민중들에게, 노동자들에게, 농민들에게 다가갔다. ……나는 민중들과 대화를 했고, 그들과 말하는 것—발음, 단어, 개념을 배웠다. 내가 민중들에게 다가갔을 때 여러분도 알고 있는 그들의 고통과 구체적인 생활상을 알았다. 그러나 또한 민중들의 아름다움과 개방성, 민중들이 가지고 있는 사랑할 수 있는 능력과 우정……. 이런 현실의 장벽 때문에 마르크스에 관심을 가졌다. 나는 독서와 공부를 시작했다. 문맹자였음에도 불구하고 민중들이 나에게 말한 많은 것들을 마르크스의 저작에서 발견하였던 일은 아름다운 것이었다. 마르크스는 천재다. *그러나 내가 마르크스를 만났을 때 나는 민중을 만남으로써 거리의 구석구석에서 예수를 줄곧 만났다.*[3-26] (원서의 강조에 따름)

『페다고지』와 이후의 저작에서 나타난 프레이리의 정치학은 『비판적 의식을 위한 교육』에서 중시하는 자유민주주의 입장과 아주 다르다. 그의 저서는 지금 마오쩌둥毛澤東, 게바라Che Guevara, 카스트로 Fidel Castro, 기니비사우의 카브랄Amilcar Cabral과 같은 마르크스주의 혁명가는 물론이고 마르크스와 네오마르크스주의자의 강한 영향을 받았음을 보여주고 있다.

프레이리는 자신의 생각 중 일부를 에리히 프롬과 같은 인본주의 마르크스주의자들과 폴란드 철학자 코와코프스키Leszek Kolakowski로부터 끌어왔다. 이들은 청년 마르크스의 저작에 강조점을 두었다. 그들은 인류의 단결이라는 이상과 인간 잠재력은 위대하다는 신념을 표현했고, 인간성의 미래에 대한 낙관주의적 믿음을 표출하였다. 그러나 프레이리는 계급투쟁과 혁명적 폭력과 같은 과격한 마르크스주의 요소를 받아들임으로써 이런 인본주의 마르크스주의를 넘어섰다. 그러나 프레이리는 마르크스가 옹호했던 경제결정론을 받아들이지 않았다. 그는 대신에 정치적인 것과 경제적인 것보다 혁명의 문화적 차원을 더 강조하고 있다. 문화 혁명에 대한 강조가 프레이리로 하여금 혁명의 교육적 본질을 강조하는 데로 이어지는 것이지만, 반대로 그 때문에 그는 모든 혁명에 중요한 정치적·경제적 요소를 공평하게 다루지 못하였다. 경제적·정치적 분석에 있어 프레이리의 약점은 비판자들이 종종 지적하는 문제이다.

프레이리의 저서를 관통하는 중심 주제는 억압에 대한 분석이다. 이를 위해 그는 멤미Albert Memmi, 프롬, 파농Frantz Fanon 등과 같은 마르크스주의 전통을 따르는 사람들을 끌어들인다. 프레이리는 억압자와 피억압자의 의식 해방에 깊은 관심을 갖기 때문에 이들과 손을 잡고 있다. 두 집단은 해방되지 않으면 안 된다. 해방이란 억압된 사람들의 자유에 대한 두려움과 자유로워지면 억압자가 되려는 그들의 경향성을 다루는 작업을 수반한다. 프롬으로부터 프레이리가 인용하는 관점은 억압자가 가학적 본질을 가지고 있고, 이 때문에 그들은 전체를 장악하고 통제하려는 모습을 보인다는 것이다. 프레이리는 혁명을 통해서만이 자유가 생겨날 수 있다는 멤미의 생각에 동의한다.

프레이리는 마르크스의 인식론과 혁명 이론을 진지하게 인용한다. 마르크스를 처음으로 인용하면서, 프레이리는 우리의 지식이 단순히 환경과 교육의 산물이라고 주장한 유물론적 지식 이론에 대한 마르크스의 비판을 받아들인다. 우리의 환경을 변혁하는 것은 우리 자신이다.[3-27] 프레이리는 또한 우리의 의식을 감추는 힘으로서 억압에 대한 마르크스의 분석을 주목한다.[3-28] 그는 동물과 구분이 되듯이, 인간은 생산한 것을 통제할 수 있는 능력이 있다는 것을 언급한 마르크스의 말을 인용한다. 프레이리는 마르크스와 같이 피억압자의 자유를 가져오기 위해 비판적 개입이 필요하다고 보았다. 프레이리는 마르크스처럼 지배계급의 이데올로기를 혁명적 변화의 주요 장애물로 중요하게 다룬다. 억압자와 피억압자 모두를 위한 혁명은 의식과 활동 모두의 변화를 포함하는데, 이 두 가지는 계급투쟁이라는 맥락에서 일어나는 혁명적 실천 안에서 하나로 통일된다. 또한 그는 마르크스를 지지함으로써 비록 폭력적인 것이라도 혁명의 필요성을 수용할 가능성을 키웠다.

마르크스와 프레이리 둘 다 혁명적 지도자의 역할을 더욱 강조한다. 마르크스는 혁명적 활동으로서 대화를 믿지 않은 것 같지만, 프레이리는 그것의 중요성을 확고하게 하기 위해 마오쩌둥과 체 게바라의 말에 관심을 보인다. 오늘날 프레이리의 혁명 영웅들은 사회주의자들 사이에 별로 존경을 받지 못하고 있다.

프레이리가 마르크스와 어느 지점에서 달라지는가는 중요한 문제이다. 앞에서 언급한 대로 프레이리는 사회 속에서 권력의 경제적 토대와, 그리고 정치적 권력 그 자체를 둘러싼 쟁점을 주의 깊게 검토하지 않았다. 프레이리가 분명 이 문제를 분명히 하였지만 아래에서 보듯이 아무런 적절한 대답을 제시하지 못했다.

> 해방을 위한 교육을 하려면 정치적 권력을 필요로 하는데, 피억압자가 아무것도 갖고 있지 않다면 이때 혁명에 앞서 어떻게 피억압자의 교육을 수행하는 것이 가능하겠는가?[3-29]

계급투쟁이 폭력적 혁명에 의해 해결될 것이라는 그의 대답은 정치적·경제적 분석의 확장을 수반하지 않기 때문에 말장난에 지나지 않는다.

프레이리가 마르크스주의에 충실하려는 노력은 『페다고지』 이후의 모든 저서에서 드러난다. 기니비사우의 새로운 아프리카 공화국에서 쓴 『과정으로서의 교육학』에서 프레이리는 마르크스를 인용하여 교육과 정치의 역할에 대한 논의를 전개하고 있다. 프레이리는 파운데스Antonio Faundez와의 토론뿐만 아니라 혁명적 문해 교육에 대한 많은 논의를 하면서 마르크스 이론을 인용한다.[3-30] 최근 프레이리는 학교가 지배계급의 관계와 가치를 재생산한다는 마르크스주의적 비판을 수차례 거듭 인용한다.

결론

프레이리는 전통적 범주에 따른 우리의 분류를 거부하는 것 같다. 내가 제시할 수 있는 가장 좋은 명칭은 그가 기독교-실존주의-마르크스주의 교육자라는 것이다. 무엇보다도 프레이리는 실천적 수준이나 이론적 수준 모두에서 성인교육자이다. 문해 교육이든 정치 교육이든 그가 저술한 모든 것은 교육과 어느 정도 관련을 맺고 있다. 프레이리의 첫 번째 저서에서 그는 자신의 교육적 실천과 저술의 맥락을 이해시키려고 노력했다. 그가 끌어들여온 자유주의, 실존주의, 현상학과 마르크스주의 등 여러 철학들은 교육의 사회적 맥락, 교육받아야 하는 존재인 인간의 본질, 교육의 과정, 학생과 교사의 관계, 교육과 정치의 관계, 지식의 본질, 교육의 방법 그리고 교육에서의 언어의 역할을 이해하는 데 기여하고 있다.

프레이리는 그가 인용한 원전들을 절충하였다. 하지만 그의 사고에 일관성이 생긴 것은 교육적 임무를 수행하기 위해 원전을 참고하면서 단단하게 만들어간 그의 교육철학이 있었기 때문이다. 교육자로서 프레이리 자신의 경험을 이해하는 작업을 하다 보니 이런 교육철학에 여러 이론을 통합할 수 있었다.

이렇게 프레이리를 봄으로써 우리는 종교나 신학이 그의 교육철학 발전에서 어떤 역할을 한 지점을 알 수 있다. 프레이리가 보기에 모든 교육은 삶과 활동의 내재적이고 초월적 영역을 다루기에 종교적이다. 프레이리의 가톨릭주의는 그에게 가장 풍부한 많은 상징들을 제공하고 있다. 부활절 경험, 죽음과 부활, 사랑, 신뢰, 겸손, 소명, 교감, 예언 등. 그의 철학이 가톨릭 문화를 가진 나라에서 탄생하였기에 문화적 상징을 분석한다는 것은 그에게 아주 중요하다. 프레이리는 또한 문화와 역사의 세계에서 어떤 가치를 발견하더라도 자신의 가톨릭 정신에 통합시키고 있다. 그는 종교와 문화뿐 아니라, 성聖과 속俗을 크게 분리하지 않는다. 인간이 신과 함께 활동하는 세계 속에서 무엇이 될 수 있는지를 이해하는 작업 속에 그의 가톨릭주의가 녹아들어 있다.

3-1. Denis Collins, *Paulo Freire: His Works, and Thought*, New York: Paulist, 1977, p. 26에 등장하는 Rosiska Darcy de Oliveria와 Pieree Dominique.

3-2. [옮긴이 주] 화이트헤드는 '생기 없는 관념'은 죽은 지식으로서 아무런 가치가 없다고 하였다. 그가 강조하는 교육받은 인간은 관념을 반성적으로 음미할 줄 알고 이를 구체적 상황에서 응용할 수 있으며, 생활과 경험의 많은 영역에서 서로 연관시켜 볼 줄 아는 인간이다. 학생의 정신은 맞지도 않은 관념들을 마구잡이로 쑤셔 넣은 상자 같은 것이 아니다. 정리된 형태로 지식을 습득케 하는 것은 발달 중인 학생의 지성을 위한 자연적인 양식이기도 하다. 그러기에 학생은 자기가 배운 것을 단순히 반복하지 않도록 해야 하며, 관념을 재배열하여 무엇인가를 창조해낼 수 있는 인간으로 교육되어야 한다. 단지 박식함에 그치는 인간은 이 지상에서 가장 쓸모없는 인간이다. 정신이 교실에서 단순히 정보 공급으로 '충만한' 수동적인 수업은 문제이다. 교육의 목적은 학생들의 '자기 능력 개발'을 북돋아주고 이끌어주는 데 있다. 그러기에 첫째 "지나치게 많은 것을 가르치지 마라."는 것이며, 둘째 "가르쳐야 할 것은 철저히 가르쳐라."는 것이다(화이트헤드, 『교육의 목적』, 오영환 역, 2004, 궁리).

3-3. Paulo Freire, *Education for Critical Consciousness*, New York: Continuum, 1973, p. 18.

3-4. Ira Shor and Paulo Freire, *A Pedagogy for Liberation*, South Hadley, Mass.: Bergin and Harvey, 1987.

3-5. Paulo Freire, *Education for Critical Consciousness*, New York: Continuum, p. 1.

3-6. Ibid., p. 19.

3-7. Ibid., pp. 45-46.

3-8. Paulo Freire, *Pedagogy of the Oppressed*, New York: Continuum, 1970, p. 63.

3-9. Ibid., p. 69.

3-10. Ibid., p. 89.

3-11. Paulo Freire, *Pedagogy of the Oppressed*, p. 167. [옮긴이 주] 부버는 '나(I)'와 '그것(It)'의 사물적 관계가 아닌 '나(I)'와 '당신(You)'이라는 인격적 관계를 강조하였다.

3-12. Paulo Freire, Cultural Action for Freedom, Cambridge, Mass.: *Harvard Educational Review* and Center for the Study of Social Change and Development, 1970; *The Politics of Education*, South Hadley, Mass.; Bergin and Garvey, 1985.

3-13. Paulo Freire, *Cultural Action for Freedom*, pp. 31, 45, 166.

3-14. Paulo Freire, *Pedagogy of the Oppressed*, pp. 20, 34.

3-15. Ibid., p. 70.

3-16. Paulo Freire, *La educacion como practica de la libertad*, Santiago, Chile: ICIRA, Calle Arturo Claro, 1969, p. 15.

3-17. Paulo Freire, *Education for Critical Consciousness*, pp. 17-18.

3-18. Paulo Freire, *Pedagogy of the Oppressed*, p. 112.

3-19. Ibid., pp. 135-136.

3-20. Paulo Freire, *Cultural Action for Freedom*, p. 16, 주석.

3-21. Paulo Freire, *The Politics of Education*. South Hadley, Bergin and Garvey, 198에 있는 Paulo Freire, "The Educational Role of the Churches in Latin America," Washington, D. C.: LADOC, 3, 14; "Education, Liberation, and the Church", 5; "a Letter to a Theology Student," *Catholic Mind*, vol. LXX, No. 1265, 1972, pp. 6-8.

3-22. Paulo Freire, *The Politics of Education*에 있는 "In Praise of A Black Theology of Liberation by James Cone."

3-23. Dennis P. McCann, *Christian Realism and Liberation Theology: Practical Theologies in Conflict*, Maryknoll, N. Y.: Orbis Press, 1981.

3-24. Paulo Freire, *The Politics of Education*, p. 194.

3-25. Paulo Freire and Antonio Faundez, *Learning to Question: A Pedagogy of Liberation*, N. Y.: Continuum, 1989, p. 66.

3-26. Robert Mackie, *Literacy and Revolution: The Pedagogy of Freire*, New York: Continuum, 1981, p. 126에서 인용한 Paulo Freire, "When I met Marx I continued to meet christ on the corner of the street", in *The Age Newspaper*, Melbourne, Austraia, April 19, 1974.

3-27. Paulo Freire, *Education for Critical Consciousness*, p. 146.

3-28. Ibid., p. 36.

3-29. Paulo Freire, *Pedagogy of the Oppressed*, p. 39.

3-30. Paulo Freire and Antonio Faundez, *Lerarning to Question*.

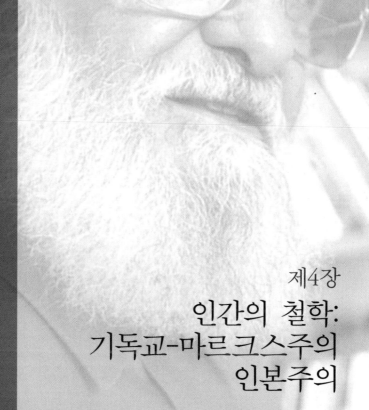

제4장

인간의 철학:
기독교-마르크스주의
인본주의

프레이리 사상의 여러 측면에 그의 종교적 시각이 관통하고 있다. 프레이리의 저작과 사상은 자신이 태어난 가정의 문화적 배경, 가톨릭 개혁 운동에서의 경험, 그리고 그의 특별한 종교적 세계관으로 이루어져 있다. 10년 동안 프레이리는 세계교회협의회에서 근무하면서 세계 도처의 종교 지도자와 교육자를 만날 수 있었다. 이러한 경험을 통해 그는 자신의 종교적 시각을 넓힐 수 있었다. 이러한 프레이리의 세계관을 기독교-마르크스주의 인본주의라고 말해도 좋으리라. 기독교의 시각은 프레이리가 '인간과 초월적 존재와의 관계'를 '인간들 사이에서 반드시 존재해야만 하는 관계'로 판단하도록 해주었다. 더불어 마르크스주의 차원은 '성찰적 반성을 통하여 선택하는 인간의 특성'과 '역사와 문화를 형성하는 인간의 능력'을 강조케 하였다. 물론 많은 이들이 이 두 가닥의 사유를 함께 연결시키고자 했다. 하지만 프레이리가 했듯이 이 둘을 멋지게 연결시킨 사람은 극히 드물다.

프레이리 철학의 핵심은 기독교적 인본주의 혹은 인격주의 personalism[4-1]이다. 그는 이러한 철학을 실존주의, 현상학, 마르크스주의 요소들과 결합하였다. 프레이리는 청중이나 주제에 따라 이러한 사상들을 능수능란하게 연결시키고 또 각 사상의 독특성을 부각시키곤 했다. 이러한 프레이리의 사상적 다재다능함은 다양한 질문자들과 장시간 나누었던 대화를 기록한 그의 최근 '대화록들' 속에 특히 분명하게 드러나고 있다. 프레이리는 교육자들과 대화할 때에는 실제적인 교육철학을 보여주었다. 그리고 성인 문해 교육자와 대화할 때는 문화과정에 대한 심오한 분석을 제시하였다. 또한 마르크스주의 사회학자와는 최첨단의 마르크스적 사회주의 이론에 대해 논쟁을 벌였다.

이 장에서는 프레이리 사상의 인본주의 영역을 검토하고, 그가 세상의 인간을 어떻게 말하고 있는가를 살피고자 한다. 프레이리는 인간의 본성과 사회적으로 구성되는 실재social reality[4-2]에 대한 인식을 바탕으로 교육과 사회에 대한 이론을 구축한다. 프레이리는 해방 교육의 목표를 '진정한 인간화'로 규정하고 있다.

교육자나 사회비평가에게 인간의 본성과 세계에 대한 관점은 대단히 중요하다. 그러나 인간 본성과 실재에 대한 호소들은 조심스럽게 검토되어야만 한다. 어떤 것이 무작정 좋다거나 진리라고 주장하는 사람들은, 종종 인간의 본성이나 실재에 관련해서도 그냥 무작정 좋다거나 진리라고 주장하기 때문이다.[4-3] 그러나 인간의 본성이나 '실재 세계의 질서'에 대한 호소는 대개 이성이나 논의를 거친 것들이 아니다. 다시 말해, 그것들은 어떠한 설명이나 타당한 이유를 제시하지 않고 있는 대표적인 표본들이다. 따라서 사상가들이 '인간의 본성과 세계'라는 개념을 통해 무엇을 나타내고자 하는지, 더불어 그들의 인본주의는 무엇으로 구성되어 있는지를 발견하고자 노력해야 한다. 그리할 때 우리는 그들의 사상이 근본적으로 가정하고 있는 그 지점에 도달하게 될 것이다.

인간의 본성에 대해 언급함에 있어 프레이리는 극히 낙천적인 용어들을 구사한다. 물론 프레이리는 인간이 타자를 영속적으로 억압하고 있는 모습에 대해 비난을 한다. 하지만 그는 여전히 선을 행할 수 있는 인간의 잠재력에 대해 낙관적으로 바라본다. 이러한 낙관주의는 프레이리의 기질과 성격에 근거한 것이기도 하지만, 기독교와 마르크스주의로부터 나온 유토피아적 사유에 그가 관심을 두었다는 사실이 그의 낙관주의를 더 타당하게 설명해준다고 봐야 할 것이다. 그는 과거에 인간이 행하였고 지금도 계속하고 있는 구체적인 사건들에 대해 대단히 비판적으로 바라보지만, 인간다운 것의 미래 가능성에 대해서는 분명하게 낙관주의적이다.

프레이리가 철학적으로 인간과 세계에 대해 논의할 때, 그는 추상적이고 모호한 언어를 사용하는 경향이 있다. 그는 자신의 철학적 절충주의에서 끌어낸 수많은 전문 용어들을 사용한다. 때문에 프레이리가 제시하는 언급들을 정확하게 이해하는 것은 언제나 쉬운 것은 아니다. 특히 그의 초기 저작은 더욱 어렵다. 프레이리의 후기 저작들, 대화록들은 명쾌하게 이해되긴 하지만, 이 책들은 그의 초기 저작에 담겨 있는 철학적 정교함과 깊이가 결여되어 있다.

인간의 본성에 대한 프레이리의 시각

프레이리를 기독교-마르크스주의 인본주의자로서 간주하는 것이 적절할 것이다. 그는 인본주의자로 자처하며 자신의 철학과 방법이 인본주의라고 언급한 적도 있다. 그는 종종 자신의 글에서 '인간을 바라보는 시각'이 자기 사상의 핵심 토대라고 언급하곤 한다.[4-4] 프레이리에게 있어서 인간화는 인간이 관여하는 모든 일의 목적이다. 반대로, 비인간화란 진정한 인간 본성과 존엄성을 파괴하는 모든 행동을 의미한다. 이러한 진술 방식은 명백하게 모호하고 거의 동어반복적인 서술로서, 흔히 프레이리의 초기 저작의 특징으로 여겨지는 대표적인 예라고 할 수 있다.

인간에게 적절한 자유가 주어지지 않는다면, 인간은 진정한 인간이 될 수 없다. 인간의 자유는 '인간을 완성'시킬 수 있는 조건이다. 따라서 인간화는 주로 개인의 목표라기보다는 사회의 목표라고 할 수 있다. 개인은 사회생활에 참여함으로써 진정한 인간이 된다. 프레이리가 기독교-마르크스주의 개념을 결합했다는 사실은, 그가 인간화를 기술하기 위해 샤르댕[4-5]과 마르크스 두 사람 모두에게서 용어를 빌려왔다는 사실에서 확인할 수 있다. 그는 샤르댕으로부터 "인류의 진화적 발달hominize"이란 용어를, 마르크스로부터 "프락시스praxis"라는 용어를 빌려왔다. 그리하여 인간화를 의미 있는 역사와 문화를 창조하기 위해, 반성적인 행동과 실천을 결합하는 과정으로 기술하고 있다.

프레이리는 교육의 과정에서 인간과 세계에 대한 어떤 특정한 관점을 사람들에게 부과해야 한다고 생각하지 않았다. 따라서 그는 문해 교육을 위해 입문서의 사용을 강력하게 반대했다. 왜냐하면 그 책들이 인간에 대한 어떠한 특정한 시각을 음으로 양으로 부과하기 때문이었다. 프레이리가 볼 때, 입문서의 사용만으로도 학생들을 자신의 교육을 선택할 수도 없을 뿐만 아니라 책임지지도 못하는 존재로 만들어버린다.

다른 교육철학자들과 마찬가지로, 프레이리는 모든 교육 실천은 인간관과 세계관에 기반을 두어야 한다고 주장한다. 이를 바탕으로 그는 아래와 같이 자주 인용되어온 교육의 비중립성에 대한 주장을 펼쳐낸다.

> 교육 실천과 그 이론은 절대로 가치중립적일 수 없다. 해방을 지향하는 교육에서 실천과 이론과의 관계는 하나이지만, 길들임을 목적으로 한 교육에서 이 둘은 완전히 별개의 것이다.[4-6]

프레이리는 그 자신의 교육학 이론에 대한 가장 일목요연한 설명으로서 제3세계에서 발달해온 유토피아의 교육학 혹은 희망의 교육학을 들고 있다. 이에 대해서 그는 다음과 같이 설명하고 있다.

> 우리의 교육학은 인간과 세계에 대한 시각이 없이는 성립할 수 없습니다. 그 교육학은 과학적인 인본주의자라는 개념을 만들어내고 있는데, 이는 교사와 학생들이 함께 행하는 대화의 실천과 비인간화하는 실재들을 분석하는 행동 가운데 표현됩니다. 곧 이 교육학은 인간 해방의 이름으로 그것의 변혁을 선언하면서 동시에 그것을 맹렬히 비난하는 것입니다.[4-7]

위의 글은 프레이리 자신의 교육학을 묘사하고 있는 것이다. 그의 교육학은 세계 안에 살고 있는 사람들에 대한 '이론'으로 시작된다. 그것은 사람들이 자유를 통해 그들의 진정한 운명을 성취할 수 있도록 하는 것을 지향한다는 점에서 '인본주의' 교육학이다. 또한 그것은 세계의 명확한 이해를 목적으로 한다는 점에서 '과학적' 교육학이다. 더불어 그 교육학은 교사와 학생 간의 '대화'가 중요하다고 강조한다.

그리고 그 교육학은 세계에서 변화를 가져오는 '실천praxis' 혹은 행동-성찰action-reflection[4-8]을 수반한다. 그것은 억압이 없는 세계를 강력하게 주장하면서 억압적 현실을 맹렬하게 비난한다는 점에서 '유토피아'의 교육학인 것이다. 이와 관련한 프레이리의 교육 이론에 대해서는 뒷장에서 좀 더 충분한 설명을 하도록 하겠다.

1장에서 이미 지적했듯이, 가톨릭 기독교는 프레이리 사상의 중요한 원천으로 자리한다. 이러한 영향은 인간다운 인간에 대한 그의 이론에서 분명하게 나타난다. 우리가 앞으로 살펴보겠지만, 그는 다른 계통의 사상, 특히 마르크스주의를 끌어들여 인간이 된다는 것의 의미에 대한 그 자신의 이해를 보여주고 있다. 그러나 비록 인간다운 인간에 대한 자신의 시각을 발달시키는 과정에서 프레이리는 다양한 전통들을 활용하고는 있지만, 그 지배적 개념들은 종교적이다.

프레이리는 인간이란 본질적으로 신과의 관계에 의해 정의되며, 신은 그들에게 성찰하고 자유롭게 선택할 수 있는 힘을 제공하였다고 파악한다. 인간은 무엇보다 신과 관계하는 존재로 이해할 때 가장 잘 이해되며, 다음으로 그의 동료인 다른 인간들과 관계하는 존재로서 이해될 수 있다. 이러한 관계를 통해 인간은 성장하면서, 인간은 운명적으로 될 수밖에 없는 바로 그 인간으로 되어간다. 프레이리는 인간은 역설적으로 그가 소유하고 있는 '신이 부여한 본성'이라는 미덕에 의해 이미 되어 있는 존재가 되기 위해 투쟁해야만 한다고 바라본다. 따라서 인간 본성은 불완전하기에, 이 인간 본성을 완성하는 길은 신과의 관계에서 발견되는 것이다. 이러한 관계에 참여하는 것은 인간에게 초월적 성격을 부여한다. 바로 이처럼 완성을 위해 분투함으로써만 인간은 자신이 직면하고 있는 한계 상황을 뛰어넘을 수 있다. 앞으로 살펴보겠지만, 프레이리는 이러한 초월의 능력을 개인에서 사회로 확대하고 있다. 그 자체를 초월하려는 사회적 힘의 기반에는 인간의 "존재론적·역사적 소명, 즉 좀 더 완전한 인간이 되고자 하는 것"이 있다.[4-9]

신과 인간

이미 살펴보았듯이, 신과 인간과의 관계에서 자리하는 한 차원은, 신이 인간에게 완전성을 제공하였다는 지점이다. 또한 프레이리는 신의 활동과 인간의 자유라는 주제를 검토하고 있는데, 그는 신이 사회적 부조리에 책임이 있다는 논리, 그리고 억압이 신의 의지라면 그 억압에 마주하여 할 수 있는 일이 거의 없다는 입장에 대해 강력히 논박해왔다. 그는 피억압자들에 대해 다음과 같이 설명한다.

그들은 자신들이 처한 상황의 원인과 이유를 인간보다 더 높고 위력적인 무엇에서 찾으려고 합니다. 그러한 것 중의 하나가 신인데, 피억압자가 처한 상황이 생겨난 것이 신의 뜻이라고 생각합니다. 아, 그러나 만약 신이 그러한 것들에 대해 신의 뜻이라 하면, 인간은 아무것도 할 수가 없습니다. 오늘날 많은 기독교인들이, 특히 브라질에서 비록 신에게 감사하지만, 그러한 태도에 대해서는 맹렬하게 반대하고 있습니다. 그러나 제가 어렸을 때, 저는 소작농들에게 마음을 쓰던 많은 성직자들이, "참으세요. 이것은 신의 뜻입니다. 그리고 어찌하여도, 그것으로 인해 당신은 천국을 얻을 것입니다."라고 말했던 것을 기억하고 있습니다. 그러나 문제의 진실은 우리의 천국을 우리 스스로가 지금 여기에 만들어야 한다는 것입니다. 우리는 우리의 천국을 세워야만 하며, 바로 지금, 우리의 생애 동안에 만들어야만 한다는 것입니다. 좀 전에 언급한 종류의 신학은 제가 도저히 참을 수 없는 소극적인 신학입니다. 어떻게 우리가 그 재앙이 신의 뜻이라고 말할 수 있습니까? 마치 절대적인 신의 사랑이 인간을 거듭되는 희생과 절대 빈곤으로 내팽개치는 것처럼 말입니다. 그러한 신은 아마도 마르크스가 말한 신[4-10]일 것입니다.[4-11]

이 글에서 프레이리는 인간 그리고 인간과 신의 관계에 대한 왜곡된 기독교 관념을 인간 본성에 대한 실존주의자 또는 마르크스주의자의 관점에 호소하여 바로잡고 있다. 그는 기독교 문헌에서 인간의 자유와 책임감이라는 개념이 발견되며, 또한 사회적·정치적 상황을 변화시킬 수 있는 인간들의 힘에 대한 신뢰가 나타난다는 점을 인정하고 있다. 하지만 그렇다 할지라도, 프레이리는 기독교가 인간들에 대해 억압과 빈곤의 상황에서 때때로 무력하다고 묘사한다. 그러한 기독교적 사유의 부정적 결과는 신의 뜻에 따르고 죽어서 천국에서 보상을 받는 일로 만족을 구하는 것이다. 마르크스는 이러한 입장을 깨부수면서, 종교는 괴로움을 달래주고 사람들에게 현세가 아닌 내세에의 희망을 제공하는 아편이라고 언급한 바 있다. 프레이리는 이러한 왜곡된 기독교적 관점이 브라질의 소작농들의 사고방식에도 연결되어 있다고 주장한다.

인간의 본성: 인간과 동물

프레이리의 글에서 되풀이되는 하나의 주제가 있다. 이것은 많은 독자들이 무시하거나 간과해온 것인데, 그가 인간과 동물 간의 관계를 광범위하게 비교한다는 것이다. 그 비교는 그가 인간과 세계에 대해 쓴 거의 모든 저작에서 분명하게 드러난다. 프레이리는 계속해서 성찰과 자유를 가진 인간과 성찰 없이 결정된 대로 살아가는 존재인 동물을 대비한다. 또한 그는 세계 속에서 창조적이고 의미를 부여하는 존재로 살아가는 인간의 방식과, 그렇게 살지 못하는 동물의 방식을 대조한다. 이러한 비교 과정에서 그는 스콜라철학과 실존주의 철학으로부터 범주들을 발췌한다. 이러한 비교는 인간 본성에 대한 그의 시각을 강조하거나 자신의 시각으로 채색한다. 그에 따르면 인간은 자기 자신의 존재에 대해 의식한다. 더불어 인간은 억압당하는 현재에서 사는 것이 아니라, 과거, 현재, 미래에서 산다. 또한 인간은 타자와의 관계에 들어간다. 그리고 인간은 문화를 발달시킨다. 그뿐만 아니라 인간은 모험을 받아들일 각오가 되어 있다.

많은 이들이 프레이리의 글에서 이 주제에 대해 무시하는 경향이 있지만, 그는 이 주제는 매우 중요하다고 주장해왔고 끊임없이 이에 대해 되풀이하여 논의해왔다.[4-12] 바로 인간과 동물에 대한 이 구분이 문해 교육 과정에서 예비 수업의 기초를 이루고 있었다. 프레이리는 성찰 없이 살아가는 브라질 북동부의 많은 소작농들의 모습을 몇 가지 측면에서 동물들이 존재하는 수준과 가까운 것으로 간주하였다. 그는 그들의 삶을 결정짓는 것은 바로 그들이 직면하고 있는 억압적인 현실이라고 파악했다. 따라서 프레이리는 첫 번째 수업에서 참가자들이 자연과 문화 사이의 구분을 의식할 수 있도록 하고자 하였다. 자연은 동물이 살아가는 조건이며, 이는 동물들이 끊임없이 반복해서 동일한 행동을 하도록 결정한다. 하지만 인간은 문화를 지니고 있으며, 자신이 하는 것을 성찰하며 다르게 행동할 수 있는 자유를 지니고 있다. 프레이리는 많은 실례를 들어 이 단계의 훈련에서 참가자들에게 동기를 부여하고 그들의 의식을 고양시킨다. 그의 기호체계나 삽화는 바로 이를 위해 설계된 것이다. 그는 이것들을 통해, 인간이 타자와의 관계 속으로 들어가는 존재, 특별한 문화를 형성하는 존재, 좀 더 나은 기술과 도구를 발명하는 존재, 일을 통해 자연을 변형하는 존재, 문화의 발달을 성찰하는 존재임을 보여주었다.[4-13] 프레이리는 브라질의 문화에 대한 이러한 예화들과 논의들을 이용하였다. 하지만 칠레에서는 칠레인들이 즉각적으로 읽고 쓰기를 배워 실제적인 일에 착수하기를 더 열망하고 있다는 것을 깨닫고서 그 자료들을 사용하지 않았다.

요컨대 인간을 인간답게 만드는 특성은 세계에 적극 관여하는 개방성을 포함하고 있다. 더불어 세계로부터 객관적으로 거리를 두는 능력, 세계를 초월하는 능력, 세계의 비판적 성찰에 참여하는 능력, 세계에 의미를 부여하는 능력, 그리고 역사와 문화를 창조하는 능력을 포함한다. 그렇기에 인간과 동물을 구분하는 기점은, 인간의 자유를 바탕으로 가능한 모든 것, 그들의 일, 역사, 그리고 가치의 영역에 특별하게 참여하느냐 아니냐에 놓여 있다.

이 점에서 프레이리에게 하나의 비판을 가할 수도 있다. 즉, 그는 인간과 동물의 본성 사이에 있는 연속성을 보여주고자 하는 어떠한 설명도 하지 않는다. 이에 대해 그는 재빠르게 행동주의를 기계론적이고 실증주의적이라고 묵살해버린다. 이 지점에서, 프레이리는 자신이 의지해온 현상학뿐만 아니라 교육자로서의 철학과 신학까지도 저버리는 듯하다. 그는 인간과 동물을 양극단에 자리매김한다. 그리고 인간과 동물 사이에 존재하는 유사성이나 연속성에 관한 어떠한 언급도 하지 않는다. 프레이리의 글에서, 찰스 다윈에 의해 안내된 생물학에서의 혁명에 대해서는 신스콜라주의[4-14] 사상가들이 그러하였듯이 어떠한 언급도 하지 않는다. 그는 인간의 많은 행동이 외부적 요인과 무의식적 요인에 의해 결정되거나 아니면 적어도 어느 정도 영향을 받는다고 설명하는 행동주의자들이나 다른 심리학자들의 입장을 무시한다. 인간 본성의 이런 측면에 대한 인식이 프레이리의 인간관이 가지는 낙관주의적 정신을 누그러뜨렸을지라도, 그렇게 하는 것이 개인과 사회의 변혁을 위한 가능성을 좀 더 실질적으로 평가할 수 있게 했을 것으로 보인다.

프레이리에 대한 이와 같은 비판은, 사소한 것처럼 보일 수 있지만 결코 그렇게 치부할 수 없다. 인간 본성에 대한 프레이리의 잘못된 관점(그가 인간의 자유가 지닌 한계들을 고려하지 않았다는 측면에서의 결점)은 사회적·정치적 변화의 가능성을 너무 지나치게 낙관적이고 지나치게 단순화시킨 시각을 낳도록 만들었다. 때때로 프레이리의 저작을 읽으면, 단순히 이루고자 하는 의지력만 충분히 발휘한다면, 인간과 사회의 변화가 이루어질 것 같은 인상을 받게 된다. 그는 이러한 변화를 마치 단순히 그 필요성을 인식하고 그것을 실현하려고 하기만 하면 되는 문제인 것처럼 말한다. 프레이리는 또 종교 설교자처럼 다가와, 사람들에게 그들의 삶을 매우 힘들게 만드는 개인적·사회적 장애물을 어떻게 극복해야 하는지에 대해 조금도 보여주지 않으면서도,

전혀 못할 것이 없다는 듯이, 좀 더 나은 삶을 살라고 강력히 촉구한다. 프레이리가 에리히 프롬의 『자유로부터의 도피*Escape from Freedom*』를 언급하면서 인간 자유의 심리적 장애물들에 대한 몇 가지 인식을 보여주긴 했어도, 훨씬 더 자주 그는 이러한 차원에 대해 눈을 가리고 인간의 삶에 동반하는 행동의 자유에 있어서의 많은 한계들을 고려하지 않는다. 유토피아적 사회주의에 대한 강렬한 헌신은 인간 자유의 힘을 과장하는 프레이리의 성향을 더욱 분명히 보여주고 있다.

이 인간 본성에 대한 철학은 프레이리 사상에서 중요한 부분을 차지한다. 그의 많은 근본적 가정들은 인간 본성에 대한 설명들을 포함하고 있다. 프레이리의 급진주의는 그의 용어를 빌려 표현하자면, 사회의 모든 제도와 모든 인간 행동이 진정한 인간화를 촉진하는지 여부를 묻는 것이다. 전통교육에 대한 그의 근본적 비판은 이와 같은 인간 본성 개념을 판단 기준으로 삼는다. 해방의 교육을 위한 프레이리의 제안들은 그가 신봉하는 인간 본성의 관점과 일치한다. 사회에서의 혁명을 바라는 그의 희망은 그가 본질적이라고 파악하는 인간의 어떠한 속성에 대한 신뢰에서 나온 것이다.

프레이리의 세계관

프레이리의 교육학은 또한 세계관을 포함하고 있다. 세계에 대한 그의 이해는 인간에 대한 자신의 이해와 묶여 있다. 왜냐하면 인간이 항상 세계에 살고 있기 때문이다. 비록 인간과 동물이 같은 물리적 세계에 거주하고 있기는 하지만, 인간과 동물은 다른 사회적 세계에서 살아간다. 인간은 세계를 알고 있으며, 세계를 건설하며, 세계를 바꿀 수 있는 능력을 지니고 있다. 프레이리에게 실재는 결코 단순하게 객관적인 것 혹은 사실적인 것이 아니다. 그것은 또한 이 실재에 대한 우리의 지각마저도 포함한다.

프레이리는 자신의 세계관을 제시하면서, 유물론과 관념론이라는 두 개의 양극단을 피하고자 한다. 그는 세계를 사물로 끌어내리는 기계론적 객관주의라고 명명하면서 유물론을 비판한다. 그는 또한 세계를 추상적 개념으로 격하시키는 유아론적인 관념론이라고 명명하면서 관념론도 거부한다. 그는 이 두 입장을 피하면서 세계를 과정으로 기술한다. 인간이 알고 있는 세계는 고정된 세계가 아니라 과정 중에 있는 세계이다. 세계란 바로 문화를 빚고 역사를 살아가면서 인간이 만들어내는 것이다. 프레이리의 세계는 사회적 세계, 즉 인간이 건설하는 세계이다. 물론 그는 일부 사람들이 닫힌 세계, 즉 침묵의 문화에 살고 있다는 것을 알고 있다. 하지만 이 닫힌 세계에 대해 사람들이 반드시 알아야 하고, 더불어 살아야 하는 세계가 아니라고 주장한다. 그의 교육적 실천의 근본 목적은 사람들이 이 침묵의 문화에서 벗어나도록 하는 것이다. 이러한 침묵의 문화에서 벗어남이 실현될 수 있도록 하는 것, 즉 세계가 인간에 의해 변화될 수 있도록 하는 것이 모든 인간 행동의 본질적 목적인 것이다.

인간은 인간의 언어를 말하고 실천을 통해 세계를 만들어간다. 프레이리는 자신의 생각과 언어 그리고 실천을 통해 세계를 바꿀 수 있는 인간 능력을 엄청나게 강조한다. 이 생각과 언어 그리고 실천이 함께 모여 역사와 문화를 창조한다. 이러한 능력을 발휘하지 않는 인간은 세계로부터 소외를 경험하게 된다. 인간은 세계에 이름을 붙일 수 있는 자신의 능력을 발휘할 때만이 비로소 온전한 인간이 된다. 인간은 문화와 역사를 발전시킴으로써 세계에 이름을 붙인다.

프레이리는 세계가 하나의 문제덩어리 혹은 문제들로 가득하다는 것을 인식하고 있다. 프레이리는 바로 이 문제들이 세계의 주제들을 구성하는 것이라 말하였다. 그런데 이러한 주제는 다음과 같은 것을 포함한다.

아이디어들과 개념들, 희망, 가치, 그리고 도전의 복합체가 그들과 정반대쪽과의 변증법적 상호작용을 통하여 완전함을 추구한다. 이러한 많은 아이디어들, 개념들, 가치들, 그리고 희망의 구체적인 표현들뿐만 아니라 인간의 완전한 인간화를 방해하는 장애물들까지도 그 시대의 주제들을 구성한다. 이러한 주제들은 반대되는 혹은 심지어 정반대되는 것들마저도 포함한다. 그리하여 그것들은 또한 수행해야 하고 완수해야 할 임무를 지시해준다.[4-15]

프레이리가 제3세계 사회의 동일한 주요 주제들 혹은 문제들로 생각해온 것은 억압, 지배, 그리고 숙명론이었다. 문해 교육과 정치 교육을 위한 그의 제안들은 사람들에게 부정적인 주제들로부터 벗어나서 긍정적인 주제들로 마음의 문을 열게 해서 이러한 주제들과 맞붙게 하려는 시도였다. 곧 이러한 주제들의 지배로부터 자유로워진다는 것이 의식화의 본질적 목적이다.

프레이리 사상에서, 우리는 인간과 세계 사이와의 어떠한 "상보성" 혹은 좀 더 적절하게 표현하면 변증법을 발견하게 된다. 인간과 세계는 둘 다 과정중이며 완결되지 않은 상태이다. 그들은 상호적인 혹은 변증적인 상호작용을 통해 발전한다. 세계, 즉 역사와 사회는 인간의 활동을 통해 발생한다. 비록 프레이리의 지적이 충분하지는 않지만, 이것이 의미하는 바는 인간은 역사와 문화의 세계에서 살아가면서 자신을 형성한다는 것이다. 세계는 오직 인간이 살아간다는 측면에서 가치를 지니는 것이지, 인간이 단지 그 안에서 존재하기 때문에 그러한 것은 아니다. 곧 세계에서 살아간다는 것이란, 세계에 대한 우리의 언어를 통해 그리고 세계 안에서 우리의 행동을 통해 세계를 바꾸어가는 것을 의미한다. 그것은 성찰이자 행동, 즉 실천, 다시 말해 역사와 문화에 의미를 제공하는 것으로 사실상 의미와 문화를 창조하는 것이다. 인간의 "존재론적 소명", 즉 인간으로 존재하는 것 혹은 인간의 본질적인 기능은, 세계에 능동적인 참여자(주체)가 되는 것이며 결코 동물들이 그러하듯이 수동적 객체가 되는 것이 아니다.

인간 본성과 세계에 대한 프레이리 철학의 분석

프레이리의 인간 본성에 대한 이론이 희망에 차 있는 낙관주의라는 점에서 인상적이기는 하지만, 그의 이론에 대해서는 어느 정도 교정을 위한 비판이 필요하다. 그 비판은 프레이리의 기독교-마르크스주의적 인본주의 입장이 세속적인 용어뿐만 아니라 종교적인 용어로 쓰여 있다는 점이다. 아니 종교적인 언어로 쓰여 있다는 것이 좀 더 적절한 표현일 듯하다. 왜냐하면 프레이리는 분명히 자신을 기독교 전통에 위치시키기 때문이다. 프레이리의 인간다운 인간human person이란 개념에는, 원죄 의식이나 인간의 악의 문제, 그리고 인간의 실존에 자리한 비극에 대한 감각이 거의 인식 결여되어 있다. 하지만 기독교적 전통에서 인간 본성은 세계 속에 자리한 인간의 죄악과 깊이 관련을 맺고 있다. 그 기독교적 전통은 인간 본성의 죄악성을 인식하고 있다. 또한 그 기독교적 전통에서는 사회적 구조와 제도에도 어쩌면 그것들 안에 악이 포함되어 있을 것이라고 주장하기까지 한다.

프레이리가 말하는 급진적인 인간, 즉 의식화의 과정을 통해 발전하는 인간은 합리적으로 그리고 억압이 없는 방식으로 행동할 수 있을 것처럼 보인다. 프레이리는 피억압자가 일단 해방된다면 마치 완전히 다른 인간으로 될 것처럼 말한다. 그는 그 인간이 자신의 자유를 현명하게 사용할 것이고, 결코 착취적이지 않을 것이라고 가정하고 있는 듯하다. 경험적으로 볼 때 우리는 프레이리와는 다른 이야기를 들어왔다. 즉, 피억압자가 억압에서 일단 풀려난 후 때때로 다른 이들의 억압자가 되곤 한다. 프레이리가 올바르게 지적한 점은, 이러한 상황이 반드시 일어나지는 않는다는 것이다.

프레이리는 사회에 대해 비판하면서, 인간이 다른 이들에게 자행하는 많은 악들을 분명하게 지적하고 있다. 그는 자신이 수년 동안 성인교육자로서 일했던 억압적인 브라질 사회를 아주 생생하게 그려내고 있다. 그러나 그가 의식화가 된 이후에 나타날 사람을 기술할 때, 이 사람 역시 억압을 실행할 수 있는 사람이라는 암시는 거의 드러나지 않는다. 의심할 바 없이 이는 새로운 남성과 여성의 도래를 선포하는 유토피아주의 사상가의 특권이다. 이는 분명 천년왕국의 도래를 선포하는 설교자의 미사여구이다. 하지만 만약 사회와 그 제도를 비판하는 한편 사회·정치적 혁명의 프로그램을 위한 것이기도 하다면, 그것은 상당히 편협한 토대로 자리한다. 인간의 어두운 측면은 현재 억압받고 있는 이들이 풀려난다고 해서 완전히 제거될 수 있는 것이 아니다. 사회 변화를 위한 이론과 프로그램은 이와 같은 인간 본성의 어두운 면을 현실성 있게 다루어야만 할 것이다. 이 점을 프레이리는 교육과 사회정치적 변화를 위한 자신의 제안을 제시할 때 분명하게 표현하지 않았다. 이러한 프레이리의 제안은 분명히 가치가 있다. 하지만 잘못된 유토피아주의의 관점이 아닌, 잘못된 점을 깨닫게 해주는 사실주의적 관점에서 검토할 때만이 그 제안은 가치를 지닌다.

프레이리는 모순에 빠진 것처럼 보인다. 그는 유토피아를 꿈꾸는 인간은 오직 억압적인 제약에서 벗어날 때만 모습을 드러낼 뿐이라고 주장한다. 하지만 이러한 억압적인 제도를 최초로 만든 이는 누구란 말인가? 만약 사람들이 과거에 억압 아래 있었다면 지금 그들이 억압적 제약으로부터 벗어날 수 있게 되었다고 할 때, 과연 무엇이 그들을 억압적이지 않도록 만들어준다는 것인가? 현재의 억압을 유일하게 설명해주는 것은, 인간은 다른 이를 착취하는 것이 이익이 될 때 그렇게 한다는 인간다운 사람들의 어두운 측면이다.

프레이리와 같이 발달의 단계들을 분명하게 기술하지 않은 유토피아 사상가들은 딜레마에 빠지곤 한다. 그들이 만약 현재의 악의 존재를 인정하게 되면, 그들은 인간이 악을 행하고 악의 제도들을 빚어낼 수 있는 능력이 있음을 인정해야만 한다. 이러한 부정적 능력은 인간 본성의 일부가 되어야만 하는 것이다. 만약 그들이 현재의 악의 존재를 부정한다고 하면, 그들이 제안한 유토피아는 이미 존재해야 한다. 이에 대해 프레이리는 명백히 아무런 언급도 하지 않았다.

나는 인간 본성이 그처럼 타락한 것이기에 좀 더 나은 것으로의 어떠한 변화 가능성도 불가능하다고 주장하지 않는다. 나는 프레이리의 낙관주의에 대해 불균형을 바로잡기 위한 대안으로서 비관주의를 제안하고자 하지도 않는다. 나는 단지 인간 본성에 대한 완전한 이해를 위해서는, 일단 어떠한 제약으로부터 벗어나기만 하면 선이나 정의라고 여겨지는 것을 인간들이 자발적으로 하지는 않는다는 태산같이 많은 증거들을 신중하게 고려해야 함을 주장하는 것이다. 곧 자유로워질 기회를 사람들에게 주는 것이 반드시 그들이 책임감 있게 행동할 것임을 보장하지는 않음을 말하고자 한다.

프레이리가 믿고 있는 인간 본성과 세계에 대한 시각은 자신이 성장하고 교육받아온 그 종교적 전통에 의존하여 만들어진 것이었다. 그러나 그의 시각이 그 종교적 전통과 완전히 일치하지는 않는다. 프레이리의 인간 본성과 세계에 대한 시각에는 원죄와 인간의 타락 가능성을 강력하게 주장하는 가톨릭 전통의 사실주의적 관점이 결여되어 있다. 프레이리가 인간을 위한 현재의 혹은 이 땅 위에서의 가능성으로 제시한 것은, 가톨릭주의가 어떠한 미래의 존재에 대해 말하는 것과 같아 보인다. 기독교 전통 내부에서 프레이리의 시각과 유사한 생각들이 자세하게 논의되어왔다. 그것은 대개 종교 개혁가들이 자신들의 관점을 종파나 수도원에서 실천하고자 했을 때 사용하였던 것이다. 곧 유토피아주의 성향들은 더 넓은 공동체에서 영향력을 펼치는 일이 있기는 하지만, 대개가 더 작은 집단 안으로 점차 소멸되어 가곤 한다.

프레이리가 지닌 인간 본성에 대한 시각은 유토피아 사회주의자들이 지지한 초월적 사회관과 동일하다. 그것은 일단 과거와 현재의 기형적인 제도들이 제거되기만 하면 인간이 완전하게 될 수 있다는 동일한 믿음이다. 이러한 시각은 하일브로너Heilbroner가 지적했듯이 몇 가지 치명적 약점들을 지니고 있다. 그가 말하는 가장 큰 약점은 다음과 같다.

그러한 시각은 모든 역사적·사회학적·성적·관념적 복잡성 속에서 인간 행위의 개념을 명확하게 서술하는 데 실패했다. 더불어 생물학적이면서 동시에 사회적이고, 비극적이면서도 영웅적이며, 제한적이면서도 변화 가능성이 있는 '인간'을 제시하는 개념을 만들어내는 데도 실패했다.[4-16]

현대 사회주의 국가들에서 일어나는 사건들을 보면, 이 국가들이 인간의 그 비밀스러운 '타락 가능성'에 대한 두려움 가운데 항상 살 수밖에 없음을 지적하고 있다.

프레이리가 말한 인간 본성에 대한 시각은 유토피아 같은 것이라고 말할 수 있을 것이다. 앞으로 우리가 살펴보겠지만, 프레이리의 전체 사상은 이러한 유토피아 같은 틀에 맞춰져 있다. 여기서 '유토피아 같은 것'이란 경멸적인 의미로 말하는 것이 아니다. 이는 칼 만하임, 칼 포퍼, 코와코프스키를 포함한 많은 학자들이 논의해온, 사회 변화를 아주 분명하게 지향하는 유토피아주의이다.[4-17] 이 학자들은 유토피아주의 시각을 혁명적 상상력의 필수적 요소로 보고 있다. 코와코프스키는 유토피아에 대해 이렇게 말한다.

'현실적으로' 즉각적인 행동에 의해 이루어질 수도 없고 예측 가능한 미래를 넘어서 있기에 설명적 차원을 넘어서는 변화, 계획마저도 불가능하게 만드는 그 변화를 이룩하기 위한 투쟁이 유토피아다. 여전히

유토피아는 현실에서의 행동을 위한 도구이고 사회적 행동을 계획하기 위한 도구이다.[4-18]

코와코프스키는 유토피아적 사회사상을 인간 본성에 관한 유토피아적 상상력과 특별하게 연관 짓지는 않는다. 하지만 그 둘 사이에는 분명한 연결성이 자리하고 있다. 인간이 사회를 완벽하게 만들 수 있다는 믿음은 인간 그 자신이 본질적으로 선하고 완벽하다는 가정에 의존한다.

이와 같은 프레이리가 믿고 있는 인간 본성의 유토피아주의 관점을 반박하는 일은 결코 쉽지 않다. 왜냐하면 그가 제시하는 것들은 거의 종교적인 신념의 문제이기 때문이다. 프레이리는 인간은 과거의 자신과는 완전히 다른 존재가 될 수 있는 능력을 지녔다고 단언하곤 한다. 역사는 이것이 실행 가능한 일이라고 보여주지도 않았는데 말이다.

인간 본성에 대한 유토피아적 시각은 강점과 약점을 동시에 지니고 있다. 그 시각은 개혁가와 혁명가에게 사회에 요구되는 변화를 위해 어떠한 일을 할 수 있도록 영감을 제공하곤 했다. 또한 변화는 불가능한 것이라고 바라보는 관점에 대해 건강한 평형추 역할을 해왔다. 그리고 그 시각은 인간이 현재와 과거의 제도로부터 벗어날 수 있도록 힘을 제공했다. 더불어 정치적·사회적·종교적 혁명의 선봉자 역할을 해왔다.

하지만 유토피아적 시각은 그 강점과 함께 약점 역시 면밀하게 입증되어왔다. 불가능한 목표들을 붙들고 있는 것은 실제로 실현 가능한 것으로부터 사람들의 관심을 딴 데로 돌려놓았다. 현실과 너무도 거리 먼 상상력은 사람들을 맹목으로 만들어, 유토피아를 실현하는데 장애가 되는 현재 사태를 현실적으로 적절하게 평가하지 못하도록 하였다. 유토피아의 삶을 이루고자 했던 인간들의 실험에서 분명하게 확인할 수 있듯이, 새로운 유토피아를 꿈꾸었던 사람들은 누구든지 간에, 얼마 되지 않아 자신이 변화시키고자 했던 사람들을 닮아가곤 했다.

프레이리의 마음에 자리하는 인간 본성에 관한 유토피아적 상상력이 그의 유토피아적 시각을 유도하였다는 점은 명백한 사실이다. 그러므로 이 유토피아적 상상력과 시각을 따로 떼어놓고 논의한다는 것은 불가능하다. 진정, 아니 어쩌면 인간 본성에 관한 시각과 사회에 관한 시각 그리고 사회 변화 가능성에 대한 시각은 총체적이며 서로 밀착된 것이리라. 인간 본성에 관한 진술은 어떠한 내면의 본질 혹은 존재에 관한 진술이 아니다. 차라리 그 진술은 인간이 하는 것 혹은 인간이 할 수 있는 것에 대한 진술이라 해야 할 것이다. 오늘날 많은 이들이 인간 본성에 대한 시각이나 개념과 관련한 질문을 피하려고 한다. 이러한 형식의 언어는 너무도 초월적이고 형이상학적인 것으로 생각되기 때문이다. 하지만 프레이리는 초월적이고 형이상학적 방식으로 인간 본성에 대한 시각이나 개념을 표현하는 전통에 속해 있다. 프레이리는 이러한 전통적 표현 양식을 통해 자신의 근본적인 가정을 나타낸 것이다. 우리는 프레이리의 인간 본성과 세계에 대한 시각과 씨름하면서, 그러한 시각이 논리적으로 그의 사상의 두 번째 차원, 즉 그의 사회적 비판과 연결되어 있음을 발견할 수 있었다.

프레이리의 세계에 대한 시각은 또한 또 다른 분석이 이루어져야할 것이다. 그 시각은 분명히 현대 철학에 근거를 두고 있는 것이다.

하지만 그 시각은 지식 사회학의 관점에서 약간의 균형이 필요하다. 프레이리는 인간 자유의 가능성이 역사와 문화를 창조하고 세계를 변화시킬 것이라고 말해왔다. 하지만 일단 설립된 역사와 문화가 제도가 되고 따라서 그것이 특정한 문화로 사람들을 사회화하는 데 거대한 영향력을 행사하는 그 과정을 프레이리는 충분히 다루지 않았다. 물론 그는 "인간에 의해 창조된 문화와 역사의 세계는 인간을 통제함으로써 인간을 배반한다는 것"을 알고 있었다. "이는 문화가 어떻게 동시적으로 그 자신의 창조자를 통제할 수 있는 산물이 될 수 있는지를 설명해준다."[4-19] 물론 프레이리는 문화와 역사를 변화시키는 인간의 잠재력에 더욱 관심이 많다. 그러나 우리를 규정하고 사회화시키는 문화의 힘을 적절하게 평가하는 것은 사회 변화 프로그램의 필수 부분이다. 실재에 대한 사회적 인식 구성이 어떻게 이루어지는지를 철저하게 분석하려면 두 가지 과정 모두에 주목해야 할 것이다.[4-20]

4-1. [옮긴이 주] 인격주의는 자연 세계에서 인간다운 인간의 독특성을 기술하고자 하는 철학적 사유학파이다. 이 주의는 "인간은 독특한 가치를 지니고 있고, 오직 인간만이 자유 의지를 지니고 있다"는 신념에 기초한다.

4-2. [옮긴이 주] 사회적 실재는 한 집단의 사람들이 현실을 받아들이는 것과 관련된다. 이는 생물학적 실재 혹은 개인의 인지적 실재(individual cognitive reality)와는 다른 것으로서 사회적 상호작용을 통해 창조되는 현상학적 수준에서 작동되는 것으로 개인의 동기나 행동을 뛰어넘는 것이다.

4-3. James E, McClellan, *Toward and Effective Critique of American Education*, Philadelphia: Lippincott, 1968, p. 250.

4-4. Paulo Freire, *Cultural Action for Freedom*, Cambridge, Mass: *Harvard Educational Review* and Center for the Study of Development and Social Change, 1970, pp. 5-6.

4-5. [옮긴이 주] 샤르댕(1881~1955)은 프랑스의 예수회 신부·신학자·철학자·지질학자·고생물학자로서, 인간은 신적神的인 종국을 향해 진화하고 파악하였다. 그는 특히 오메가 포인트를 이야기했는데, 이는 모든 개체가 대결을 넘어 하나 되는 지점을 의미한다. 그 하나 됨은 개체가 전체에 함몰되는 것이 아니라 하나 됨으로 오히려 개체성이 더욱 뚜렷해지는 진정한 공동체를 이룩함이다.

4-6. Paulo Freire, *Cultural Action for Freedom*, p. 12.

4-7. Ibid., p. 20.

4-8. [옮긴이 주] 프레이리에게 행동-성찰은 학습이다. 그에게 성찰하지 않는 행동은 진정한 행동이 아니다. 프락시스는 진정한 행동, 즉 '행동-성찰'이다.

4-9. Paulo Freire, *Pedagogy of the Oppressed*, New York: Continuum, 1970, p. 40.

4-10. [옮긴이 주] 마르크스는 종교란 인간이 자신을 스스로 소외시키는 것을 나타낸다는 견해에 동의한다. 종종 마르크스는 종교를 경멸한다고 생각하지만, 이것은 사실과 거리가 멀다. 그에 의하면 종교란 일상의 고뇌에서 벗어날 수 있는 천국이다. 전통적인 형태의 종교는 사라질 것이며 또 사라져야 한다는 것이 마르크스의 견해이다. 그러나 그것은 관념과 가치가 잘못되어서가 아니라 종교가 가지고 있는 긍정적인 가치가 인간성을 풍요롭게 만드는 관념들이 될 수 있기 때문이다. 우리는 우리 자신이 창조해낸 신을 두려워해서는 안 되며, 이제는 우리 스스로 깨달을 수 있는 가치를 신에게 부여하지도 말아야 한다. 마르크스는 '종교는 인민의 아편'이라고 주장하기도 했다. 종교는 이생에서 존재하는 조건을 체념하기를 가르치면서 행복과 보상을 사후로 미룬다. 내세에 주어질 것에 대해 약속을 함으로써 이생에서의 불평등과 부당함으로부터 관심을 돌리게 만든다. 사실 종교는 강력한 이념적인 요소를 가지고 있다. 종교적 믿음과 가치는 종종 부와 권력의 불균형에 대한 합리화를 제시하기도 한다. 예를 들어 '온유한 자는 땅을 물려받을 것이다.'라는 성경의 가르침은, 자기 비하와 억압에 복종하는 태도를 권유한다.

4-11. Paulo Freire, "Conscientizing as a Way of Liberation", Washington, D. C.: LADOC, 2, 29a, 1972, p. 8.

4-12. Paulo Freire, *Pedagogy*, pp. 87-90; *Cultural Action for Freedom*, pp. 28-32.

4-13. Paulo Freire, *Education for Critical Consciousness*, pp. 61-84.

4-14. [옮긴이 주] 13세기의 지도적인 철학자·신학자였던 토마스 아퀴나스의 학설의 부흥을 꾀하는 철학 운동을 말한다. 신토마스주의(neo-Thomism) 내지 토마스주의라고도 부름. 19세기 후반 이래 유럽을 뒤흔들었던 각종 사건, 즉 자본주의 모순의 격화, 노동운동·혁명운동의 고양, 마르크스주의의 성립과 발전 등에 당면하여 로마 교황 레오 13세는 강력하게 사회문제에 대하여 발언하기 시작했다. 그 회칙回勅 『에테르니 파토리스』(1879)에 의거해, 토마스 철학은 마르크스 철학을 '논파論破'하고, 사회주의 운동을 박멸하기 위한 무기로 부활되었다. 신스콜라주의는 가톨릭 신앙을 전제로 하여 철학을 신학의 하위에 두고 자연과학을 신학에 봉사시킨다. 그 인간관·사회관은 사적 소유를 인간의 자연법적 권리로 선언하는 것에서 출발하기 때문에 자본가 계급에 의한 생산 수단의 사유를 옹호하고, 사회주의, 공산주의 사상과 운동, 제도를 적대시한다. 1889년에 벨기에의 루안에 철학연구소가 설립되고, 이것이 현재에는 신스콜라주의의 국제적 중심지로 되어 있다. 현재 그 대표자는 프랑스의 마리탱, 질송(E. H. Gilson), 오스트리아의 베터(G. Wetter), 폴란드에서 태어나고 스위스에서 거주하는 보헨스키(J. Bochenski) 등이 있다.

4-15. Paulo Freire, *Pedagogy*, p. 9.

4-16. Robert Heilbroner, *Between Capitalism and Socialism*, New York: Random House, 1970, p. 105.

4-17. Karl Mannheim, *Ideology and Utopia*, New York: Harcourt, Brace & World, 1966: Karl Popper, *The Open Society and Its Enemies*, Princeton: Princeton University Press, 1983; Leszek Kolakowski, *Towards a Marxist Humanism*, New York: Grove Press, 1968.

4-18. Leszek Kolakowski, *Toward a Marxist Humanism*, New York: Grove Press, Inc., 1968, p. 70.

4-19. Paulo Freire, *The Politics of Education*, South Hadley, Mass.: Bergin and Garvey, 1985, p. 30.

4-20. Peter Berger and Thomas Luckmann, *The Social Construction of Reality*, Garden City, New York: Doubleday, 1966.

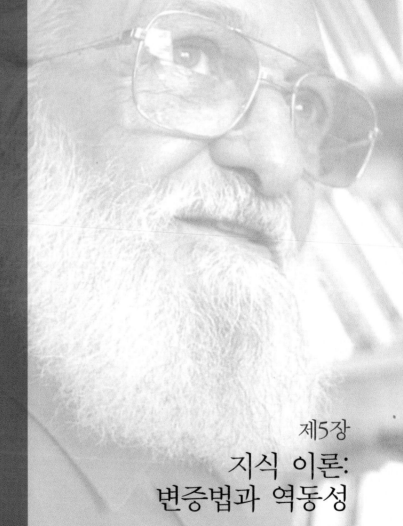

제5장
지식 이론:
변증법과 역동성

프레이리 교육철학의 중심에는 지식knowledge의 이론 혹은 앎knowing의 이론이 자리한다. 최초 저작에서부터 마지막 저작에까지 프레이리는 치열하게 인간의 모든 앎의 측면들을 설명해왔다. 즉 그는 "인간이 어떻게 알게 되는가, 지식이란 무엇인가, 우리는 우리가 안다는 것을 어떻게 아는가, 우리는 앎을 통해 우리의 자유를 행사하고 있는가, 우리 지식의 한계는 무엇인가, 어떠한 사회적 조건들이 우리의 앎을 결정하는가, 앎과 교육은 어떠한 관련이 있는가, 우리는 어떠한 방법을 통해 알게 되는가?"를 설명해왔다.

프레이리에게 앎이란 의식과 긴밀하게 관련되어 있다. 그에게 앎은 '세계와 우리 자신에 대한 자각'이며 '우리의 지식에 대한 자각'이다. 이 둘은 모두 현실 세계real world와 관련이 있는 것이며 사회적 활동이다. 사실상 프레이리가 사용하는 용법에서 이 둘 사이에는 어떠한 실질적 구분도 없다고 말할 수 있다.

프레이리 사상의 다른 측면과 마찬가지로, 그는 우리에게 지식 이론을 체계적으로 설명해주지 않는다. 그렇기는 해도 앎과 지식에 대한 프레이리의 논의를 살펴볼 때, 그의 사상이 조금 더 발전되었음을 확인할 수 있다.

프레이리는 교육과정에서 발생하는 일들을 이해하려는 강렬한 열망에 사로잡힌 듯이 보인다. 이는 분명 강점이기도 하지만 또한 약점으로 작용하기도 한다. 대화라는 교육의 과정에 대한 프레이리의 분석은 앎의 구체적 사례를 제공한다는 측면에서는 강점으로 작용한다. 반면 프레이리가 지식을 대화로 해석하고, 이를 모든 지식에 대한 이론으로 일반화하는 경향이 있다는 측면에서는 약점으로 작용한다.

프레이리가 지식에 대해 처음 논의할 즈음에는 실존주의자들의 사상에 영향을 받고 있었다. 하지만 후기 저작들에 제시된 그의 생각은 현상학자들과 더불어 특히 마르크스주의자들과 더 많이 관련되어 있다. 곧 프레이리의 지식 이론 혹은 의식이론은 이처럼 발전을 거듭해 온 것이다. 현시점에서 프레이리는 첫 번째 책인『비판적 의식을 위한 교육』에서 제시한 앎에 대한 설명들이 지나치게 단순하고 순진한 견해임을 인정한다. 그의 후기 저작들에서 나타나는 앎의 이론은 마르크스주의자, 현상학자, 실존주의자에게 다양하게 영향을 받아 앎에 대해 좀 더 복잡하고 추상적으로 창조해낸 이론이다. 프레이리의 지식 이론을 가장 단순하게 설명하자면, 다음의 세 가지로 말할 수 있을 것이다. 첫 번째로, 지식은 실제 세계에 대한 것이다. 두 번째로, 지식은 우리 인간이 문화와 역사를 형성할 수 있도록 해주기에 우리를 동물과 구분시켜준다. 세 번째로, 우리의 지식이 문화적으로 결정된 것이라고 할지라도, 비판적 앎 또는 비판적 의식에 도달하기 위해서는, 대화를 가장 근본에 두고 있는 교육이라는 의도적 방식에 우리가 참가해야 한다.

프레이리는『페다고지』에서 첫 책에서 말했던 수준을 사실상 넘어서지는 못한 것 같다. 왜냐하면 그가 후기 저작인『페다고지』에서 말하고 있는 바는 피억압자와 억압자의 의식에 대한 자신의 기본적 앎의 이론을 적용한 것이기 때문이다. 이 책에서 그는 지식의 변증법적 관계를, 다시 말해 '실재에 대해 알게 되는 것'과 '우리 스스로 실재를 형성하는 것' 사이에 자리하는 변증법적 관계의 속성을, 지배와 억압이라는 한계 상황을 극복하기 위한 시각으로 명확하게 서술하고 있다. 이에 따르면 '억압에 대한 자각'과 '이러한 억압을 극복하는 투쟁에 대한 앎'은, 바로 비판적 의식에 대한 앎 또는 자각의 사례가 된다. 그러므로 프레이리는 앎의 어떤 특정한 형태에서 벗어나 지식과 의식에 대한 일반 이론을 만들어낸 것이라 말할 수 있다. 그가 계속해서 주장했던 것, 즉 이러한 과정을 통해 과연 인간이 실재의 진정한 본질과 원인에 도달할 수 있다는 주장에 대해 어떤 이는 의문을 던질 수도 있다. 이러한 프레이리의 계속된 주장은 사실 그가 실재를 고정적인 것으로 파악하고 있었음을 의미한다.

프레이리는 좀 더 최근에, 그 스스로 자기의 저작들 속에 몇 가지 오류가 있음을 인정하였다. 이를 통해 자신이 다른 이들의 비판을 받아들일 수 있을 만큼 열려 있으며, 더욱이 본인의 지식 이론을 좀 더 명료하게 만들기 위해 자아비판을 하고 있음을 보여주었다.

프레이리 지식 이론의 위치 정하기

『과정으로서의 교육학』에서 프레이리는 자신의 지식론에 대해 이렇게 설명하고 있다.

혁명의 목표를 제공할 뿐만 아니라 교육에서도 적용되고 있는 이 지식론은 다음의 주장에 바탕을 두고 있다. 즉 지식은 언제나 과정이며,

더불어 지식은 인간의 생활환경인 객관적 실재에 대한 인간의 의식적 행동(실천)에서 기인한다는 것이다. 따라서 객관적 실재와 그 실재에 행동을 취하는 인간 사이에는 역동적이고 모순적인 통일이 이루어진다. 모든 실재는 이와 동일한 방식으로 역동적이고 모순적이다.[5-1]

프레이리는 다음과 같이 요약하고 있다.

"지식은 관념ideas에 대한 것이 아니라 실재realtiy에 대한 것이다. 지식은 실천적 대상 혹은 정치적 대상이다. 교육은 지식과 긴밀한 관련을 맺고 있다. 지식은 능동적이고 역동적인 과정이다. 지식은 인식 주체와 인식 대상 간의 변증법적 관계 혹은 대화적 관계를 수반한다. 마지막으로, 인식 대상으로서 실재는 역동적이고 변화하므로, 그 실재에 대한 우리의 지식도 역동적이고 변화하게 된다."

프레이리는 지식은 실재에 대한 것이어야 한다고 강조한다. 이는 그가 종종 공개적으로 비난받아온 관념론(우리의 지식은 단지 우리 자신의 관념일 뿐이라는 사유)의 혐의를 벗기 위해서였다. 프레이리는 지식의 실제적인 특성, 변화하는 특성, 과정지향적인 특성, 변증법적인 특성에 주목하여, 자신의 아이디어를 듀이와 마르크스의 이론과 융합시킨다.

프레이리는 『과정으로서의 교육학』에 있는 또 다른 편지에서, 앎의 과정으로서의 교육이 우리에게 제기하고 있는 이론적이고 실천적인 다음과 같은 질문들을 던지고 있다.

"무엇을 아는가? 어떻게 아는가? 왜 아는가? 우리가 알아서 도움이 될 대상은 무엇이고 인물은 누구인가? ……우리가 알기를 거부해야 할 대상은 무엇이고 인물은 누구인가?"[5-2]

프레이리는 지식에 대한 유물론적-객관주의자(기계론적 객관주의)의 해석과 주관론자(관념론)의 해석 모두를 거부한다. 그는 전자가 인간이 자신의 사유를 형성하는 데 어떠한 역할을 한다는 것을 설명하지 못한다는 점에서 이를 거부한다(그는 이에 대한 마르크스의 비판을 인용한다). 그는 후자가 세계가 우리의 지식에 미치는 영향에 대해 아무런 설명도 하지 못하기 때문에 이를 거부한다. 프레이리가 볼 때, 지식에 대한 최적의 설명은 '실재와의 변증법적 상호작용 혹은 관계'이다. 곧 그는 지식에 대한 계몽주의 관점에 도전한다. 왜냐하면 그것은 인간이 행동을 통하여 세계와 접촉한다는 점을 충분히 고려하지 않기 때문이다. 그러므로 계몽주의 이론은 불충분한 이론이다. 이 이론은 주체와 세계와의 관계 속에 자리한 사회적 혹은 대화적 성격을 살피지 못하였기 때문이다.[5-3]

프레이리는 『페다고지』에서 지식 혹은 비판적 자각에 대한 총체적인 시각을 간략하게 진술하고 있다. 그는 (지식 혹은 비판적 자각을) "객관주의도 주관주의도 아니고 지금 여기에 제기되는 심리주의도 아니며, 차라리 변증법적 관계에 놓여 있는 주관성과 객관성이라고 해야 할 것이다."라고 진술한다.[5-4] 이 말을 통해서 확인할 수 있듯이, 프레이리는 주관주의와 객관주의라는 극단적인 형식과 거리를 두고자 했다. 전자의 위험성은 인간의 앎에 대한 외적 요인의 영향력을 너무 지나치게 평가했다는 점이다. 그리고 후자의 위험성은 앎에 있어서 바로 이와 같은 물질적 요인의 영향력을 격하시켰다는 점이다.

프레이리는 이러한 지식론을 교육에 적용시킬 때, 자신의 실존주의적 이해와 비록 직접 인용하지는 않았지만 듀이의 실험주의를 결합하고 있다.

> 만약 교육을, 인식 가능한 대상을 매개체로 하는 앎의 과정에서 인식 주체들 간의 관계라고 칩시다. 그렇다면 교육자가 영원히 앎의 행위를 재구성하기에, 따라서 교육은 언제나 문제 제기를 하는 것이 되어야할 것입니다.[5-5]

인간의 앎을, 문제 제기와 문제 해결을 통해 세계에 대한 우리의 생각을 비판적으로 재구성하는 것으로 보는 관점은 듀이의 앎의 과정을 매우 잘 묘사하고 있는 것이다.[5-6]

지식과 교육

프레이리는 앎이 무엇을 의미하고 있는지를 설명하는 것에는 대단한 관심을 기울였음에도, 그는 지식 이론 그 자체를 목적으로 한 지식 이론을 제기하지는 않았다. 다시 말해 그는 인식론의 학자가 아니었다. 프레이리는 언제나 지식을 교육의 맥락에서 논의한다. 사실 그에게 "교육은 바로 인식 주체가 만들어내는 ……지식에 관한 행동이다. 그러므로 교육은 이것을 설명하는 문화를, 호기심을 불러일으키는 이해의 대상으로서 다루어야만 한다."[5-7] 프레이리는 개인이 인식 가능한 대상을 대화와 문제 제기의 과정을 거쳐 진정하게 인식하게 되었을 때 지식을 획득하거나 교육이 이루어진다고 본다. 그러므로 교육의 임무는 학생들이 독사(doxa, 단순한 의견)를 넘어 로고스(logos, 진정한 지식)를 획득하도록 하는 것이다.[5-8]

프레이리는 『과정으로서의 교육학』에서 교육과 지식 간의 관계를 분명하게 설명하고 있다. 그는 이 책에서 "교육, 문화 실천, 그림 그리기animation-사실 이름이 중요한 것이 아니다-는 문해 교육 단계든 문해 교육 이후 단계든 간에 언제나, 실천과 앎의 과정에 적용된 지식 이론을 의미한다."는 견해를 내비친다.[5-9] 더불어 프레이리는 길들이는 교육은 지식을 전달하는 행위이지만, 반면에 자유를 위한 교육은 앎의 행위이고 실재에 대한 행동을 변혁하는 과정이라고 나누어 설명한다.[5-10]

현실에 대한 지식

프레이리에게 앎은 현실 세계를 이해함을 의미한다. 그러므로 인간 존재와 세계와의 관계는 지식의 기본 요소이다. 곧 그는 인식 주체와 인식 대상을 구분한다. 따라서 그의 지식 이론은 관념적이라고 특징 지을 수는 있지만, 그 이론은 앎을 단지 주관적 경험으로 환원시키는 절대적 관념론이라고 결코 말할 수 없다. 개인이 세계와 관계하는 주요 통로들 가운데 한 가지가 개인이 그것을 알아가는 것이라고 프레이리는 파악한다. 인간은 "동물과 달리 반사reflex가 아니라 성찰reflection을 통해 실재에 대한 객관적 자료를 이해하기" 때문이다.[5-11] 이러한 지각을 통해 인간은 자기 자신이 시간적 존재temporal beings, 즉 과거, 현재, 그리고 미래에서 살고 있는 존재임을 발견하게 된다. 이러한 발견을 통해, 우리는 현실에 개입하여 그것을 변화시킬 수 있음을 자각하게 된다. 곧 우리는 인식 능력을 소유하였기 때문에, 문화와 역사를 만들 수 있는 영역에 진입할 수 있는 것이다. 우리가 지닌 이 인식 능력과 행동 능력으로, 우리 자신은 세계 속에 단지 머물러 있는 객체가 아닌 주체로 탄생할 수 있는 것이다.[5-12]

진정한 지식은 세계와 관계하는 인간에게만 오는 법이다. 프레이리는 사르트르의 주장을 따라 "이러한 관계 안에서 의식과 세계는 동시적이다. 의식은 세계보다 앞서지도 않고 뒤따르지도 않는다."고 말한다.[5-13] 더불어 프레이리는 후설의 견해에 의지하여, 개인이 앎의 과정에 어떻게 참여하는지에 대해 설명하고 있다. 즉 앎의 과정이란, 인간의 직관의 장場에 자리하는 어떠한 요소들에 집중한 다음 그것들을 지식의 대상으로 만드는 일이다.[5-14]

지식의 종류

프레이리는 지식에 대해 논의할 때 많은 구분을 사용한다. 예컨대, 그는 플라톤과 스콜라철학의 용어를 통해 독사(의견, 어떤 것에 대한 단순한 혹은 의식적 자각)와 로고스(절대적 지식, 즉, 어떤 것의 원인과 결과에 관한 지식)를 구분한다.[5-15]

후기의 저작에서도 프레이리는 '영성계gnosiological cycle'에서의 구분되는 두 계기moment에 대해 언급한다. 그 첫 번째는 새로운 지식이 생산되는 것이고, 그 두 번째는 이미 존재하고 있었던 대상을 알게 되는 것이다. 다시 말해, "첫 번째 계기는 새로운 지식의 생성이고, 두 번째 계기는 존재하는 지식을 당신이 알게 되는 것이다."[5-16] 프레이리는 앎의 행위를 단지 '존재하고 있던 지식을 아는 행동'으로 격하시키는 정의를 강력하게 거부한다. 프레이리는 이러한 구분을 대단히 중요한 것으로 파악한다. 왜냐하면 그는 교육을, 지식 혹은 앎의 결과물을 다루는 과정뿐만 아니라 앎의 과정에 교사와 학생을 반드시 참여시켜야만 하는 것으로 파악하기 때문이다.

프레이리는 「어떻게 공부해야 하는가?How to Study」라는 짧은 글에서, 지식에 대한 자신의 관점을 적극적으로 피력한다. 이 글에서 공부라는 활동을 분석하면서, 텍스트가 의미하는 것을 제대로 알기 위해서는 그 텍스트의 사회적·역사적 맥락으로 들어가야 한다고 그는 주장한다. 그에게 공부함이란 재발명이자, 재창조이며, 다시 쓰는 일이다. 그래서 그는 "공부는 아이디어를 소모하는 것이 아니라, 그것을 창조하고 재창조하는 것"이라 말하는 것이다.[5-17]

프레이리는 지식을 외부로부터 어떠한 내용을 받아들인 것으로 결코 파악하지 않는다. 그에게 지식은 고정된 것이 아니다. 곧 지식은 문화적으로나 역사적으로 조건화된 것이다.

지식은 ……세계와 마주하고 있는 호기심 많은 주체의 참여가 요청됩니다. 그것은 실재를 변혁하는 행동을 필요로 합니다. 그것은 끊임없는 탐색을 요구합니다. 그것은 발명이자 재발명입니다. 그것은 각각의 사람들이 '앎이라는 행동' 바로 그 자체에 대해 비판적으로 성찰할 것을 요청합니다. 그 성찰은 바로 앎의 과정을 인식하고, 이러한 인식 속에서 앎과 그 과정을 제약하는 조건의 배후에 자리하는 주체의 "존재 이유"를 알아차리는 것입니다.[5-18]

프레이리는 지식을 마르크스주의적으로 해석하면서, 과학적 지식과 이데올로기적 지식을 구분한다. 그는 알튀세르의 이론에 근거하여, 실재에 대한 이데올로기적 지식에 반대되는 진정한 과학적 지식은 "인간과 세계와의 변증법적 관계를 요청하며, 더불어 이러한 변증법적 관계가 어떻게 발달되며, 그 관계가 실재에 대한 인간의 지각을 어떻게 제약하는지에 대하여 비판적으로 이해할 것을 요청한다."라고 주장한다.[5-19]

사회적으로 제약받는 것으로서의 지식

프레이리는 인간의 앎을 문화적으로 제약받는 것으로 파악한다. 그는 자신의 글에서, 인간이 살아가는 특정한 역사적 상황에 의해 조건화된 인간 의식의 세 가지 단계에 대해 언급한 바 있다. 그 첫 번째 준변화 가능 단계의 의식semi-transitive consciousness은 생물학적 요구 이외의 것들을 어느 정도 인식하는 단계로, 폐쇄적 사회에서 길러지는 의식이다. 다음으로 소박한 변화 가능 단계의 의식naive transitive consciousness은 피상적으로 실재를 인식하는 단계로, 폐쇄적 사회에서 개방적 사회로 이행 중인 사회에서 길러지는 의식이다. 마지막으로 비판적 변화 가능 단계의 의식critically transitive consciousness은 사태의 타당한 원인을 인식하고 있는 단계이다. 이 비판적 변화 가능 단계의 의식은 바람직한 역사적 조건에서 실행되는 대화 교육의 효과로 인해 생성되는 것으로, 곧 진정한 민주주의적 체제 아래에서 길러지는 것이다. 진정 실재 그 자체를 있는 그대로 인식하는 것은 오직 비판적

의식만이 가능하다.[5-20]

우리의 지식이 사회에서 조건으로 작용하여 영향력을 끼치고 있는 실례로는 선진 기술사회의 대중 매체 효과를 들 수 있을 것이다. 만약 우리가 매체를 통해 어떤 것을 보지도 듣지도 못한다면 실제로 우리는 그 어떤 것을 알지 못하듯이, 대중사회에서 매체는 실재에 대한 우리의 지각을 결정하고 있다. 사실 매체는 우리에게 실재에 대한 가공된 설명을 제공한다.[5-21]

『페다고지』에서 프레이리는 지식이 문화에 의해 제약되고 있다는 사실에 깊은 관심을 내보인다. 이에 대한 또 다른 실례로 그는 억압자들과 피억압자들 모두에게 미치고 있는 억압의 영향력을 들고 있다. 프레이리는 이 억압의 영향력이란 문제에 대해 경제학·정치학보다는 사회심리학을 통해 접근하고 있다. 곧 피억압자들은 억압자들이 지닌 태도를 자신에게 스스로 주입시킨다는 것이다. 이는 어떻게 피억압자가 일단 자유로워지면, 종종 억압자로 변하게 되는지를 설명해준다. 억압자의 의식은 자신이 피억압자를 향해 억압적으로 관계해왔던 방식에 의해 형성된다. 물론 억압자는 그 관계 방식을 다르게 인식할 수도 있다. 하지만 이러한 일은 억압자가 자신의 기득권을 포기하는 계급 자살class suicide이 일어났을 때 혹은 그들이 피억압자들로 바뀌었을 때나 가능한 일일 것이다. 곧 이러한 새로운 의식은 오직 억압자가 피억압자를 돕기 위한 대화적 실천에 참가할 때만 그에게 다가올 뿐인 것이다.

프레이리는 또 상부구조와 토대라는 마르크스주의의 개념을 통해, 의식이 어떻게 조건에 의해 제약되는지를 설명하기도 한다. 사회의 상부구조는 개인들이 형성하는 것이며, 사람들이 살아가면서 지니는 신화와 이데올로기로 토대를 지배하는 것이다. 이러한 설명은 어떻게 지배자들이 피억압자들의 의식을 통제하는지를 잘 말해준다. 그들이 바로 상부구조의 제도들을 형성해왔기 때문이다. 프레이리는 또한 마르크스주의의 용어들, 즉 정치적 지도력의 변화 범주들을 활용하여 의식의 단계들을 재해석하기도 한다.

지식의 중립 불가능성

지식에 관한 프레이리의 후기 글에서, 그는 자신의 초기 저작들에서 언제나 넌지시 전달하고 있던 것을 분명하게 드러내기 시작했다. 바로 지식이 중립적으로 보일지라도, 사실은 그렇지 않다는 것이다. 모든 지식은 특정한 사람과 특정한 상황에 유리한 것이다. 프레이리는 중립적인 교육은 존재하지 않는다고 주장함으로써 이를 분명하게 드러낸다. 비판적 지식 사회학자들처럼, 프레이리는 모든 지식은 특정 집단과 개인의 이익에 봉사한다는 것을 인식하고 있었다. 이러한 인식은 왜 혁명적 교육이 사회에서 통용되고 있는 지식의 형태에 반대할 필요가 있는지에 대해 잘 말해준다. 마찬가지로, 프레이리가 볼 때 특정한 사회에서 개인이 알고 있는 것은 "이 사회의 전체 계획, 이 계획에서 요청되는 우선 사항, 그리고 이 계획의 실현을 위한 구체적 조건과 긴밀하게 관련되어 있다."[5-22] 그가 볼 때, 특정 지식이 사회에서 알려질 필요가 있는 것임을 규정하는 사람들이 그 사회의 미래에 대한 중요한 결정을 한다. 기니비사우라는 사회주의 국가의 교육자들에게 쓴 글에서 프레이리는 이와 같이 말한다.

교육 프로그램 내용을 짜면서 가르칠 필요가 있는 것을 규정하는 일은, 식민지적 종속 상태에서 사회 재건을 위한 혁명적 투쟁으로 이동하는 사회에서 가장 중요한 임무 가운데 하나입니다.[5-23]

프레이리는 단지 교육 프로그램의 내용을 바꾸거나 단순히 수정하는 것만으로는 충분하지 않다고 충고한다. 진실로 혁명적 교육을 위해서는 "혁명적인 방식으로 재건되고 있는 사회와 혁명적 사회를 위해 공헌하고 있는 교육이 하나로 일치되어야만 한다. 이러한 변화를 이루고자 할 때, 새로운 앎의 방식을 옹호하는 일이 또한 뒤따르게 된다."[5-24]

새로운 사회는 새로운 지식 이론이나 교육 이론을 발전시킬 필요가 있다. 특히 식민지 사회에서 가치 있는 지식으로 간주되는 것은 어떤 특정한 계급의 이익에 봉사하는 것이기에, 교육이 계급 교육이나 엘리트주의 교육으로 흐르기 때문이다. 이러한 이유로 프레이리는 엘리트 지식인들을 재교육시키기보다는 사회에서 새로운 지식인 집단을 양성하는 것이 나을 것이라고 충고한다. 그와 같은 재교육이 가능하다 할지라도, 프레이리의 관점에서 볼 때, 새롭게 양성되고 있는 지식인들은 실천과 이론의 통일, 육체노동과 지적 노동의 통일에 반드시 기초하여야만 한다. 곧 사회주의 사회에서의 새로운 남성과 여성은 공동선에 이바지하는 사회의 생산적인 노동에 참여하는 사람이 되어야만 한다. 왜냐하면 이러한 노동은 그 사회의 새로운 지식의 원천이기 때문이다.

새로운 사회주의 사회에서 지식은 학교와 같은 관료주의 기관에 의해 규정되어서는 안 된다. 지식을 통제하는 상점으로서의 학교가 아니라, 교사와 학생이 적극적으로 배움에 참가하는 민주주의적 학습 센터로 탈바꿈해야만 한다. 교사와 학생 모두가 대화적 관계를 통해 학습되어야 할 것을 규정할 수 있어야 한다. 프레이리에게 있어서, 교사들과 학생들이 알아야 할 것을 규정한다고 할 때 모두에게 득이 되는 것이 우선되어야만 할 것이다.

프레이리는 이와 같은 앎, 교육, 그리고 생산을 분석함에 있어서, 지식의 사회적 통제라는 마르크스주의의 개념과 진보적 교육자의 민주주의 교육 이론을 결합하였다. 지식인들에 대한 혐오는 마르크스주의 혁명가들이 거듭 피력하였는데, 마오쩌둥의 혁명적 저작에서도 여러 차례 나타난 바 있다. 그러나 새로운 지식인을 양성하려는 어떠한 진지한 시도도 이루어지지 않았다. 이러한 사실 때문에, 프레이리가 지식의 계급적 통제에 대해 취했던 비판이나 그가 제안했던 방법론이 적혀 있는 저작들의 가치를 떨어뜨릴 수는 없다. 프레이리가 교육에서 혁명적 의제 설정에 대하여 말했던 것은, 학생들이 성찰을 위해 요청되는 경험을 갖고 있는 지식의 영역에서는 진실일 수도 있을 것이다. 하지만 교사의 역할이 좀 더 지시적이어야만 하는 지식의 영역이 광범위하게 존재하고 있다.

지식의 상대성

프레이리에게 지식에 대한 탐구는 계속되어야 하는 주제이다. 왜냐하면 이는 결코 완전무결한 결론이 없기 때문이다. 프레이리는 자신의 첫 번째 책에서, "비판적 의식은 언제나 분석해야 할 인과관계를 제기한다. 오늘 진실인 것이 내일은 진실이 아닐 수도 있다. 소박한 의식은 인과관계를 변화가 없는 고정되고 확립된 사실로 바라보기 때문에, 그러한 인식 안에 갇혀 있다."라고 말한 바 있다.[5-25] 프레이리는 후기 저작에서도 이러한 입장을 유지하는 듯하다. 그는 "앎은 과정이기에, 오늘 존재하는 지식은 오직 단 한 번만의 실행 가능성을 지녔을 뿐이며, 어제 존재했던 지식을 계승하여 상대적으로 새로운 지식으로 탄생한다."라고 말했기 때문이다.[5-26]

지식의 절대성에 대한 프레이리의 관점은 상당히 혼란스럽다. 우리가 객관적 실재에 대하여 그리고 사태의 성격과 진정한 원인에 대하여 알 수 있다고 주장하는 그의 초창기 관점을 드러내고 있는 표현들에서 더욱 그러하다. 후기의 주장은 우리가 바로 인용했듯이 지식의 상대성을 수용하고 있는 듯하다.

프레이리는 인간의 앎에 관련하여 그가 지지해온 완전한 개방성이라는 입장 때문에 비판을 받았다.[5-27] 이 완전한 개방성이란, 말 그대로, 판단을 위한 아무런 기준이 없는 상태, 엄밀하게 말하면 프레이리가 내린 판단과 같은 것도 포함해서 아무런 기준 없이 그냥 받아들이는 상태를 말한다. 프레이리는 또한 전통과 권위에 대해 어떠한 가치도 부여하지 않았기 때문에 비판을 받곤 했다.

프레이리의 글 자체의 이러한 특성 때문에, 여러 문제들이 발생한다. 자신이 세심하게 살폈던 주제의 모든 측면들을 체계적인 방식으로 기술하지 않았기 때문에, 그는 모순에 빠질 위험에 처해 있었다. 그의 입장은 분명히 완전한 상대주의자도 아니고, 회의주의자도 아니며, 냉소주의자도 아니다. 아마도 온건한 상대주의라는 말이 그의 지식 이론을 가장 잘 특징짓는 표현이리라.

지식과 행동

프레이리는 앎과 행동은 긴밀한 관련이 있다고 바라보았다. 그는 결국 우리의 앎은 행동으로 이어지며, 행동의 성격은 앎의 성격과 일치한다고 주장한다. 즉 소박한 의식은 소박한 행동으로 이어지고, 비판적 이해는 비판적 행동으로 이어지리라는 것이다.[5-28]

이러한 관계에 대한 또 다른 설명 방식은 앎을 실천praxis의 차원에서 보는 것이다. 단순한 의견이 지식이 되기 위해서는, 오직 세계에서 작업하고 세계를 변형시키려는 노력을 통해서만 가능하다. 프레이리에게 "지식이 일구어지는 곳은 인간 존재와 세계가 관계하는 지점, 그리고 그것을 변화시키는 것과 관계있는 지점이다. 더불어 지식은 이러한 관계에 대하여 비판적으로 문제 제기를 하는 과정에서 지식 그 자체를 완벽하게 만든다."[5-29] 따라서 지식의 과정은, 실재가 우리에게 제기하는 문제들에 대하여 나누는 대화를 포함하고 있다.

프레이리는 지식은 실재에 개입하는 실천 속에서 만들어짐을 재차 강조한다. 그는 이와 같이 적고 있다.

> 사람들이 진실로 비판적으로 되기 위해서는 많은 실천을 하면서 살 때에야 가능한 법입니다. 다시 말해, 우리의 행동이 우리의 사고를 점점 더 체계적으로 만드는 비판적 성찰을 동반할 때에, 우리를 실재에 대한 순수하고 소박한 지식에서 더 높은 단계, 즉 실재의 인과관계를 지각할 수 있는 단계로 이동시킬 때에야 가능합니다.[5-30]

프레이리는 "진정한 사유의 언어는 주체와 주체가 속한 구체적인 역사적·문화적 실재 사이의 변증법적 관계에서 생성된다."는 자신의 핵심 아이디어를 거듭 주장한다. 앎이 포함하는 것은 곧 "행동을 성찰로 향하게 하고 다시 행동에 대한 성찰을 새로운 행동으로 나아가게 하는 변증법적 운동이다. 이를 위해 인식 주체는 세계로부터 역점을 두어야 할 상황을 추출할 수 있어야만 한다."는 것이다.[5-31]

프레이리에게 앎이란 자신의 언어를 말하는 것으로, 성찰과 행동 모두를 함의하는 행동이다. 자신의 언어를 말한다는 것은 자기표현 self-expression과 세계표현world-expression에 참여한다는 것이요, 창조하고 재창조하고, 결정하고 선택하며, 궁극적으로 사회의 역사적 과정에 참가한다는 것이다. 곧 말을 한다는 것은 반드시 실재의 변혁과 관련되어야만 하고, 더불어 이 변혁에서 인간의 역할이 무엇인지와 관련이 있어야만 하는 것이다.

프레이리가 마르크스주의 범주 안에서 지식과 행동을 해석했을 때, 그는 의식화보다 한 걸음 더 나아간다. 이는 비인간화하는 구조를 맹렬하게 비난하고 남성과 여성에 의해 창조된 새로운 실재를 선언할 필요성 때문이었다.[5-32] 코와코프스키[5-33]에게서 차용한 것이 분명한 이러한 그의 설명은, 의식화의 유토피아적 성격을 지적하고 있다. 억압자와 피억압자 간의 계급투쟁이라는 실재를 고려해볼 때, 비판적 인식에 도달하기 위해서는 억압을 유지시키는 구조들을 거부해야 한다. 그뿐만 아니라 비판적 인식에 도달하기 위해서는 사회를 변혁하는 구조를 이미지화하고 작동시키는 일을 해야 한다.

지식이란 정적인 것이 아니라 역동적인 것이다. 그것은 행동과 실재에 대한 성찰 간의 계속적인 통일을 필요로 한다. 우리의 의식은, 우리가 이미 알고 있던 바에 행동을 가해감으로써 지식을 변형한다. 곧

우리의 이전 경험을 다시 되살림으로써, 우리는 이러한 경험에 대한 지식을 이해하게 되는 것이다.[5-34]

지식과 대화

프레이리에 따르면, 비판적 의식을 알거나 비판적 의식에 도달하는 특별한 방법은 사람들 간의 상호 의존적 관계가 내포된 대화 과정을 거치는 것이다. 따라서 프레이리에게 지식은 간주관성intersubjectivity 혹은 상호 의사소통intercommunication을 수반한다. 모든 생각과 앎은 주체와 그 주체들 사이를 매개하는 객체, 그리고 주체들 사이의 의사소통으로 이루어진 대화로 이루어진다는 입장을 프레이리는 수용하고 있다. 이러한 이유로, 프레이리는 기호학의 의미론semantics[5-35]의 언어이론을 사용하면서, 지식을 단지 주체와 인식 가능한 객체 간의 관계로 정의하는 방식을 거부한다.[5-36] 또한, 혁명적 지도자와 교육자도 자신들의 학생 혹은 국민들과 대화를 하면서 행동할 때, 객관적 상황 즉 실재가 무엇인가를 알 수 있게 된다고 그는 말한다.[5-37]

프레이리는 더 나아가 지식 혹은 의식이 거쳐야 할 변증법적 관계의 속성에 대해서도 설명한다. "한계를 결정하는 것과 자신의 자유 간의 변증법적 관계"가 그것이다. 그는 인간이 어떻게 학습하고 있는지를 아래와 같이 설명한다.

인간이 세계로부터 자신을 분리시킬 때, 즉 스스로를 객관화할 때, 그가 자신의 행동에서 스스로를 분리시킬 때, 그리고 결정의 지점을 본인 스스로뿐만 아니라 세계와 타자와의 관계 속에 위치시킬 때 인간은 자신을 제한하는 상황, 즉 한계 상황을 극복하게 된다.[5-38]

그때에야 비로소 인간은 실재의 진정한 본질을 인식하게 된다. 더불어 세계에 구체적인 행동을 가했을 때만 그 상황은 극복되는 것이다.

앎의 과정

프레이리는 모든 앎은 경험과 함께 시작된다는 것을 강조한다. 그의 용어를 빌려 표현하자면 앎은 "경험으로부터 만들어진 지식"이다.[5-39] 따라서 모든 교육적 노력은, 비록 그것이 엄격한 학술적 지식을 향한다고 하더라도, 전문적인 지식이 아니라 일상의 지식을 가지고 시작해야 한다.

앎이라는 행위에는 두 개의 맥락이 존재한다. 이론적 맥락은 앎이 일어나는 환경에서 이루어지는 대화이다. 구체적 맥락은 개인이 존재하는 사회적 현실이다. 구체적 맥락은 이론적 맥락에서 검토된다. 이러한 검토 작업은 그 두 맥락을 중개하고 조정하여 성립되는 코드화 codification를 통해 이루어진다. 프레이리는 촘스키의 구분을 이용하여, 상황을 알거나 코드를 탈코드화하기 decodify 위해서는 인간이 피상적 의미를 넘어 더 깊은 의미 즉 사회적 실재에 도달해야만 한다고 설명한다. 그에 따르면, 탈코드화의 과정은 실재에 대한 이전의 지식을 계속적으로 재구성하도록 요청받는다.[5-40] 곧 이러한 재구성은 실재의 많은 인과관계들을 인식하는 것을 수반한다. 또한 탈코드화를 통해 재구성된 비판적 지식은 거기서 그치지 않고, 새롭고 다른 실천들을 요청한다. 왜냐하면 인간은 세계와의 변증법적 관계가 없다면, 다시 말해 세계에 대하여 성찰하는 행동이 없다면 독사로부터 로고스로 이동하지 못하기 때문이다.

따라서 인간의 앎은 비판적 성찰이다. 이러한 성찰은 인간이 실재에 참여할 수 있고 실재로부터 거리를 둔다는 것을 의미한다. 더불어 실재에 가해지는 행동의 중요성을 이해하는 것이고, 언어를 통해 이 지식에 대해 의사소통하는 것이며, 수많은 방식으로 상황을 해석하는 것이다. 프레이리가 지적하고 있듯이, 우리 인간은 아는 존재이며, 우리가 안다는 것을 알고 있는 존재이다. 비록 우리의 의식이 제약받고 있는 상황일지라도, 우리는 우리가 제약 받고 있다는 사실을 알고 있다.

프레이리는 또한 앎의 본질을 문제 제기와 문제 해결과 관련시켜 설명한다. 그는 "따라서 앎의 행위가 되기 위해서는 성인 문해 교육 과정에서 학습자들이 자신의 실존적 상황에 대해 끊임없이 문제를 제기하고 해결하는 작업에 반드시 참여해야만 한다."라고 주장한다.[5-41] 곧 앎의 과정에 참여하고 있는 개인의 삶과 반드시 관련을 맺고 있는 문제들이어야만 한다는 것이다.

비판들에 대한 그의 대답

프레이리를 공개적으로 비난해온 여러 입장들 가운데 하나는, 그의 앎의 이론 적용과 관련되어 있다. 프레이리는 지식에 대한 접근 방식이 관념적이고 주관주의적이라는 비난을 받곤 했다. 그는 또한 정치적 견해에 있어 개량주의자라고 비난받기도 했다.

프레이리는 자신의 글에서 맥락을 제거하고서 바라본다면, 어떤 "소박한" 구절들로 인해 자신의 지식론을 관념론과 주관주의로 특징지을 수도 있음을 인정하고 있다. 프레이리 스스로 이 구절들을 비판해야 할 대상이라고 주장한 바 있다. 하지만 그는 자신이 "절대적인 비판 능력의 상태에 도달해야 된다는 식의 너무도 단순하고도 지나친 환상"을 지니지는 않았다고 말한다. 그는 "내가 보기에 중요한 것은, 그 두 측면, 즉 소박한 측면이나 비판적인 측면 가운데 어느 것이 나의 실천과 반성이 시나브로 발전함에 따라 두드러지게 드러날 것인가이다."라고 언급한 바 있다.[5-42]

또한 프레이리는 초기 저작에서 앎과 의식화를 설명하는 데에 오류가 있었음을 인정한다. 사회적 실재를 드러내는 것만으로 일종의 사회 변혁의 동기가 된다고 생각한 것이 잘못이었음을 인정한다. 그리고 현실 세계를 변혁하는 과정에서 세계에 대해 안다는 것의 중요성에 그리 주목하지 않았음을 인정하고 있다. 실재를 밝히는 것이 바로 실재가 변혁될 것임을 보증하는 것이 아님을 오늘날 프레이리는 인식하고 있다. 이에 대해 그는 또한 『페다고지』와 『자유를 위한 문화적 실천Cultural Action for Freedom』에서 분명하게 밝혀놓았듯이, 자신의 실천praxis에 대한 좀 더 수준 높은 성찰이 프레이리 자신을 새로운 의식으로 이끌었다고 주장한다.

프레이리는 브라질에서의 자신의 실천에 관념론이 가득 퍼져 있다는 비판에 마주했을 때, 그리고 억압적 상황에 대한 깨달음의 과정은 그 실재를 변혁하기 위한 충분조건이라고 주장했을 때, 자신이 교육의 정치적 성격에 대해 충분히 주목하지 않았으며 사회 계급과 계급투쟁이라는 주제를 무시했음을 고백한다.[5-43] 프레이리는 용감하게도 몇몇 마르크스주의 해석자들의 기계론적 객관주의 입장과 헤겔에 근거한 관념론적 주관주의 입장 모두와 일정한 거리를 두고자 시도한다. 그는 앎에 있어서 주체-객체의 관계를 설명하는 변증법적 통일을 주장함으로써, 이러한 이원론을 필사적으로 피하고자 하였다. 그는 "우리가 우리의 행동을 통해 그 의미를 변화시킬 수 있기 위해서는, 오직 실천하는 존재가 될 때만이 가능하다. 실천하는 존재로서 우리는 우리의 구체적인 상황을 도전해야 할 조건으로 받아들여야만 한다."라고 말한 바 있다.[5-44]

프레이리의 지식 이론의 문제점 가운데 하나는, 이론적 상황 혹은 지식의 맥락(예컨대 학교 혹은 문화계)과 구체적 맥락, 세계의 실제 문제 사이의 연결과 관련되어 있다. 『페다고지』를 보면, 이론적 맥락을 탈코드화하거나decodify 변경함으로써, 인간은 이미 구체적 상황을 변화시켜왔다고 주장하는 듯하다. 프레이리는 이 두 개의 상황 사이에는 긴밀한 관계 혹은 변증법적 관계가 있다고 주장한다. 진정한 실천praxis은 이론과 실천의 통일, 행동과 성찰의 통일이 요청된다. "실천과 동떨어진 이론은 단지 말잔치verbalism에 불과하다. 이론이 없는 실천은 맹목적 행동주의activism에 불과하다."[5-45] 만약 우리가 현실의 상황에 파묻혀 있다면, 우리는 그것을 비판적으로 파악하기 위해서 그것과 거리를 두고서 볼 수도 없다. 만약 이론 없이 실제 상황을 대한다면, 우리는 결코 상황을 사실 그대로 알 수 없을 것이다. 성찰은 우리의 행동을 좀 더 효과적으로 만든다.

이처럼 프레이리는 자신의 지식 이론 관점에서 프락시스의 중요성을 강조하면서 의식화에 대한 정의를 재정립했고, 그리하여 관념론과 유물론이라는 두 위험요소를 벗어날 수 있었다.

> 의식화는 …… 주체-객체의 관계에서 …… 주체 자신과 객체의 변증법적 통일을 주체 스스로가 비판적 관점으로 이해할 수 있음을 발견하는 일이다. 그것은 왜 의식화가 프락시스 밖에서, 즉 이론-실천과 성찰-행동의 통일 밖에서 존재할 수 없는지를 우리에게 재확인시켜준다.[5-46]

비판

앎에 대한 프레이리의 독특한 분석에 대해, 수많은 질문들을 제기할 수 있을 것이다. 예컨대, 그것은 앎에 대한 설명인가 아니면 앎의 한 가지 방식에 대한 설명인가? 지식은 사색에 의한 것인가 통찰에 의한 것인가? 인간은 모두 물자체에 대한 지식에 도달할 수 있는가? 등의 질문들 말이다. 물론 이 지식 이론은 프레이리가 사람들에게 전달하고자 했던 교육의 형식을 설명하는 데는 좋다. 하지만 이러한 특별한 형식의 앎으로부터 지식 이론을 일반화하는 일은, 그 자체로 많은 위험성을 지닌다. 이 이론을 통해 프레이리는 자신이 관계한 교육 실천에 대해 잘 설명해주기는 하였다. 하지만 프레이리는 모든 앎의 형태로 일반화하면서 모든 앎을 하나의 특정한 앎으로 환원시키는 문제점을 드러내고 있다.

5-1. Paulo Freire, *Pedagogy in Process*, New York: Continuum, 1977, p. 89.

5-2. Ibid., p. 100.

5-3. Paulo Freire, *Education for Critical Consciousness*, New York: Continuum, 1973, pp. 146-148.

5-4. Paulo Freire, *Pedagogy of the Oppressed*, New York: Continuum, 1970, p. 35.

5-5. Paulo Freire, *Education for Critical Consciousness*, p. 153.

5-6. John Dewey, *How We Think*, New York: Heath, 1910.

5-7. Paulo Freire and Donaldo Macedo, *Literacy: Reading the Word and Reading the World*, South Hadley, Mass.: Bergin and Garvey, 1987, p. 5.

5-8. Paulo Freire, *Pedagogy*, p. 68.

5-9. Paulo Freire, *Pedagogy in Process*, p. 88.

5-10. Paulo Freire, *The Politics of Education*, South Hadley, Mass.: Bergin and Garvey, 1985, p. 102.

5-11. Paulo Freire, *Education for Critical Consciousness*, p. 2.

5-12. Ibid., pp. 4-5.

5-13. Paulo Freire, *Pedagogy*, p. 69.

5-14. Ibid., p. 70.

5-15. Paulo Freire, *Education for Critical Consciousness*, p. 99.

5-16. Ira Shor and Paulo Freire, *A Pedagogy for Liberation: Dialogues on Transforming Education*, South Hadley, Mass.: Bergin and Gravey, 1987, pp. 7-8.

5-17. Paulo Freire, *The Politics of Education*, p. 4.

5-18. Paulo Freire, *Education for Critical Consciousness*, p. 101.

5-19. Paulo Freire, *Pedagogy*, p. 47.

5-20. Paulo Freire, *Education for Critical Consciousness*, pp. 17-20.

5-21. Ibid., p. 101.

5-22. Paulo Freire, *Pedagogy in Process*, p. 101.

5-23. Ibid., p. 102.

5-24. Ibid., pp. 102-103.

5-25. Paulo Freire, *Education for Critical Consciousness*, p. 44.

5-26. Paulo Freire, *The Politics of Education*, pp. 114-115.

5-27. C. Bowers, *Elements of a Post-liveral Theory of Education*, New York: Teachers College Press, 1987.

5-28. Paulo Freire, *Education for Critical Consciousness*, p. 44.

5-29. Ibid., p. 109.

5-30. Paulo Freire, *Pedagogy of the Oppressed*, pp. 125-126.

5-31. Ibid., pp. 1, 13.

5-32. Ibid., p. 46.

5-33. [옮긴이 주] 레셰크 코와코프스키(Leszek Kolakowski: 1927~2009)는 폴란드 철학자이자 사상사로서, 마르크스 사상에 대한 비판적 분석으로 유명하다. 그의 『마르크스주의

의 주류(Main Currents of Marxism)』는 20세기 정치 이론의 가장 중요한 책 가운데 하나로 인정받고 있다. 마르크스주의를 "우리 세대의 가장 그럴듯한 환상"이라고 지적했다.

5-34. Paulo Freire, *The Politics of Education*, pp. 100-101.

5-35. [옮긴이 주] 의미론은 어용론語用論, 구문론構文論과 함께 기호론의 한 부문을 이룬다. 기호와 그 지시체(의미)와의 관계를 연구한다. 구문론은 의미론을 전제로 하지만 명제, 즉 기호로서의 명제의 의미를 문제시하지 않는다. 따라서 명제의 진위는 구문론의 범위 내에서는 해결할 수 없다. 명제의 진위는 그 의미와 불가분의 관계에 있고, 명제의 의미가 진위 조건을 이루는 것이다.

5-36. Paulo Freire, *Education for Critical Consciousness*, pp. 136, 138.

5-37. Paulo Freire, *Pedagogy of the Oppressed*, p. 84.

5-38. Ibid., p. 89.

5-39. Paulo Freire and Donald Macedo, *Literacy*, p. 87.

5-40. Paulo Freire, *The Politics of Education*, pp. 51-52.

5-41. Paulo Freire, *Cultural Action for Freedom*, Cambridge, Mass.: Harvard University Press and the Center for the Study of Change and Development, 1970, p. 51.

5-42. Paulo Freire, *The Politics of Education*, p. 152.

5-43. Ibid., p. 152.

5-44. Ibid., p. 155.

5-45. Ibid., p. 156.

5-46. Ibid., p. 160.

제6장
사회 이론:
피억압자들의 상황

프레이리는 자신의 교육 비판과 교육 이론을 사회에 대한 광범위한 분석과 비판론에 위치시켰다. 브라질, 칠레, 그리고 다른 국가에서 사용되었던 전통적인 문해 교육과 교육 방법을 거부한 것은 이 국가들에 존재했던 사회제도에 대한 그의 분석과 관련되어 있다. 혁명적인 해방의 교육학을 위한 그의 제안들은 사회정의가 광범위하게 무시되고 있는 나라에 적합하다. 프레이리는 교육에 초점을 맞추고 있다. 왜냐하면 교육이 기존의 사회구조를 유지하는 중요한 동력으로 작동하고 있기에, 교육은 사회구조와 투쟁하기 위한 혁명적 힘이 될 수 있다고 믿었기 때문이다. 프레이리는 자신의 해방의 교육학을 민중들에게 기존의 자본주의 시스템이 갖고 있는 문화적 모순을 깨닫게 하는 도구로 쓸 것을 제안하였다.

　프레이리의 사회 이론은 다양한 방식으로 특징지을 수 있다. 그의 초기 관점은 기독교 민주주의 원리에 관여해오면서 만들어진 것이다. 이는 민주적 인본주의democratic humanism라고 부를 수 있다. 후기 저작에 등장하는 그의 관점은 유토피아 사회주의 혹은 민주주의적 사회주의라고 표현하는 것이 더 적절하다. 따라서 그는 경제학에서는 자본주의에 상당히 비판적이고, 경제에 대한 사회주의적 통제를 옹호하는 한편, 정치학에서는 광범위한 참여민주주의를 주장한다.

　프레이리가 관여하고 있는 사회비판론은 인간 본성에 대한 시각이 그러한 것처럼 부분적으로 자신의 신학적 관점과 가톨릭 신자로서 경험한 것에 바탕을 두고 있다. 이러한 관점은 기독교와 마르크스주의 요소를 모두 갖고 있는 라틴아메리카 해방신학으로부터 유래하고 있다. 그의 이론에 있는 마르크스주의 요소는 그람시Antonio Gramsci와 같은 네오마르크스주의자 혹은 인본주의 마르크스주의자에게 기인한다.

프레이리의 사회비판론

프레이리의 초기 저작에서 사회비판론은 가장 허약한 부분이다. 그 자신도 인정하고 있듯 초기 저작에서는 정치, 교육, 사회의 관련성을 충분히 다루지 않고 있다. 예를 들면, 1967년에 쓴 『비판적 의식을 위한 교육Education for Critical Consciousness』에 나오는 브라질 사회에 대한 분석 가운데 약점으로 지적되는 것 중의 하나는, 다음과 같은 사실을 고려하지 않은 것이다. 즉, 교회가 민중들 사이에서 억압적 수단에 대해 제대로 인식하지 못하도록 현상 유지의 역할을 하고 있다는 점이다. 누구라도 이 책을 읽으면 프레이리가 깊숙이 관여했던 굴라르 정부의 개혁을 방해하였던 세력들 중 하나가 보수적 가톨릭의 위계 구조였다는 것을 알아내는 것이 쉽지 않을 것이다.[6-1] 프레이리 또한 개혁을 가로막고 있는 "우파 세력"을 일반적으로 말하고 있을 뿐, 자신의 교육 방법과 철학을 발전시킨, 그 배경이 되었던 사회적·정치적·문화적 세력을 검토하고 있지 않았다.

이처럼 초기 저작에서 프레이리의 분석은 당시 브라질에 있었던 억압의 다양한 요소들을 전혀 구분하고 있지 못하다. 그는 단순히 피억압자들을 억압자들과 대조시키고 있을 뿐이다. 확실히, 그는 억압받는 민중들의 의식 속에서 작동하고 있는 그릇된 종교 관념을 드러낸다. 하지만 그는 그 이상의 명료함을 보여주는 데까지 나아가지는 못한다.

언뜻 보기에, 프레이리의 종교적 관점이 자신의 사회철학 및 사회비판론에 어떤 영향을 미쳤는지 그리 분명해 보이지 않는다. 프레이리의 철학은 현상학과 마르크스주의 두 가지를 엮어놓은 것이다. 한편으로, 프레이리는 사회가 온전하면서도 비판적인 발전의 방향으로 나아가기 위해 거치게 되는 의식의 다양한 수준을 기술할 때는 현상학적 입장을 취하고 있다. 그러나 프레이리는 다른 한편으로 사회 내의 계급 간 갈등을 그려내고, 사회 제도를 낳는 토대인 하부구조를 분석하며, 또한 저개발 국가의 사회에 반드시 일어나야 하는 급진적 변화로서 혁명의 필요성을 주장한다는 점에서는 마르크스주의자이다. 『페다고지』와 『자유를 위한 문화적 실천』에는 프레이리의 종교적 전통 바깥에 위치한 네오마르크스주의자들과 다른 사회 이론가들의 저작들에 대한 참고 문헌 목록이 빼곡하게 제시되어 있다. 이러한 저작들에서 프레이리는 계급투쟁, 정치적 혁명의 필요성, 변증법과 대화의 불가피성과 같은 마르크스주의자들의 개념을 혼합하여 사용하고 있다.

그러나 나의 핵심적 주장은 프레이리가 비종교적 문헌들을 광범위하게 사용하고 있음에도 불구하고, 그의 사회철학이 전혀 다른 많은 기독교 사상가들, 특별히 급진적인 라틴아메리카 기독교 사상가들과 함께하는 종교적 관점과 일치한다는 점이다. 실제로, 프레이리의 경우 분명한 역설이 엿보인다. 그가 점점 마르크스주의자가 되어가면서, 그의 사회철학에 나타나는 신학적 영감은 더 분명해지고 있다. 그가 점점 더 마르크스주의자로 변화할수록, 점점 더 해방신학 가까이 이동하고 있음을 보게 된다.

『비판의식을 위한 교육』에서, 프레이리는 기독교 민주주의 원칙에 입각한 사회철학을 주장하였다. 이 책은 프레이리가 감독했던 연방정부의 문해 교육 프로그램을 통하여 굴라르 정부의 개혁을 실행하고자 했던 프레이리의 노력을 상술하고 있다. 이 책에서 프레이리는 마르크스주의 관점을 신봉하지 않는다. 브라질의 사회에 대한 분석을 하면서 프레이리는 사회문제에 대해 순진하게 인식하고 있는 단계에서 근대화를 향한 노력이 필요하다는 인식 단계로 이행하는 인식의 점진적 각성을 그리고 있다. 프레이리는 정부 개혁의 실패를 브라질 민중들의 민주주의 경험의 부족에 기인하고 있다고 판단한다. 굴라르 정부의 목표와 그 체제 내에서 일하고 있던 프레이리의 목표는 혁명이 아니라 문화의 민주화였다. 프레이리는 이러한 민주적 경험의 실패 이유를 구체적으로 기술하고 있다. 여기에 특별히 주인과 노예의 관계라는 면에서 브라질 사회를 기술하고 있는 프레이레Gilberto Freyre 의 저작을 비중 있게 다루고 있다.[6-2]

앞의 장에서 언급한 바와 같이, 프레이리의 종교적 관점은 이 책에서 다양한 방식으로 표출되고 있다. 프레이리가 우리에게 말해주고 있는 점은 바로 인간존재의 완전함이 창조주와의 일치에서 발견된다는 점이다. 그리고 이는 인간에게 주어지는 근본적 특징인 인간의 자유를 지켜주는 일치이다. 프레이리는 인간존재를 "인간과 인간, 그리고 인간과 세계, 인간과 그의 창조주 사이의 영원한 대화를 함의하고 있는 역동적 개념"이라 말한다. 사람으로 하여금 역사적 존재가 되게 하는 것이 바로 이 대화이다.[6-3] 프레이리는 사회 변화를 향한 그의 입장을, 20세기 프랑스 기독교 철학자였던 무니에의 사상에 근원을 둔 급진적 기독교라고 말하고 있다. 프레이리는 다른 좌파 가톨릭 지식인들과 마찬가지로 개인의 자유, 사회적 행동주의, 근대적 문제와 사회운동을 담지한 변화에 관한 기독교적 관점을 강조하기 위하여 무니에, 샤르댕, 마리탱의 사상을 신중하게 끌어들였다. 프레이리는 기독교와 진보의 개념에 관한 무니에의 논문을 꽤 길게 인용한다. 또한 개개인들 간, 그리고 개별 국가들 간에 존재해야만 하는 적절한 종류의 관계, 즉 자기이익을 고려치 않은 원조를 다루고 있는 "기독교와 사회 진보"라는 교황 요한 23세의 회칙도 인용하고 있다. 이 회칙에는 사회주의에 대한 가톨릭교회의 전통적 비판이 상당히 누그러져 있다. 이 회칙에서 국가 간, 그리고 국가 내의 사회적 협력이나 사회주의화에 대한 필요성을 인정하고 있기 때문이다.[6-4]

프레이리가 『비판적 의식을 위한 교육』에서 그려낸 민주적 사회는 분명 자유, 정의, 평등, 그리고 자선 등의 기독교적 원리에 기초를 둔 것이다. 이 책에서 기독교 문헌을 그리 많이 언급하지 않지만, 그것의 의미는 중요하다. 프레이리는 인간이 창조주를 인식하고 있다는 점, 그리고 창조주와의 관계 속에서 살아가는 점이 곧 새로운 인격체와 새로운 사회의 발전에 필수적인 비판의식의 중요한 요소 중 하나라고 이야기하고 있다. 프레이리가 민주적 사회를 가져오기 위해 제안한 종류의 교육에 대하여 그는 자신에게 큰 영향을 끼친 종교 현상학자 두 사람인 야스퍼스와 부버에게서 끌어온 종교적 용어로 기술한다. 프레이리에게 있어 교육적 대화는 "사랑, 겸손, 희망, 신앙, 그리고 신뢰에 의해 성장하는 것이다. 대화의 두 기둥이 사랑, 희망, 그리고 상호 신뢰에 의해 연결되어 있다면, 이들은 뭔가를 향한 비판적 탐색에 참여할 수 있다."[6-5]

기독교 사회민주주의 철학의 기본 원리는『페다고지』에서도 발견된다. 이 책에서 프레이리는 두 집단, 즉 기독교인들과 마르크스주의자들에게 말하였다. 물론 이 두 부류의 사람들이 동의하지 않는 부분이 있으리라는 것을 예상하면서도 말이다. 프레이리는 혁명가들이 프레이리의 책 속에서 등장하는 특정한 개념들 때문에 자신을 외면할지도 모른다는 가능성을 민감하게 다루었다. 특히 그의 종교적 관점으로부터 유래하는 용어들, 즉 존재론적 소명, 사랑, 대화, 희망, 겸손, 그리고 공감 등의 개념이 그러하다. 틀림없이 프레이리는 많은 마르크스주의적 개념들의 채택, 예를 들면 혁명적 폭력의 필요성 등을 용인한다는 점에서 기독교인들에게서 비판받으리라고 예상했다. 이 책에서 프레이리가 폭력과 봉기의 필요성을 이야기할 때, 그는 이것이 사랑의 행동이라 기술한다. 또한 프레이리는 억압받는 자들의 숙명주의가 신에 대한 그릇된 개념에 기인한다고 보았다. 프레이리는 이러한 허위적 관념을 이들이 내면화해왔다고 주장하였다. 프레이리는 억압자들이 서구문명의 수호자라는 개념도 역시 거부하였다.

그러나『페다고지』에 등장하는 새로운 내용이라면, 마르크스주의 비판 요소들이 사회 분석에 도입되었다는 점이다. 프레이리는 이를 브라질로부터 추방당하던 초기 몇 년 동안 자신에게 일어났던 급진적 변화를 성찰하는 데 활용하고 있다. 프레이리는 지금 자신의 사회 이론에 개발도상국가에서 벌어지고 있는 계급투쟁에 대한 분석을 포함시키고 있다. 마르크스주의 요소들은 그가 사회를 바라보는 기본적·기독교적 관점의 기초를 이루는 원리들과 연결되어 있다. 프레이리는 인간 행동을 이끎으로써 역사를 통제하는 존재로서의 창조주에 대한 자신의 신앙을 유지하고 있다. 더 나아가, 그는 인간이란 무엇인가에 관한 근본적으로 종교적인 관점을 유지하고 있다.

프레이리는 후기 저작과 강연에서 점차 기독교적 복음을 예언자적 메시지로 그리고 있다. 즉, 저작과 강연에서 인간이 억압받고 있는 사회를 급진적으로 변혁하자는 요청을 담고 있다고 말한다. 프레이리는 복음뿐만 아니라 교황의 사회적 회칙에도 호소하고 있다. 1970년 로마에서의 모임에서, 그는 자신의 종교적 신념에 대해서 다음과 같이 이야기하고 있다.

저는 아직 온전한 가톨릭교도라 하기 어렵습니다. 단지 하루하루 더 완전한 가톨릭교도가 되고자 노력하고 있는 한 사람일 뿐입니다. 저는 제가 한 명의 기독교인이라는 점을 온 존재를 통하여 열정적으로, 통합적으로, 온몸으로 느낍니다. 왜냐하면 기독교인은 100% 혁명적이고, 인간적이고, 해방적이고, 헌신적이며 또한 유토피아를 꿈꾸기 때문입니다.[6-6]

기독교와 마르스크주의적 복음, 이 두 가지 사상에 대한 프레이리의 천착은 1950년대 말에 시작된 라틴아메리카에서 가톨릭 좌파의 발전 양상을 볼 때 그리 놀랄 만한 일은 아니다. 무니에와 마리탱의 기독교적 인본주의와 기독교 민주주의에 의해 자양분을 공급받아 온 라틴아메리카의 가톨릭 좌파는 사회 변화를 위하여 공산당원들과 헌신적인 마르크스주의자들과 점점 더 많은 일을 했다. 그래서 가톨릭 좌파의 많은 사람들은 점차 사회주의 이상에 관심을 기울였다. 그들은 근본주의적 기독교 신앙을 유지하면서 이전에 기독교계가 거부하였던 사회주의 개념들을 끌어안았다. 벨로 호리존트Belo Horizonte의 도미니카 수도회에서 1962년 가톨릭 민중행동 그룹에 의해 만들어진 "기본 문서"는 이러한 시도들의 표명이었다.[6-7] 이 문서는 교회의 사회 선교 학습 독본에서 사회주의를 지향하는 역사적 운동, 그리고 이러한 과정의 주체와 목적으로서 인간의 개념을 사실로서 받아들였다. 이 문서는 경제적 조건의 중요성, 계급투쟁의 불가피성, 제국주의에 대한 경멸, 라틴아메리카 국가들에서의 혁명의 필요성 등 마르크스주의에 강조점을 두고 있다. 프레이리와 많은 유사점이 발견되는 언어로, 민중행동(가톨릭 민중행동 그룹)은 다음과 같이 말한다.

민중을 의식과 조직의 수준에서 발전이라는 기초 위에서 동원하고, (국내/국제) 자본주의와 봉건주의의 이중 지배에 저항하는 투쟁에서 이러한 민중 동원을 확고하게 하는 혁명적 준비 전략을 선택하였다.[6-8]

프레이리가 마르크스주의 사상을 근본적 기독교 관점에 일치시킨 것은 다른 라틴아메리카 기독교 사상가들과 많이 비슷하다. 라틴아메리카 주교회의에 등장하는 다양한 선언문은 라틴아메리카 국가들에 존재하고 있는 사회적·경제적·정치적 상황에 관한 마르크스주의 분석의 요소들을 활용하고 있다. 그러나 이러한 문서들은 이러한 문제들을 해결하는 데 필요한 해결책으로서 사회주의 혁명을 제안하는 데에 회피 수단이 되었다. 브라질 헤시피의 카마라Helder Camara 주교라던가 멕시코 쿠에르나바카의 멘데스Sergio Mendes 주교와 같은 몇몇 주교들만이 사회주의적 해결책을 제시하였을 뿐이다. 성직자들을 포함한 다양한 기독교 단체들이 쿠바의 노선을 따라 사회주의 혁명의 필요성을 옹호하였다.[6-9]

　기독교와 마르크스주의의 사회적 가르침의 결합을 만들고자 했던 라틴아메리카 기독교인들은 양 집단의 정통파 모두로부터 비판받을 수밖에 없는 여지를 남겼다. 정통 기독교인들은 마르크스주의의 유물론, 결정론, 무신론 때문에 기독교 신앙의 근본과 본질적인 모순 관계에 있다고 보았다. 이런 부류의 생각을 가진 기독교인들은 인간이 오직 기독교 신앙을 포기함으로써만 마르크스주의자가 될 수 있다고 본다. 이와 마찬가지로, 많은 마르크스주의자들은 마르크스주의가 그 어떤 종교와도 근본에 있어 양립할 수가 없다고 확신한다. 따라서 그들은 인본주의적 또는 수정주의적 마르크스주의자들의 노력을 정통 마르크스주의 교조를 거스르는 것이라며 거부한다. 프레이리와 다른 라틴아메리카 기독교인들이 끌어들이고 있는 알튀세르, 코와코프스키, 그람시 같은 수정주의자들과 네오마르크스주의자들이 여기에 해당한다.[6-10]

　프레이리는 교회가 전통적으로 종종 지배계급과 같은 편에 있음으로써 사회 변화를 거부하거나 보수주의 입장의 중심에 서 있었다고 본다. 그러나 한편으로는 "근대사회가 시작되는 시기부터, 신으로부터 부여된 무엇이, 새로운 희망이 교회에서 흘러나왔다. 이것이 혁명과 급진적인 사회 변화에 투입되어 왔다."라고 인식한다.[6-11] 의심할 여지없이 프레이리는 풀뿌리 사회종교운동과 함께 교황과 신학자들의 사회적 가르침을 거론하고 있다.

프레이리 사회 이론의 분석

프레이리의 사회 이론은 제3세계 사회에 대한 비판으로 시작한다. 그는 이러한 비판론을 다른 사회에도 적용하려 한다. 아주 일반적이고 형이상학적인 언어로 된 제3세계 국가에 대한 분석을 일반화하는 데 있어, 프레이리는 이분법으로 가득 차 있고 단순한 사회분석을 내놓는 위험을 감수한다. 억압자와 피억압자, 진실하고 참된 해방, 열린 사회와 닫힌사회, 문화 침략과 문화 해방, 은행 저축식 교육과 의식화 등.

그의 사상이 다른 지역에 적용가능하다는 프레이리의 관점은 아마도 여기에서 논의되는 것이 가장 적절할 것이다. 프레이리의 인격과 함께 그의 저작들은 확실히 카리스마적이고 예언자적인 수준이라 평가할 만하다. 예언자적이고 카리스마적인 인물은 드라마 같은 주장을 하고, 사물을 시시비비에 따라 이야기하며, 죄와 악을 저주하는 말을 서슴지 않고 미래에 대한 이상화된 비전을 내놓는다. 이러한 특성은 프레이리가 받은 종교적 문화의 영향의 다른 표현일 것이다. 학술적 냄새를 풍기지 않고 있는 이러한 유형의 저작에 대해 뭔가 냉철한 분석을 내놓는다는 것이 약간 실망스럽기도 하다. 그러나 프레이리의 이론이 종교적·사회적·교육적 담론에 지대한 영향을 미치고 있다면, 그것은 확실히 어떤 종류든 비판에 직면하지 않을 수 없다. 그의 사상의 모든 측면이 진정성이 있음에도 불구하고, 유토피아 사회와 같은 근본적 비전을 담고 있는 그의 사회 이론을 논의하는 것은 특히 중요하다.

프레이리가 제시하고 있는 이분법 중 하나는 사회를 두 가지 유형,

즉 열린사회와 닫힌사회로 구분하고 있다는 점이다. 닫힌사회에서 열린사회로 이행하는 과정에서 이런 구분이 사회에 부여되고 있다는 인식에 기반을 하고 있다. 닫힌사회와 열린사회에 대한 그의 묘사는 어느 정도 풍자로 이루어져 있다. 주인과 노예 관계의 분석에서 묘사하는 것처럼, 프레이리는 두 가지 형태의 사회 간에 존재하고 있는 모순을 아주 엄청나게 큰 대조를 이루는 것으로 그려내고 있다. 닫힌사회는 이들 사회에서 발전할 수 있는 틈새의 기초를 형성하는 개방성의 요소들을 많이 갖고 있다. 또한 어떤 사회도 완전히 열린 상태가 되는 것은 아니다. 물론 이것이 유토피아 사회주의자들의 꿈이기는 하지만 말이다. 다른 유토피아 사상가들과 마찬가지로 프레이리는 유토피아의 꿈이 현실에서 이루어지는 사회를 끊임없이 찾아 나서고 있다. 물론 프레이리는 러시아에 관심을 기울이고 있지는 않지만, 어떤 경우에는 마오쩌둥의 중국[6-12], 카스트로의 쿠바, 산디니스타Sandinista의 니카라과[6-13]를 끌어들이고 있다. 이러한 꿈이 실현될 수 있는 장소에 대한 탐색은 이해할 만하다. 그렇지만, 프레이리가 보여주는 것보다 좀 더 현실적인 방식을 모색하는 것이 나을 것 같다. 예를 들자면, 중국과 니카라과에서 있었던 최근의 사건들에서 보여주는 것처럼 말이다.

제4장에서 나는 프레이가 제3세계를 분석하기 위해 억압이라는 주제를 사용한 것에 약간의 난점이 있다고 지적하였다. 물론 이것이 중요한 개념이기는 하지만, 프레이리가 제시한 것보다는 더 정교한 방식으로 사용되었으면 좋았을 것이다. 프레이리는 억압자와 피억압자라는 알아듣기 쉬운 이분법을 아주 자유롭게 끌어들여 사용하였다. 거대한 규모의 억압 상태로부터 빠져나와 그 억압에 맞서 싸워야 함을

자각하는 단계로 사회가 움직이는 과정이 있다고 인식한다. 그러나 사회의 억압은 프레이리가 보여주는 방식보다 훨씬 더 주의 깊은 검토를 필요로 한다.

프레이리는 '지배domination'를 제3세계 국가의 핵심적 주제로 끌어내고 있다. 그에게 있어 이 용어는 부정의한 사회 질서를 야기하는 조건이다. 그의 관점에 따르면 초보적 지배는 자본가들의 생산 통제에서 비롯된 것이다. 그 지배는 개인들이 자신이 처한 구체적인 상황에 대해 인식하지 못하도록 제한을 가한다. 그러나 민중의 의식을 지배하는 억압적 국가 사회주의를 발전시키려는 경향에 대한 비슷한 비판은 사회주의 체제에도 적용될 것이다. 프레이리는 학습자들의 마음속에서 비판적 성찰을 고양시킴으로써 지배에 항거하도록 하는 데 자신의 모든 교육적 노력을 쏟아붓고 있다. 그는 이 과정 역시 사회적으로 이루어진다고 설명한다. 그러나 제4장에서 논의한 바와 같이, 민중들이 일단 비판적 성찰의 수준에 도달한 다음, 그 사람들이 할 일들에 대해 프레이리는 지나치게 낙관적으로 보는 것 같다. 그는 인간 본성의 어두운 측면을 충분히 고려하지 못하고 있는데, 즉 이러한 비판적 성찰이 더 이전의 지배체제보다 더 억압적인 상황을 만들어내는 이기심과 결합될 수도 있는 가능성을 간과하고 있는 것이다.

앞서 다루었던 것처럼, 프레이리는 사회에 대한 자신의 이전 분석이 가진 약점들을 잘 알고 있다. 그는 교육과 정치의 관련성에 대해 충분히 다루지 않았고, 사회계급과 계급투쟁의 문제를 소홀하게 다루었다고 고백한다. 또한 이러한 본질적 요소들을 생략함으로써 "온갖 반동적 해석과 실천이 발생할 수 있는 가능성의 문을 활짝 열었고, 의식화가 진정 무엇이어야 하는가에 대해 많은 왜곡을 불러일으켰다."라는 것 또한 프레이리는 알고 있다.[6-14] 의식화 개념은 더 최근의 토론에서는 프레이리가 그 용어를 사용하고 싶어 하지 않는 여러 방식으로 활용되어왔다.

프레이리는 사회적·교육적으로 급진적이기는 하지만, 자유주의 사회사상의 많은 원리들을 수용하고 있다. 그가 앎의 과정에서 자유를 강조하고 있기 때문에, 듀이로 대표되는 많은 자유주의자들과 마찬가지로 프레이리는 권위를 과거의 전통에 두지 않고 개인 내부에 두고 있다. 그에게 역사와 문화적 과거는 인간이 초월하여 넘어서야 하는 제도이다. 이런 점이 어떤 문화적 상황에서 사실일지는 몰라도, 일반이론 수준으로까지 높여도 역사와 전통을 이렇게 부정적으로 대하는 것은 문제가 있다. 전통, 문화, 그리고 과거가 인간의 사람과 앎에 얼마나 중요한지에 대해 인식이 부족하다는 것을 보여주는 증거이다. 아주 위험한 것은 권위의 원천을 개인 내부에 위치시키고 있는 프레이리의 비판적 성찰 방법이 모든 전통, 역사, 그리고 가치를 상대화하는 방향으로 이끌 수 있다는 것이다. 뒷장에서 더 살펴보기는 하겠지만, 이 점은 의식화를 신학적 방법으로 활용하는 것에 대해 가장 심하게 반대하는 이유가 된다.

프레이리는 자신이 바라는 정부의 형태로 참여민주주의를 수용하고 있다. 이는 그가 자유주의 사상에 바탕을 두고 있다는 또 다른 증거이다. 이는 아주 서구적 사상으로서 다른 형태의 정부는 말할 것도 없고, 다른 형태의 민주주의 가능성을 허용하지 않는 것처럼 보인다. 여러분은 프레이리의 저작에서 모든 개인의 권리를 보전하기 위해 민주주의를 필요로 하는 원리로서 정부기관의 권한을 억제하고 균형을 확보하는 것에 대한 논의를 보지 못할 것이다.

프레이리의 최근 '대화록들'을 들여다보면, 프레이리는 이 책에서 다루고 있는 다른 비판뿐만 아니라 자유주의 비판에 대해서도 인식하고 있다. 그러나 자신의 경력에서 알 수 있는 것처럼 이미 영향을 끼쳐왔고 또 계속 큰 영향을 끼칠 프레이리의 이론은 초기에 쓴 주요 저작들에 나오는 것들이다. 의심할 여지없이, 『페다고지』는 듀이의 『민주주의와 교육』이 진보주의 교육을 대표하는 고전적 저작으로 남아 있는 것과 같이 '교육 고전'의 자리를 확보하고 있다. 비록 이 두 저자가 자신의 저작에 대해 이후의 저작들을 통하여 그 질을 높이고 교정하는 노력을 한다고 하더라도 말이다.

프레이리의 교회 비판

프레이리의 사회비판론은 정치경제 체제를 주로 겨냥하고 있다. 그 자신의 급진적 사회비판론이 다루고 있는 단 하나의 사회제도는 교회이다. 특히 라틴아메리카의 가톨릭교회를 가리킨다. 따라서 교회의 사회정책에 대한 그의 비판은 자신의 일반적 사회비판론에 구체성을 더하게 하고, 자신의 신학적 개념에 어느 정도 통찰력을 부여하고 있다.

프레이리는 1970년 제네바 세계교회협의회의 교육자문관이 되었다. 그는 이 일을 하면서 신학과 제도화된 종교에 대한 비판에 더 많은 관심을 기울이기 시작하였다. 이 비판론은 대체적으로 일반적 형태를 취하고 있고, 특정한 국가나 문제들에 대하여 길게 언급하고 있지는 않다. 프레이리의 종교제도에 대한 사회 분석은 중요하다. 왜냐하면 교회가 많은 제3세계 국가들에서 아주 주요한 역할을 담당하고 있었기 때문이다.

「라틴아메리카에서 교회의 교육적 역할」이라는 글에서, 프레이리는 교회 고유의 참된 예언자적 기능을 제대로 수행하지 못하고 있다고 비판하였다.[6-15] 그는 교회를 향하여 눈에 띄는 어떤 형태의 억압에도 과감히 저항할 것을 요구하였다. 그의 관점에 따르면 교회는 사회의 다양한 억압에 대해서 절대 중립적일 수 없다. 그 이유는 중립성이란 현상유지를 옹호한다는 것을 암시하기 때문이다. 억압의 사례들은 계급사회, 억압적 지배 권력층, 자본주의를 포함한다. 그는 진정한 기독교적 복음이란 변화, 혁명, 해방을 위해 활동하는 신앙인들의 요구에 따라 예언을 말하고, 유토피아를 꿈꾸며, 혁명을 도모해야 한다고 보았다. 프레이리는 예수를 급진적 사회 변화를 추구했던 인간으로 그리고 있다. 종교적 혁명은 억압을 거부하고 해방을 선포함으로써 유월절이나 부활절을 이 땅에서 살아나게 하는 것과 관련되어 있다. 구원은 억압받는 민중들의 새로운 삶과 자유를 위한 투쟁에 의해 죽음을 경험하려는 기독교인들의 강한 의지로 해석된다.

프레이리는 복음에 응답하는 교회는 진정으로 예언을 말하고 혁명을 도모해야 한다고 주장한다. 교회는 감히 정치적 해방을 위한 투쟁의 편에 서야 한다고 주장한다. 그렇지 않으면 실제로 교회는 억압적 정권을 지원하는 꼴로 남을 것이다. 그는 교회가 "부르주아의 따뜻한 가슴에 싸여 얼어 죽어가면서" 관료적 서류 놀음에 깊이 빠져 있다고 꼬집는다.[6-16]

프레이리는 종교인들의 혁명 참여를 논의하면서 혁명의 목적을 달성하기 위해서라면 폭력적 수단을 사용해도 좋다는 듯한 느낌을 준다. 그는 "혁명을 억압받고 있는 계급의 해방으로 가는 길로 인식하고, 혁명의 한 가지 방법으로 군사 쿠데타"를 생각하고 있는 기독교인에게 찬성하는 듯한 말을 한다. 그는 다음과 같이 덧붙인다.

> 오늘날의 라틴아메리카 기독교인들은…… 사용되어야 할 적절한 전술에 대해서 때론 동의하지 않을 것이다. 그러나 스스로 억압받는 계급에 헌신해서, 그러한 입장을 확고하게 지키고 있는 사람들이 있다. 일부의 성직자와 교인들인 이들은 실재에 대한 관념적 관점을 버리고 변증법적 시각으로 이동하기 위하여 변화하는 동안 온갖 고난을 감내해야 했다.[6-17]

폭력이 어떤 경우에는 억압에 대항하는 투쟁에서 정당화될 수 있다고 본 프레이리의 견해가 특히 평화주의적 종교 단체들과 얼마나 많은 논쟁을 불러일으켰는지 쉽게 추측할 수 있을 것이다. 그는 진정한 해방을 이루기 위한 억압받는 민중들의 투쟁에서 라틴아메리카 교회들의 무간섭이 가져온 해로운 효과가 무엇인지를 충분히 경험하였다. 이러한 사례에서 프레이리가 보기에 무간섭은 억압자들의 편에 서 있는 것이었다. 또한 프레이리는 항상 정치적 투쟁에 관여해온 활동가이다. 게바라와 토레스Camilo Torres[6-18]는 그의 저작에서 혁명적 영웅들로 등장한다.

프레이리는 교회를 향한 비판론에서 전통적 교회구조와 정책에 아주 강한 비판을 견지했기 때문에 바티칸 당국과 갈등을 표출해온 라틴아메리카 해방신학자들과 공감대를 이룬다. 해방신학은 어떤 면에서 19세기 말 미국의 사회적 복음과 유사하다. 그것은 전통적 교회에 도전했고, 빠른 도시화와 산업화의 일반적 충격에 대응하는 방식으로 등장하였다. 사회적 복음의 핵심 동기는 하나님의 왕국이 사회에서 사랑이 점차 커짐에 따라 이루어질 것이라는 점이었다. 이것은 사회적·정치적 행동을 강조하였고, 주관주의, 낙원 사상, 가짜 계시록을 배격하려 하였다.[6-19] 콕스Harvey Cox는 1960년대 교회들이 세속 운동에 참여하도록 자극하면서 신학적 세계 속으로 이런 사회적 복음의 형태를 거듭 소개하였다. 그에게 있어 이러한 참여는 교회의 본질적 사명의 일부분이었다. 콕스는 더 최근 저작에서 탈근대의 기독교를 발전시키는 데 있어 해방신학을 강조한 것을 핵심적 발전으로 규정하고 있다.[6-20]

이러한 유형의 신학에 근본이 되는 것은 신에 대한 독특한 개념이다. 이 신학에서 제시되고 있는 하나님의 상징은 아리스토텔레스의 부동의 이동자나 아퀴나스Thomas Aquinas의 '실존자the Subsistent Being'가 아니다. 오히려 히브리인들에게서 볼 수 있는 활발하고 역동적인 신이고 예수에게서 보이는 인간이다. 해방신학에서 신은 인간을 억압과 지배로부터 구원하기 위하여 행동하는 존재이다. 신은 영원히 남자와 여자를 창조하고 이들과 협력하여 세계를 만들고 있다. 신은 속박으로부터 민중을 이끌어낸다. 예수는 억압적 제도에 대한 급진적 비판가였다. 이러한 관점에서 구원자로서 신을 상징하는 것은 단순히 개인의 구원을 지칭한다기보다는 민중과 사회를 진정한 자유로 옮겨놓는 고통스러운 과정을 의미한다. 기독교인의 핵심 과업은 자기 영혼의 구원이 아니라, 신과 함께 모든 형태의 인간 억압에 저항하여 싸움으로써 세상을 구원하는 것이다. 원죄에 대한 사회적 해석은 인간과 신이 투쟁하는 대상으로서 그리고 진정한 자유를 가로막는 모든 악마의 세력을 지칭한다. 부활과 내세의 삶은 유토피아 같은 미래에 존재하는 새로운 삶을 가리키는 구체적 상징이다.

신의 상징을 이런 식으로 해석하는 것은 프레이리의 사회비판론에서 효능을 발휘한다. 『비판적 의식을 위한 교육』에서 그는 인간에 대한 지배가 아니라 해방을 주장하는 인격으로 신을 제시하였다. 그는 "인간의 초월적 관계는 인간의 자유가 확실히 보장될 때에 나타난다."라고 주장하였다.[6-21] 그는 『페다고지』에서 억압받는 민중들에게 숙명론을 키워주는 신의 거짓 모습이라고 생각했던 것을 비판하였다.[6-22] 이러한 왜곡은 반란이 신에 대한 죄악이라는 미신에 근거하고 있다. 「어느 신학생에게 보내는 편지」에서 그는 자신의 사회비판론에 깔려 있는 신의 상징이 갖는 역동적 본질에 대해 다음과 같이 묘사하고 있다.

신의 말씀은 내 형제들의 지배가 아니라 그들의 해방을 위하여 우리가 세상을 재창조하도록 초대하고 있다……. 신의 말씀은 마치 우리가 단지 수동적 수취인인 것처럼 우리에게 쏟아져 들어오는 어떤 내용이 아니다. 그리고 신의 말씀이 구원이기 때문에, 그 말씀은 곧 해방이다. 그러나 사람들은 이를 역사적으로 받아들여야 한다. 민중들은 스스로를 자기 구원의 주체로, 행위자로 만들어야 한다.[6-23]

이 편지에서 프레이리는 자신의 저작을 명백히 라틴아메리카의 해방신학 혹은 유토피아 신학과 연결 짓고 있다.

신학은 그 시작을 인류학에 두어야 한다. 이는 유토피아를 꿈꾸고 있고 예언자의 모습을 한 신학이 본질적으로 해방을 위한 문화적 행동, 결국 의식화로 이끈다고 내가 주장하는 이유이다.[6-24]

프레이리에 따르면 이렇게 유토피아를 꿈꾸고 있고 예언자의 모습을 한 신학은 "역사에 현재하는 존재로서 인간이 자신의 역사, 즉 해방의 역사를 만드는 것을 조금도 방해하지 않는, 새로운 개념의 신"으로 시작해야 한다.[6-25]

이 장을 끝맺으면서, 프레이리가 제3세계 국가들의 교육과 사회구조 비판에 독특한 방식으로 관심을 기울여왔다는 점을 주목해야 한다. 그의 교육 비판론이 다음 장에서 아주 길게 다루어질 것이기 때문에, 여기서는 단지 이 정도로 거론한다. 이 비판론에도 종교적 배경이 있다. 프레이리는 명백히 신학, 해방, 그리고 교육 사이에 어떤 연관성이 있다고 본다. 프레이리는 이러한 연관성을 한 인터뷰에서 다음과 같은 답변을 통해 밝히고 있다.

예를 들어, 신의 말씀 앞에 제가 어떤 입장을 가져야 합니까? 제 태도는 신의 말씀으로 충만해지기를 기다리는 텅 빈 존재로서의 태도일 수 없다고 봅니다. 또한 그 말씀을 듣기 위하여 인간 해방의 과정에 참여하는 것이 필요하다고 생각합니다. 따라서 저는 신학, 이러한 신학은 해방을 위한 교육과, 그리고 해방을 위한 교육은 신학과 서로 연결되어 있어야 한다고 생각합니다.[6-26]

여기서 프레이리가 "은행 저축식 교육"이라고 호칭했던 것에 대한 비판론에 종교적 배경이 있음을 알아차릴 수 있다. 신이 자신의 말을 우리에게 쏟아붓는 방식으로 교육하지 않는 것처럼, 우리도 단지 학생들의 마음에 이미 만들어진 지식을 채워 넣거나 쏟아붓는 교육을 해서는 안 된다. 성스러운 신의 말씀처럼, 인간의 말은 개인을 해방하는 힘이 있다.

라틴아메리카로 돌아간 이후, 프레이리는 기독교 기초공동체와 만남을 가져왔다. 그는 그곳 교회에서의 가르침과 몇몇 신학자들의 분석에 깊은 감동을 받았다. 프레이리는 브라질과 라틴아메리카 교회의 한결 예언자적인 요소들과의 접촉에 대해 아주 강렬한 언어로 이야기한다.

라틴아메리카 교회에 대한 프레이리 비판론 분석

프레이리의 예언자적 입장과 이야기 방식을 따라가보면, 라틴아메리카 교회의 서로 다른 세 가지 양상에 대한 그의 분석은 상당한 설득력을 갖는다. 그러나 그의 단어들을 좀 더 면밀하게 살펴보면, 여전히 과장과 왜곡된 부분이 발견된다. 전통주의 교회에 대해 신랄하게 비판하면서 그는 종교와 교회에 있어서 전통이 얼마나 중요한지 제대로 인식하지 못하고 있다. 교회의 본질적 과업 중 하나는 과거의 전통들이 유지되도록 하는 것이다. 그의 판단에는 이러한 교회의 노력들이 소외와 부조화를 가져온다. 이러한 교회에 관여하고 있는 많은 사람들에게 교회는 지원과 함께 의미를 제공한다. 대중 종교와 전통주의 교회에 가할 비판은 의심할 여지가 없이 많다. 그러나 이것이 곧 민중들이 이러한 교회의 노력을 통해서는 필히 인간화에 도달하지 못한다는 것을 의미하지는 않는다.

프레이리는 단지 근대화를 시도하려는 교회들에 대해서도 똑같은 정도의 신랄한 비판을 쏟아낸다. 그가 교회에 있어서 전통과 역사가 갖는 힘을 제대로 인식했었다면, 유토피아를 꿈꾸는 종교의식의 관점에 터해 그들을 비판하기보다는, 그들의 노력에 박수를 보냈을 것이다. 그가 만약 전통을 지키려고 애쓰는 사람들(그것이 아무리 생명력 없는 것이 된다고 할지라도)과 더 현대적 방식의 종교생활을 채택함으로써 그것을 새롭게 하고자 노력해온 사람들 사이의 투쟁에 대해 인식했더라면, 그는 개혁가들과 근대화론자들에게 더 많은 동정심을 가졌을 것이다. 프레이리가 브라질과 칠레에서 정부 개혁이 성공하도록 실제 개혁주의자 노릇을 해온 것을 두고 급진주의자들이 비판한 것처럼, 그 또한 교회 내의 개혁적 요소들을 제대로 이해하지 못하고 비판만 하는 유사한 우를 범하고 있다는 점은 흥미롭다. 그가 아프리카 국가에서 문해 교육 프로젝트를 통하여 원조 노력을 했던 것 또한 본질적으로 개혁주의였다.

예언자적 교회에 관한 프레이리의 언급은 라틴아메리카뿐만 아니라 다른 지역에서의 교회가 가져야 할 이상을 제시하고 있다. 프레이리가 "예언자적 시각은 성취 불가능한 꿈의 세계로의 도피를 대변하는 것이 아니다. 이는 세계가 과학적인 만큼 세계에 관한 과학적 지식을 요구한다."라고 말하는 장면을 보면, 자신의 이야기가 아마도 비현실적이라는 느낌을 가졌던 것 같다.[6-27] 프레이리는 유토피아적 교회를 그리는 장면에서 예언자처럼 보인다. 그는 이러한 교회를 브라질과 다른 라틴아메리카 국가들의 기독교 기초 공동체에서 발견한다. 이러한 공동체들은 정말 중요하다. 그러나 그들이 프레이리의 유토피아 꿈을 온전히 살리는 것은 아니며, 어떤 교회도 이를 감당하지 못한다. 이 공동체들을 더 가까이 들여다보면, 모든 조직과 연합체를 괴롭히는 문제들이 드러난다. 이것이 이러한 공동체들의 영적 생명력을 거부하는 것이라 할 수 없다. 그들은 대개의 경우 미래의 파동이다. 그러나 그들 자신의 구성이나 미래는 여전히 논쟁을 불러일으키는 것이라고 해야 할 것이다.

요약해보면, 프레이리의 사회 이론에 관한 많은 비판론들이 있어 왔다. 때때로 그의 이론은 모호하고, 일반적이고, 부정확하다. 프레이리는 거의 경험적 특성을 가진 증거를 제시하지 못하고 있고, 자신의 분석을 위하여 사회학의 연구를 인용하고 있지 않다. 그는 구분이 만들어지는 적절한 준거를 제시하지 않은 채 사회의 '선'과 '악'을 구분하는 경향이 강하다. 다른 사회과학자들에 의해 이루어진 분석과 비교하여볼 때, 브라질 사회에 대한 프레이리의 분석은 부정확하다. 프레이리는 라틴아메리카 국가들의 교회가 행해온 역할에 대한 분석에서 교회가 어떻게 당면한 문제의 일부분이자 그것에 대한 해답의 일부분이 될 수 있는지를 제대로 명시하지 못하고 있다.

6-1. Emmanuel de Kadt, *Catholic Radicals in Brazil*, London: Oxford University Press, 1970.

6-2. Gilberto Freyre, *The Masters and the Slaves*, New York: Knopf, 1964.

6-3. Paulo Freire, *Education for Critical Consciousness*, New York: Continuum, 1973, p. 18.

6-4. [옮긴이 주] 1장 역주에서 이 세명에 관한 간략한 소개를 달고 있다. 참고할 것.

6-5. Paulo Freire, *Education for Critical Consciousness*, p. 45.

6-6. Paulo Freire, cited in John W. Donohoe, "Paulo Freire-Philosopher of Adult Edcuation," *America*, Vol. CXXVII, NO. 7, 1972, p. 170.

6-7. Thomas G. Sanders, "Brazil: A Catholic Left", *America*, Vol. CXVII, 1967, pp. 598-601.

6-8. Ibid., p. 600.

6-9. Frist Encounter of Christians for Socialism: The Final Document, Washington, D. C.: LADOC, 3, 8a, 1973.

6-10. Louis Althusser, *For Marx*, New York: Random House, 1970; Leszek Kolakowski, *Towards a Marxist Humanism*, New York: Grove Press, 1968; Antonio Gramsci, *Cultura y literature*, Madrid: Ediciones Peninsula, 1967.

6-11. Paulo Freire, *The Politics of Education*, South Hadley: Mass.: Bergin and Grarvey, 1985, p. 141.

6-12. [옮긴이 주] 문화 대혁명은 1966~1976년 동안 중국에서 벌어졌던 정치적 개혁 캠페인이다. 전체 이름은 무산계급 문화 대혁명으로, 1966년 5월 16일 중국 공산당의 중앙위원회 주석이었던 마오쩌둥의 제창으로 시작되었다. 공산당 내 부르주아 계급의 자본주의와 봉건주의 요소를 일소하는 것을 목표로 중국의 젊은이들이 사상과 행동을 규합할 것을 제시하고 있다. 홍위병은 이러한 운동을 실현하는 중심 주체가 되었다. 소련과 달리 중국에서 이상적인 사회주의 국가를 건설하기 위한 것이라고 공식적으로 천명한 국가 수준의 운동이었지만, 1976년 마오쩌둥의 죽음과 사인방의 체포까지 벌어졌던 여러 혼돈과 변혁에 이르기까지 사회적 긴장과 갈등이 심화되었던 계기였다. 흔히 이 시간을 가리켜 '십년 동란+年動亂'이라고 부르기도 한다.

6-13. [옮긴이 주] 산디니스타 민족해방전선(Frente Sandinista de Liberación Nacional, FSLN)이 추진했던 니카라과 사회주의 혁명운동을 가리킨다. 산디니스타 해방전선은 1979년 아나스타시오 소모사 데바일레를 축출하여 소모사 정권을 무너뜨렸으며 대신 혁명 정부를 세웠다. 권력을 얻은 산디니스타는 1979년에서 1990년까지 대략 11년간 니카라과를 지배했다.

6-14. Paulo Freire, *The Politics of Education*, p. 152.

6-15. Paulo Freire, "The Educational Role of the Churches in Latin America", Washington, D. C.: LADOC, 2. 29c, 1972.

6-16. Ibid., p. 9.

6-17. Ibid., p. 12.

6-18. [옮긴이 주] Camilo Torres Restrepo(1929-1966, 콜롬비아 사제이자 가톨릭 신학자). 그

는 사제이면서도 콜롬비아의 사회적 문제를 해결하기 위하여 게릴라 반군 운동에 가담하였으며, 실제 ELN(National Liberation Army)의 단원으로 활동하였다. 그는 해방신학의 기본적 토대를 제공하였던 인물로 평가되며, 가톨릭 신학과 마르크스주의의 통합적 이해를 추구했다.

6-19. Harvey Cox, *The Secular City*, New York: Macmillan, 1965.

6-20. Harvey Cox, *Religion in the Secular City*, New York: Simon and Schuster, 1984.

6-21. Paulo Freire, *La Educacion como practica de la litertad*, Santiago, Chile: ICIRA, Calle Arturo Caro, 1969, p. 15.

6-22. Paulo Freire, *Pedagogy of the Oppressed*, New York: Continuum, 1970, p. 162.

6-23. Paulo Freire, "A Letter to a Theology Student", *Catholic Mind*, Vol. LXX, No. 1265, 1972, p. 7.

6-24. Ibid., p. 8.

6-25. Ibid., p. 8.

6-26. Paulo Freire, "Education for Awareness: Talk with Paulo Freire," *Risk*, Vol. VI, No. 4, 1970, p. 17.

6-27. Paulo Freire, *The Politics of Education*, p. 138.

제7장
혁명 이론과 전략

프레이리는 혁명적 교육자로 이름나 있다. 그의 『페다고지』는 혁명적 교육의 길라잡이로 일컬어진다. 프레이리가 제안하는 혁명은 정치적인 것과 문화적인 것 둘 다를 말하는데, 제3세계 사회의 급진적 변혁을 염두에 두고 있다. 프레이리는 정치 혁명에 방점을 두고 있지만, 이 혁명이 일어나기 위한 필요조건으로 해방 교육을 제안한다. 『페다고지』는 피억압 민중이 주체가 되는 혁명은 어떤 모습인가에 관해 기술하고 있다. 정치 혁명에 대한 프레이리의 제안 속에는 종교적 관점이 묻어 있다.

프레이리가 가끔씩 자신의 정치이론이나 교육 이론에 관해 일반적인 어법으로 언급하지만, 그의 정치적 관점은 혁명 전의 국가나 급진적 변화를 겪고 있는 국가에서 비롯되었다는 점을 기억하는 것이 중요하다. 브라질에서 그의 문해 교육은 강고한 경제 세력들과 마찰을 빚고 있던 개량주의 정부 정책의 일부분이었다. 칠레에서 프레이리는 기독교 민주당 정부의 농업 개혁 정책을 도왔다. 근래에 프레이리는 아프리카와 니카라과의 사회주의적·마르크스주의적 정부의 고문 역할을 하면서 해방과 경제 발전에 기여하는 교육을 위해 도움을 주었다. 프레이리는 서구 민주주의 정치 체제에는 자신의 사상을 쉽게 연결 짓지 않았으며 동유럽 국가에 대해서는 언급한 바가 거의 없다.

혁명적 교육자

프레이리의 혁명의 정치학은 주로 브라질에서의 정치적·교육적 경험에서 말미암은 것이다. 프레이리가 처음에는 그리 혁명적이지 않았지만 굴라르 정권의 민주화 정책이 실패한 이후로는 혁명적으로 변했다. 프레이리는 개량적 정책에 관여하면서 자신을 혁명적인 인물로 기억하는 사람들로부터 비판을 받기도 했다. 이러한 비판에 대해 프레이리는 많은 인터뷰를 통해 자신의 교육적·정치적 노력들이 1960년대 초의 브라질 상황에선 혁명적이었다고 주장했다.

비록 프레이리가 혁명적 교육자로서의 명망을 얻고 있으며 혁명적 교육에 관한 고전적 지침서를 집필한 이력의 소유자라 할지라도, 그는 자신이 『페다고지』에서 제안한 유형의 혁명적 활동에 한 번도 참여한 적이 없었음을 스스로 명확히 일러두고 있다.

> 내가 구체적인 경험을 가져본 적이 없는 주제인 혁명 행위에 관해 논할 권리가 있는가에 대해 의문을 품을 수 있을 것이다. 그러나 내가 혁명 행위에 친히 참여한 바가 없다는 사실로 인해 이 주제에 관해 내가 숙고할 가능성이 부정되지는 않는다.[7-1]

프레이리는 교육자의 길을 걸으면서 "상당한 물질적 부를 축적할 수 있었으며 따라서 자신이 이 직종에 안주하며 자기만족적인 삶을 살 수도 있었다."라고 힘주어 말한다.[7-2] 물론 수년간 그는 브라질의 변화를 위해 변호사로 일하거나 교육자로서 헌신한 적도 있다. 그러나 한 정권을 실각시키고 그 자리를 새로운 것으로 대치시키는 데 필요한 혁명적 노력에 비추어볼 때, 프레이리의 경우는 구체적 경험이 결여되었다는 의문을 품을 수 있을 것이다. 최근에 프레이리는 제3세계 내의 새로운 국가와 새로운 정부를 돕는 일을 통해 혁명의 정치학에 관한 더 많은 정보를 모으고 있다.

프레이리의 교육학을 혁명적이라고 간주하는 관점은 브라질의 사회학자 웨포트Francisco Weffort가 『비판적 의식을 위한 교육』의 브라질어판 서문에 쓴 글에 잘 나타나 있다. 브라질 대중을 위한 문해 교육이나 연방 교육부 시절 대중의 정치 참여 확대 사업에 참여할 때 프레이리의 목적은 굴라르 정부가 브라질 문화를 민주화하는 시도의 일환이었다. 그의 작업은 특정 우익 집단에 의해 확실히 혁명적으로 비쳤다. 웨포트는 프레이리의 작업이 어떻게 혁명적으로 간주되었는지를 적고 있다.

만약 자유를 위한 교육(프레이리의 문해 교육 운동)이 반란의 씨앗을 옮겼다면, 이것이 교육자의 목표 가운데 하나라고 말하는 것은 옳지 않을 것이다. 만약 그러한 일이 일어난다면, 그것은 전적으로 지침과 갈등이 가장 흔한 데이터인 현실을 제대로 이해하도록 하는 일을 의식화 작업이 해내는 경우에만 가능하다.[7-3]

웨포트는 프레이리가 참여한 대중문화운동Popular Culture Movement이 정치적 색채가 더 강했어야 했다고 비판했다. 그는 "대중 선동에 주력했던 세력들이 의식화가 실천을 위해 함의하는 의미를 지각하고 활용하는 데 실패했다."라고 주장했다.[7-4] 그는 대중운동이 정치적 타당성이 있었음을 인정했다. 하지만 그들의 노력이 실효를 거두지 못한 이유는 운동이 "직간접적으로 정부, 즉 대중을 억압하는 기존 제도권을 위해 복무했던" 탓에 있다.[7-5] 웨포트가 보기엔 대중운동이 실패한 까닭은 구체적인 정치적 목적과 전략을 희생시키면서 교육에 과잉투자를 했기 때문이다. 또한 그는 프레이리와 같은 개량주의자들이 그들이 주정부로부터 받은 지원금 때문에 대중을 위한 변화를 가져오는 데 제약을 받았을 것이라 점을 지적한다.[7-6] 이런 식으로 그들은 상충되는 두 가치에 대한 타협을 해나갔다. 후에 프레이리가 그 당시 자신의 정치적 관점이 순진했다고 규정한 점으로 미루어 스스로 이러한 평가에 기본적으로 동의함이 분명하다.

프레이리가 감옥에 있을 때 쓰기 시작하여 추방당한 후 완성한 『교육_Educacao_』 어디에도 혁명적인 취지를 엿볼 수 없다. 그 당시 브라질에서 일하면서 프레이리는 그저 자신의 교육적 노력으로 점진적인 변화를 일으키기만을 바랐을 뿐이었다. 그의 교육 실천의 목적은 민중들로 하여금 그들이 역사와 문화를 창조할 수 있는 성찰적인 인간임을 자각하게 하는 것이었다. 그의 문해 운동은 굴라르 정부에 의해 최소한 한 가지 이상의 정치적 목적을 갖고서 추진되었는데, 대중에게 참정권을 부여하여 다가오는 선거에서 자기네를 지지하게 하는 것이었다.

『페다고지』에서 프레이리는 자신의 관심이 혁명을 일으키기 위한 수단으로서의 교육으로 옮겨갔음을 천명했다. 이러한 입장 변화의 이유는 이 책 앞부분에서 설명한 바 있다. 내가 지적했듯이, 『페다고지』는 혁명 운동에서 실질적인 경험에 터한 것이 아니다. 이는 많은 정치적 급진파들이 프레이리의 저작물을 읽거나 그가 주도하는 연수 과정에 참여하면서 느꼈던 실망감을 설명해준다. 사람들은 적극적인 혁명가를 기대했건만 그들이 만난 것은 "그렇고 그런 중산계급의 종교적 개량주의자"였다.[7-7] 이러한 점에 대해 1973년 사우스캐롤라이나에서 열린 한 학회행사에서 에거턴Egerton은 프레이리에 대한 비판을 다음과 같이 요약하였다.

프레이리에게 우리 대부분보다 더 급진적인 것은 없다. 그가 하는 말에서 독창적인 점은 없다. 그건 진부한 소리일 뿐이다. 프레이리는 작은 문제에 관심을 갖는 편협한 우리의 시각을 비판하지만, 그가 대안으로 내세우는 거시적 관점은 케케묵은 수사에 지나지 않는다. 그는 정치적·이데올로기적 이론가일 뿐, 교육자는 아니다. 그의 말 속에는 구체적이고 명확한 것이 하나도 없다.[7-8]

이 학회 행사에서 혁명적 교육자 프레이리는 공립학교 교사들을 향해 체제 내에서 일하며 그 속에서 그들이 할 수 있는 작은 무엇에 대해 만족하라고 충고했다. 또한 그는 그들에게 체제 바깥에서 그들이 할 수 있는 많은 큰일을 하라고도 조언했다.

유용성을 떠나 이러한 비판은 프레이리가 옹호하는 혁명적 교육의 본질에 대한 논점을 더욱 정교하게 다듬을 것이다. 그는 모든 상황에 대해 혁명적 교육을 제안하지는 않았다. 프레이리의 제안은 분명 1970년대의 특정 라틴아메리카 국가를 위한 것이었다. 그는 북미의 청중들에게 편안한 마음으로 연설한 적이 없다. 왜냐하면 제3세계와 제1세계의 현격한 차이에 대해 잘 알고 있었기 때문이다. 북미의 학교 체제에 관해 논의할 때, 모종의 해방적 교육, 그것도 개량주의적인 것을 제외하고는 그가 권고할 수 있었던 것은 거의 없었다.[7-9]

혁명의 종교적 정당화

『페다고지』를 비롯한 여러 책에서 프레이리는 제3세계의 몇몇 나라를 위한 혁명 교육 이론을 제시하였다. 이 과정에서 그는 정치적 혁명, 특히 폭력 혁명이 기독교 원리상 정당화될 수 있는가 하는 물음에 천착했다. 혁명에 대한 종교적 영감에 대해서는 많은 학자들이 논한 바 있다.[7-10] 이것은 특히 가톨릭 좌파 서클에서 오랫동안 논의되어온 문제로서 급진파들이 라틴아메리카의 교회 위계질서에서 갈등을 빚은 이슈이기도 하다.

라틴아메리카의 기독교도는 사회혁명에 대한 그들의 태도에 따라 크게 네 종류로 나뉜다. 많은 전통적 가톨릭 교인들이 포함되어 있는 한 그룹은 기존 사회·정치 체제에서 변화의 필요성을 부정한다. 두 번째 그룹은 어떤 변화의 필요성을 느끼지만 교회가 그 변화를 위한 노력에 직접 관여해서는 안 된다고 생각한다. 이들은 이 일이 평신도들의 몫이라 생각하는 것이다. 세 번째 그룹은 변화가 필요하며 교회가 이러한 변화에 직접 뛰어들어야 한다고 믿는다. 이것은 정치적 실천에 참여하는 많은 평신도들의 태도이며, 그리고 1968년 메덜린 Medellin 주교회의 입장이기도 하다. 사제와 종교공동체 내의 형제자매들이 정치 활동에 참여해야 하는지에 관해서는 약간의 논란이 있다. 로마 교회에서는 라틴아메리카나 다른 어떤 지역에서의 정치 활동에 대해서도 단호히 반대한다. 끝으로 라틴아메리카 기독교도 가운데 네 번째 부류는 광범위한 억압으로 인해 최소한의 인권도 부정되는 나라에서는 오직 폭력혁명만이 그러한 상황을 바꿀 수 있다고 믿는다. 이들은 혁명 노정에 몸을 던지고서 다양한 마르크스주의 운동권과

협력한다. 최근에는 소수의 성직자들과 신학자들이 이 그룹의 대열에 참여하고 있다.[7-11]

1970년 무렵 프레이리는 분명 이 마지막 그룹과 연대하고 있었다. 프레이리는 억압자들의 사회가 피억압자들에게 어떤 신화를 강요한다고 말한다. 구체적으로 그는 다음과 같은 두 가지 이슈를 지적한다. "서구문명의 수호자로서 억압계급의 영웅주의 신화"와 "반란은 신에 대한 죄악"이라는 신화.[7-12] 프레이리의 이러한 지적은 그가 반란과 혁명을 기독교와 종교적 원리에 부합하는 행위로 인식하고 있음을 뜻한다. 프레이리는 종교적 색채의 어법으로 혁명의 폭력성에 대해 묘사한다.

나는 점점 진정한 혁명가라면 그 창조적이고 해방적인 속성 때문에 혁명을 사랑의 행위로 인식해야 한다고 확신하게 됩니다. 나로서는 혁명 이론, 즉 과학에 의존하는 혁명은 사랑과 상충되지 않습니다.[7-13]

후기 저작물에서 프레이리는 기독교인의 혁명 실천의 정당성에 관해 더욱 단호한 입장을 취한다. 「어느 신학생에게 보내는 편지」에서 그는 말한다.

우리가 우리의 관념적 신화를 극복할 수 있으며, 또 그런 방식으로 혁명적 사회 변혁에서 칼 마르크스의 소중한 공헌을 고집스럽게 부정하는 대신 공유할 수 있다면, 우리 기독교인들은 실로 아주 중요한 과업을 안고 있습니다.[7-14]

또한 그는 하나님의 말씀은 지상의 권력자들에게 도전하는 과정에서 겪는 시련을 감수하면서 인간 해방을 위해 복무하려는 의지를 요청한다고 말한다.[7-15]

혁명 행위의 종교적 정당성에 관한 가장 담대한 발언은 「라틴아메리카에서 교회의 교육적 역할」이라는 글에서 엿볼 수 있다.[7-16] 프레이리는 교회가 정치적으로 중립을 지킬 수 없다고 주장한다. 교회는 사회구조의 급진적 변혁을 위해 일해야 한다. 그는 "교회에서 예언적 측면을 거세해버리고 부당한 세상을 급진적으로 변혁하려는 것을 두려워하는" 교회 내 보수주의자들을 비판한다.[7-17] 프레이리는 세상을 혁명적으로 바꾸기 위해 기꺼이 어떤 목소리를 내고자 하는 정치적 입장을 취하는 해방신학의 발전을 찬양한다. 이 예언적 신학 속에 "피억압계급의 해방으로 향하는 길로서의 혁명과 그것을 실현하기 위해 군사 쿠데타를 불사하는 담대한 자세를 취할 여지가 있다."라고 단언한다.[7-18] 프레이리는 혁명 행위에 투신하는 기독교인들 사이에 전술적 차이가 있음을 인정하지만 이 기독교인들의 굳건한 헌신적 자세에 대해서는 칭송해 마지않는다.

프레이리는 여러 곳에서 기독교도들의 혁명 활동 참여를 부추기기 위해 두 가지 종교적 메타포를 구사하는데, 유월절과 부활절 메타포가 그것이다. 해방을 부르는 이 두 사건은 공히 생사를 건 투쟁을 수반한다. 억압으로부터의 구원과 해방이라는 다분히 종교적인 이 행위는 적극적인 저항과 격렬한 죽음을 통해 성사된다. 그리하여, 억압에 저항하는 혁명 행위에 참여하는 기독교인들은 새로운 유월절과 새로운 부활절 의식에 참여하는 셈이 된다. 혁명가들의 "출정은 진실로 유월절과도 같다. 그 속에서 그들은 스스로를 해방시키는 계급으로

부활하기 위해 피억압계급으로서 죽음을 맞아야 한다."[7-19] 한편으로
프레이리는 피억압 민중을 위한 은신처를 자임하는 대신 새로운 출애
굽의 여정으로 그들을 인도하는 교회의 선지자적 역할에 대한 상도
그리고 있다.

프레이리가 라틴아메리카 기독교인들에게 혁명적 실천을 권고하는
또 다른 유력한 예는 예수이다. 그가 제시하는 그리스도의 상은 현재
의 상황에 만족하지 않고 항상 앞으로 나아가려 애쓰는 급진적인 인
물, 끊임없는 거듭남을 위해 죽음마저 마다하지 않는 분이다. 프레이
리는 이러한 언표를 기독교인 일부에게 보수적인 활동을 권고하는 인
물들의 입을 빌려 전한다.

"그들이 그리스도에게 말한다. '스승이시여, 세상의 모든 것이 이토
록 아름다울진대 억지로 더 무엇을 할 필요가 있나이까?'"[7-20]

또 다른 흥미 있는 진전은 프레이리의 저서 속에서 나타난다. 그는
명백히 제3세계 피억압 민족을 위한 혁명 행위의 지지자가 되어 있다.
그러나 이러한 변화는 혁명의 종교적 정당성에 대한 소극적인 입장에
서 혁명 활동에 대한 기독교도들의 참여를 정당화하는 입장으로 변
신하면서 나타났다. 라틴아메리카 내의 특정 국가에서 이러한 유형의
실천에 뛰어들지 못하는 것은 복음대로 사는 데 실패한 것이다.

종교적 원칙에 입각한 혁명을 공공연히 옹호하는 프레이리의 태도
는 그가 알고 지내는 라틴아메리카 신학자들과 호응을 이룬다. 프레
이리는 해방신학의 정치적 입장을 제안하는 신학자들과 만나고 싶어
했다. 해방을 위한 종교적 정당성에 대한 프레이리의 입장은 구티에레
스Gustavo Gutierrez와 유사하다. 구티에레스는 라틴아메리카의 주요 기
독교 신학자 중의 한 사람으로서 더욱 혁명적인 입장을 취하는 기독

교 집단에 종교적 정당성을 부여하려고 애써왔다. 그는 성서의 메시지에 호소한다.

기독교인들을 피억압 민족의 해방으로 이끄는 궁극적인 것은 성서의 메시지가 이 부당한 사회와 모순된다는 확신이다. 그들은 행동하지 않으면 진정한 기독교인이 될 수 없다는 것을 분명히 안다.[7-21]

구티에레스는 평화의 왕국에 대한 예언적 약속과 함께 창조와 구원에 대한 성서적 상징의 맥락에서 혁명을 논한다. 그는 이러한 관점에서 교회의 적극적인 혁명 참여에 대하여 논증한다.

라틴아메리카에서 교회는 대륙 전체에서 일어나는 혁명 속에 자신이 존재하고 있으며, 이 땅에서 다양한 방법으로 폭력이 일어나고 있다는 점을 알아야 한다. 기독교 공동체가 속해 있는 세상은 사회혁명 속에 있다. 교회의 사명은 그런 맥락 속에서 달성되어야 한다. 교회에 그 외의 다른 길은 없다. 의식적으로나 무의식적으로도 수많은 방식으로 교회가 관계를 맺고 있는 부당한 질서와 완전히 결별하는 것, 그리고 솔직담백하게 새로운 사회에 이바지하는 것, 오로지 이를 통해서만이 라틴아메리카 사람들로 하여금 교회가 담지하고 있는 사랑의 메시지를 믿게 할 수 있을 것이다.[7-22]

프레이리는 혁명의 대의를 신봉하는 기독교인들을 예찬한다. 그의 글 곳곳에서 프레이리는 정치 운동에 투신하다가 마침내 게릴라로서 죽임을 당한 콜롬비아의 사회학자이자 신부인 토레스Camilo Torres

의 사례를 언급한다. 토레스는 진지한 실천을 통해 해방 이론이 정통 기독교의 가치와 부합함을 명확히 하고자 했으며, 콜롬비아의 가톨릭이 혁명에 동참할 도덕적 책임을 가진다고 말했다. 프레이리는 신부이자 기독교도이자 혁명가로서 민중에 대한 토레스의 헌신성에 경의를 표했다. 토레스는 게릴라 신부이자 따뜻한 심성의 소유자로 회자되는 인물이다.[7-23]

혁명 이론과 전략

앞서 말했듯이 프레이리는 혁명 활동에 직접적으로 관여한 바가 없다. 프레이리는 브라질과 칠레에서의 교육 경험을 통해 혁명에 관한 통찰력을 얻었다고 말한다. 혁명에 관해 프레이리가 참조하는 이론적 바탕은 광범위하다. 프레이리는 마오쩌둥과 마르쿠제, 파농, 드브레Regis Debray, 게바라, 마르크스, 레닌, 카스트로 등의 저서를 인용한다.

정치 혁명에 관한 프레이리의 이론은 『페다고지』에 명시된 주제들에 바탕을 두고 있다. 프레이리는 이 책에서 단언한 바를 실천한다. 그는 혁명의 틀을 짜기 위한 교육 주제를 가져온다. 프레이리는 피억압자들이 일단 자유로워지면 아류 억압자 단계를 밟는다고 하는데, 이는 그들이 스스로를 억압받는 계급으로 인식하지 않기 때문이다. 억압의 원인에 대한 지식은 지도자와 민중 모두에게 필수적인데, 그로부터 교육의 필요성이 부각된다. 피억압자들은 억압은 그들이 극복할 수 있는 한계 상황으로 봐야 한다. 어떤 단계에서든 혁명은 피억압자와의 대화와 친교를 품어야 한다. 필요하다면 폭력을 써서라도 지배계급을 축출해야 한다. 프레이리는 억압계급 가운데 일부는 계급 자살[7-24]을 감행한 뒤 피억압자들과 함께할 수 있다고 보았다. 혁명의 전체 그림은 문화 혁명, 사회 내에서 부단한 대화를 통해 집단을 의식화하는 작업, 민중과 함께 혁명 지도자들을 조직할 필요성을 포함한다.

『페다고지』에서도 언급되고 있지만, 프레이리의 혁명 이론과 전략은 다소 순진한 인상을 풍긴다. 프레이리는 매번 특정 사회의 역사적 맥락에 대한 분석 없이 혁명에 관해 논한다. 자신이 관여한 브라질의 상황에 대한 사색 결과를 일반화함으로써, 프레이리는 흡사 십자군 기사처럼 용감하고도 선량한 싸움 뒤에 자신의 이론과 전략을 모든 피억압 민중의 상황으로 일반화하려 한다. 브라질 사회를 『페다고지』에 나오는 억압자와 피억압자의 관계로 단순화함으로써 프레이리는 일반화의 근거를 제시하기는커녕 심지어 그 역사적 상황에 대해서도 공정하게 다루지 않는다.

혁명 토론에 있어 가장 심각한 문제는 교육적 관심사를 혁명 실천의 전면에 내세움으로써 정치 혁명을 교육 사업으로 환원해버리는 것이다. 구체적 정치 현실에 대해서는 주의를 거의 기울이지 않는다. 카스트로나 게바라와 같은 혁명가에 대해 논할 때면 민중과의 친교나 대화에 관한 자신의 개념들과 이들을 연결 짓는다. 그러나 대화를 거부했던 이들의 전술에 대해서는 전혀 비판하지 않는다.

『페다고지』에서는 구체적인 역사적·사회적 상황에 대해 분석하지 않았지만, 다른 곳에서는 1960년대 초반 브라질의 혁명전 상황에 대해 논하였다.[7-25] 그 상황은 쿠데타 아니면 혁명이라는 단 두 개의 가능성을 배태하고 있는 것이었다. 쿠데타가 민주적 참여를 위한 운동에 대한 군부와 엘리트들의 대답이었다. 프레이리가 이 상황을 위해 혁명가의 리더십이 필요하다고 서술했을 때, 그의 권고는 매우 현학적이었다. 이를테면, 혁명가의 지도력은 현실을 알고서, 새로운 현실을 선포하고, 그들 지식의 근거로서 민중과 객관적인 사실에 의존하며, 민중과 친교를 나누어야 한다는 식이었다.

프레이리식 혁명 이론의 근본적인 결함은 "억압"을 부적절하게 다룬다는 점이다. 프레이리에 따르면, "A가 B를 객관적으로 착취하거나 책임 있는 한 사람으로서 자기 긍정을 방해하는 모든 상황은 일종의 억압이다."[7-26] 더욱이 그는 "그것이 좀 더 온전한 인간이 되기 위한 존재론적 소명을 방해할 때" 그런 행위를 억압적인 것으로 기술한다.[7-27] 프레이리에게 억압으로부터 해방되기 위한 목적은 인간화이다. 사람을 마치 물건처럼 다루기 때문에 억압은 항상 폭력적인 행위이다.

프레이리에게 억압의 문제는 비인간화의 문제로 환원된다. 프레이리는 인간이 된다는 의미에 관한 어떤 직관적 개념을 언급하곤 한다. 프레이리는 자신의 철학에서 관념론과 주관주의에 대항하여 자신을 방어하려고 애쓰지만, 그는 이 문제를 피력하는 자신의 글에서 "순진한" 표현이 있음을 인정한다. 그러나 인간의 자기 긍정이나 인간화에 대한 자신의 범주를 언급하지 않음으로 인해 억압에 대한 그의 진술은 추상적일뿐더러 위험하기까지 하다. 우리가 착취에 대한 객관적인 기준을 설정하지 않으면, 억압적인 것이 뭔가를 결정하는 것은 각 개인이나 집단의 판단 몫이 된다. 프레이리는 물론 이것을 인정하지 않을 것이다. 그는 자신의 교육학을 통해 피억압자들이 그들의 지도자들과 함께 현실을 있는 그대로 직관하게 될 것이라 확신한다. 객관적인 착취에 대한 프레이리의 정의는 위험천만하게도 한나 아렌트 Hannah Arendt가 비판한 객관적인 적the objective enemy 개념에 가깝다.

독재의 비밀경찰과 전체주의 비밀경찰의 가장 큰 차이는 "의심스러운 적suspect enemy"과 "객관적인 적"의 차이이다. 후자는 그 적을 전복하고자 하는 개인의 욕구에 의해서가 아니라 정부 정책에 의해 규정된다.[7-28]

프레이리는 제3세계 내의 오직 하나의 관계에 대해 서술하는데, 그것은 억압과 복종의 관계이다. 말할 것도 없이 거기엔 다른 많은 관계가 존재한다. 심지어 산업기술이 더 발전된 국가들에 대해서도 프레이리는 오직 억압-피억압의 관계로만 생각한다. 이들 사회에서 억압자들은 대중을 조종하거나 중우사회mass society를 만들어내기 위해 테크놀로지를 좌지우지 하는 자들이다. 프레이리는 테크놀로지 자체를 비난하지는 않는다. 다만 그 해로운 영향을 비판할 뿐이다. 프레이리가 테크놀로지를 논하는 범위는 그리 넓지 않다. 인간과 테크놀로지에 관해 토론할 때 프레이리는 자신의 통상적 이론 틀인 종속-복종-억압에 의존한다.[7-29]

오직 한 유형의 관계로 사람들을 바라보는 프레이리의 경향성은 자신의 혁명 교육학을 적용하기 어렵게 만든다. 그의 저작에서 문화적인 것과 사회적인 것, 정치적인 것, 종교적인 것들은 구별되지 않는다. 프레이리가 『페다고지』에서 그렇게 하는 것은 이해가 간다. 거기서 그는 어떤 구체적인 역사나 문화적 맥락에 자신의 혁명 이론의 근거를 두는 데 실패했기 때문이다. 혁명적 교육학의 일반적인 이론을 주조함에 있어 그는 억압 개념과 자신의 교육 프로그램을 지나칠 정도로 단순화한다. 그는 이 작업에서 구체적 사회·경제 상황에 따라 혁명이 다르다는 것을 알지 못하는 것 같다. 자신의 혁명 이론을 구체적인 역사 상황에 연결 짓는 것에 실패한 탓에 그의 이론은 다소 추상적으로 되었다. 그의 이론은 이러한 점들을 중요하게 생각하여 혁명을 규정한 존슨Johnson이나 아렌트와 구별된다.[7-30] 추상적인 것에 의존하는 이러한 경향성은 또한 자신의 혁명 이론을 적용하기 힘들게 만든다.

프레이리는 혁명 실천의 "대화적 속성"을 강조한 것을 자신의 혁명 이론에서 주된 공로로 간주한다. 그는 혁명 과정의 모든 순간마다 지도자들이 항상 민중들과 부단한 대화적 관계 속에 있어야 한다고 믿는다. 사실상 그는 "대화적" 교육과 문제 제기식 교육 경험을 혁명 실천에 관한 책을 집필하기 위한 필수적 경험으로 지적한다. 『페다고지』는 혁명에서 뚜렷하게 드러나는 교육적 성격을 옹호하기 위해 쓴 것이다. 프레이리는 다음과 같이 주장한다.

> 비판적이고 해방적인 대화는 실천을 담보하는데 이는 해방을 위해 벌이는 모든 투쟁 단계에서 억압받는 사람들과 함께 추진되어야 한다. 이 대화의 내용은 역사적 조건과 그들이 현실을 지각할 수 있는 수준에 따라 다양할 수 있고 또 다양해야 한다.[7-31]

혁명의 대화적 속성에 대한 프레이리의 지침은 그의 글에서 보듯이 다소 제한적인 것이다. 대등한 관계에서의 대화가 유보되어야 하는 몇 가지 사례들을 지적하고 나니, 그의 이론에서 혁명의 대화적 속성은 거의 사라지고 만다. 프레이리는 자신의 영웅 체 게바라를 대화적 혁명 실천의 옹호자로 추대하는 데 큰 곤혹을 치렀다. 그 혁명 지도자의 다음과 같은 말을 인용한다.

> 불신: 처음에는 너의 그림자도 믿지 마라. 우호적인 농민이나 정보 제공자 또는 접선 대상을 절대 믿지 마라. 어떤 지역이 완전히 해방되기 전에는 어떤 것도 어느 누구도 믿지 마라.[7-32]

게바라가 해방이 이루어진 뒤 민중들과의 친교를 옹호한 것은 사실이다. 하지만 그렇다고 해서 프레이리의 생각처럼 혁명의 모든 단계에서 민중들과의 대화를 게바라가 옹호하고 있다고 보기는 어렵다. 프레이리는 한편으로는 이 게릴라 지도자의 현실주의를 칭송하면서도, 게바라를 자신의 이론인 대화적 혁명을 실천한 전범으로 만들려고 애쓰고 있다. 그러나 이것은 불가능해 보인다. 게바라가 피억압 민중의 양면성을 불신하며 그들과의 대화를 거부한 것을 프레이리가 찬미한다면, 혁명 실천에 관한 자기 이론의 진수가 근본적으로 대화적이라는 것을 부정하는 꼴이 돼버린다.

프레이리는 다른 수많은 예에서도 자신의 혁명에 대한 대화 이론에서 타협을 꾀한다. 그는 혁명가들이 한때 억압자였던 사람들과 대화를 나눌 필요성을 부정한다. 그는 집단의 응집력과 훈육을 유지하려는 목적으로 혁명 대오에서 이탈한 변절자들을 벌하라는 게바라의 훈계에 동의한다. 프레이리는 혁명의 필연성을 받아들일 준비가 되어 있지 않은 자들에 대한 게바라의 불관용에 동의한다. 그는 혁명에 대하여 삶을 사랑하고 창조하는 것에 비유한다.

"삶을 창조하기 위해, 그것(혁명)은 어떤 사람들에 대하여 삶을 에두르지 못하도록 할 의무가 있다."[7-33]

『페다고지』에서 프레이리는 혁명에 대한 기존 관점에 맞서 혁명의 대화적 속성에 관한 자신의 이론을 애써 강변한다. 그러나 그러한 노력은 실패로 판명나기 마련이다. 혁명 이론가 드브레가 지적하듯이, 혁명을 주조하는 것은 사상의 자유로운 표현을 통해 진리에 다다르기 위한 수평적인 대화를 배제하는 것처럼 보인다.[7-34] 혁명 실천에 관한 경험이 없는 교육자 프레이리는 자유로운 교육의 과정이 혁명 주조에서 할 수 있는 역할을 과장했다.

이러한 과장은 더욱 근본적인 문제, 즉 대화를 통한 교육에 대한 그의 부적절한 평가에서 연유한다. 요컨대 프레이리는 대화를 통해 민중들이 객관적 현실을 볼 수 있게 된다는 것을 믿는다. 이 과정에서 그들은 진실로 억압적인 무엇을 청산denounce하는 동시에 새로운 비억압적인 현실을 선언announce 또는 포고proclaim한다. 이 새로운 현실을 선언함으로써 그들은 그 구체적인 실현을 위한 노정에 이미 참여하게 된다. 프레이리는 그러한 대화적 교육에 참여한 민중에게 완전한 자유가 보장되어야 한다고 확신한다. 객관적 현실이 존재할진대, 교육을 통해 모두가 필연적으로 그것을 인식하게 되리라는 것이 프레이리의 철학적 입장이다. 그러나 이 돈키호테 같은 관점은 현실의 복잡한 속성이나 그것을 바라보는 인간의 인식 능력을 냉철하게 다루는 데 실패하고 만다. 그러한 입장 속에는 상대주의나 다원주의와 같은 세계관이 자리할 여지가 없다.

또한 프레이리는 혁명 이론에 관한 많은 저술가들이 그러하듯이 혁명의 과정과 전략에 대한 서술에 있어 다소 모호하다. 그의 입장에서 혁명적 지도력은 어떤 식으로든 사회 내의 지배계급에 속한 사람들로 구성되는 법이다. 위선적인 지도자들은 변증법적 실천 과정에서 본성이 드러난다. 지도자들은 스스로를 민중과 조직할 수 있다. 프레이리는 혁명이 어떻게 일어나는지에 대한 구체적인 상을 갖고 있지 않음을 인정한다.

> 예정된 후속 계획 대신에 지도자와 민중은 서로 한마음이 되어 그들 행위의 지침을 함께 만든다. 이러한 종합synthesis을 통해 지도자와 민중은 새로운 지식과 새로운 행위 속에서 거듭난다.[7-35]

결론

프레이리 이론에서 가장 취약한 부분은 정치 혁명 이론이다. 이는 그가 직접적으로 관여한 바가 없는 사항이라는 점에서 어느 정도 이해가 갈 법한 문제이다. 후속 저작물에서 그는 혁명 실천에 관해 자세히 논했는데, 특히 마르크스주의에 관해 매우 추상적이고 이론적인 수준에서 다루었다.

7-1. Paulo Freire, *Pedagogy of the Oppressed*. New York: Continuum, 1970, p. 24.

7-2. Paulo Freire, *Pedagogy*, p. 24.

7-3. Francisco Weffort. "Education and Politics", Introduction to Paulo Freire, *Educacao como pratica da libertade*. Cambridge, Mass.: Center for the Study of Development and Social Change, 1969, p. 11.

7-4. Francisco Weffort. "Education and Politics", p. 11.

7-5. Ibid., p. 9.

7-6. Ibid., p. 29.

7-7. John Egerton, "Searching for Freire", *Saturday Review of Education*, Vol. 1, No. 3, 1973, p. 34.

7-8. Ibid., p. 35.

7-9. Ira Shor and Paulo Freire, *A Pedagogy for Liberation*. South Hadley, Mass.: Bergin and Harvey, 1987.

7-10. Hanna Arendt, *On Revolution*. New York: Viking Press, 1963; Crane Brinton. *The Anatomy of Revolution*. New York: Random House, 1965.

7-11. Francois Houtart and Antoine Rousseau, *The Church and Revolution*. New York: Orbis Books, 1971.

7-12. Paulo Freire, *Pedagogy*, pp. 136-137.

7-13. Ibid., p. 77.

7-14. Paulo Freire, "A Letter to a Theology Student." *Catholic Mind*, Vol. LXX, No.1265, 1972, p. 7.

7-15. Ibid., p. 7.

7-16. Paulo Freire, "The Educational Role of the Churches in Latin America." Washington, D. C.: LADOC, 3, 14, 1972.

7-17. Ibid., p. 3.

7-18. Ibid., p. 12.

7-19. Ibid., p. 4.

7-20. Ibid., p. 12

7-21. Gustavo Gutierrez, *A Theology of Liberation*, New York: Orebis, 1973, p. 72.

7-22. Ibid., pp. 76-77.

7-23. Paulo Freire, *Pedagogy*, pp. 162, 171.

7-24. [옮긴이 주] 계급자살(class suicide)은 지배계급의 일원이 억압 사회의 모순을 뼈저리게 절감한 뒤 자기계급의 기득권을 버리고 피억압 민중을 위해 복무하려는 계급적 환골탈태를 뜻한다. 계급자살은 기니비사우의 민족해방 운동가 아밀카르 카브랄(Amilcar Cabral)의 개념인데, 프레이리는 기니비사우의 혁명 운동 진영에서 복무하면서 카브랄의 영향을 많이 받았다. 신약성서 '한 알의 밀' 메타포를 연상케 하는 이 개념은 프레이리의 부활절(Easter) 개념과 일맥상통한다.

7-25. Paulo Freire, *Cultural Action for Freedom*, Cambridge, Mass.: Havard Educational Review and Center for the Study of Development and Social

Change, 1970; *The Politics of Education*, pp. 80-81.

7-26. Paulo Freire, *Pedagogy*, p. 40.

7-27. Ibid., 40-41.

7-28. Hannah Arendt, *The Origins of Totalitarianism*. New York: Meridien Books, 1967, p. 423.

7-29. Paulo Freire, *Pedagogy*, pp. 49-50.

7-30. Chambers Johnson, *Revolutionary Change*, Boston: Little, Brown and Co., 1966; Hannah Arendt, *On Revolution*.

7-31. Paulo Freire, *Pedagogy*, p. 171.

7-32. Che Guevara cited in Freire, *Pedagogy*, p. 169.

7-33. Paulo Freire, *Pedagogy*, p. 171.

7-34. Regis Debray. *Revolution in the Revolution*, New York: Grove Press, 1967, pp. 56, 111.

7-35. Paulo Freire, *Pedagogy*, p. 138.

제8장

은행 저축식 교육에 대한
근본적 비판

파울로 프레이리는 교육의 여러 측면에서 교육과 관련된 혁명의 교육학 창시자로 인정받는다. 그는 제3세계와 선진국 모두에서 교육 이론과 실천에 대한 그의 비판으로 주목받아왔다. 그는 전통적 문해 교육에서 사용되던 방법에 대한 비판에 많은 부분을 집중하고 있다. 그의 비판은 은행 저축식 교육을 향한 공격에 맞추어져 있다.

프레이리의 비판은 교육의 여러 분야에 영향을 미쳤다. 문해 교육자들은 그의 생각을 성인들에게 기본적인 읽기 쓰기 기술을 가르치는 전통적인 방법에 대한 도전으로 이해했다. 많은 영역에서 그들의 방식을 재검토할 것을 요구할 뿐 아니라, 교육과 문화, 사회 그리고 정치 사이의 관계에 대한 그들의 이해 방식에 문제를 제기하는 요구였다. 마찬가지로, 프레이리는 전통적 교회 교육이 가진 길들이기 특성에 익숙한 종교 교육자들에게 영향을 미쳤다. 프레이리 저작의 영향을 받은 그들은 정치와 사회 변혁을 위한 교육을 발전시킬 필요가 있었다. 심지어 학교교육에 관심을 주로 가진 교육자들조차도 그의 저작에서 제도 교육의 맥락 속에서 제기될 수도 있는 질문들을 발견하였다.

세계의 여러 곳에서 프레이리는 교육에 대한 비판에 영감을 계속 주는 최고의 영향력을 발휘하였다. 영어권의 많은 교육자들은 교육이 무엇을 해왔는지에 대하여 인상적인 질문을 제기하는 그의 사상에 대해 많은 기대를 걸었다. 지루Henri Giroux와 쇼Ira Shor 같은 비판적 이론가들은 자신들이 제시한 제1세계에서 교육 비판과 유사한 점을 프레이리에게서 많이 찾아냈다. 자본주의와 사회주의 국가 모두가 지닌 학교교육에 관한 심각한 문제 제기를 하는 데 있어 프레이리의 저작은 그들에게 많은 영감을 주었다.

이번 장에서는 프레이리의 전통적 교육에 대한 비판을 소개할 것이다. 교육 이론과 실천에 대한 그의 적극적인 제안을 검토하기에 앞서 전통적 교육의 잘못에 대한 프레이리의 의견에 초점을 맞추는 일이 무엇보다 중요하다. 물론, 프레이리가 갖고 있는 가치관은 그의 비판에 깔려 있다.

프레이리의 교육 비판에는 다양한 근거 자료가 동원되고 있다. 프레이리가 갖고 있는 독특한 사회정치 철학과 브라질과 세계 다른 나라에서의 성인교육자로서 그의 경험이 바로 그렇다. 그의 비판에 담겨 있는 중요한 한 가지 영역은 종교와 교육 사이의 관계에 대한 검토이다.

종교적·교육적 비판

프레이리의 기초적 가정 가운데 몇 가지는 그의 독특한 종교적 관점과 교육을 사회 속에서 형성하는 데 있어 종교가 하는 역할에 대한 그의 분석에서 나온 것이다. 비록 교육에 대한 그의 비판이 순수하게 세속적 용어라고 하더라도 때때로 종교적 이해에 바탕을 두고 있다. 프레이리는 사회 안에 교육에 영향을 주는 다양한 종교적 관점이 있다는 것을 자각하고 있다. 그는 자신의 독특한 종교적 관점으로서 예언자적 관점이 올바르고, 이를 통해 교육에 대한 올바른 관점을 가질 수 있다고 자신 있게 주장한다.

프레이리가 종교와 교육 사이의 관계에 대하여 가장 완벽하게 이야기한 것은 「라틴아메리카에서 교회의 교육적 역할」이다. 그것은 1972년에 처음으로 출간한 논문이다.[8-1] 같은 주제를 이해하는 데 도움이 되는 논문은 「교육, 자유 그리고 교회」이다. 그것은 『교육의 정치학』이라는 이름으로 재출간되었다.[8-2] 이전 프레이리의 논문은 종교의 세 가지 관점을 기술하였고, 그 각각의 관점이 연결되는 교육의 형태를 비교하였다.

전통주의자의 종교적 관점과 그에 기초한 교육의 전통적 관점은 내세의 삶을 강조한다. 그것은 사람들로 하여금 세속을 거치지 않고 초월성에 도달하라고 촉구하는 종교적 관점이다. 이러한 형태의 종교는 닫힌사회를 조장한다. 이 상태가 억압의 상황이라면 기득권을 유지하는 수단이 된다. 프레이리는 전통적 종교기관을 식민적 교회와 선교적 교회로 분류하였다. 이러한 종교적 관점에서 보면 인간의 활동은 그것 자체로 가치 있는 것이 아니라, 오로지 천국을 얻는 수단으로서 중요한 것이다. 전통적 종교를 지지하는 사람은 세계에 대해 부정적 태도를 보이며, 그것을 죄악, 악덕 그리고 불결함의 장소로 본다. 이러한 종교적 입장은 피억압자들의 문제를 다루지 않고, 그들이 초월적 목표를 향하도록 유도한다. 이러한 종교적 형태를 설파하는 교회들은 대중의 안식처가 된다. 이러한 교회들은 지배계급의 이익과 보조를 같이 한다. 이러한 비판을 보노라면 사회에서 종교가 가진 보수적 권력에 대한 마르크스의 비판으로부터 프레이리가 어떠한 영향을 받았는지가 쉽게 이해된다.

프레이리에 따르면, 전통적 종교는 독특한 형태의 교육과 관련을 맺는다. 이러한 전통적 종교의 관점은 "필연적으로 무력하게 만들고, 소외당하고 소외시키는" 교육을 고취하는 세계, 종교, 인류, 인간의 운명에 대한 개념을 가지고 있다.[8-3] 이런 식의 교육은 개인들로 하여금 변화를 가져올 수 있는 그들의 잠재력을 알지 못하게 한다. 그러므로 그것은 사회가 진정으로 관심을 가져야 하는 문제로부터 동떨어진 교육을 하는 것이나 다름없다. 즉, 그것은 개인과 사회의 성장을 위한 진정한 가능성으로부터 개인을 멀어지게 하는 교육이다. 프레이리에 따르면, 교육의 은행 저축식 모델은 이러한 유형의 상황에 많이 적용되고 있다(본 장에서 더 길게 다룰 것이지만). 프레이리의 관점에서 볼 때, 오직 의식화의 방법 또는 활동에 대한 비판적 성찰의 방법을 통해서만 인간을 이런 교육의 형태를 발휘하는 권력으로부터 자유롭게 할 수 있다.

또한 종교에 대해 비판적인 프레이리의 두 번째 견해는 '근대화 관점'에 대한 것이다. 프레이리는 라틴아메리카의 많은 나라에서 종교가 근대화의 방향으로 진행되었다고 본다. 근대화는 주로 경제 발전에 주목한다. 산업화는 사회를 전통으로부터 현대 문화로 변화시켜온 요소였다. 전통적 종교가 농경 지역에서 흔히 존재하였지만, 근대적 종교는 근대화, 산업화, 그리고 경제 발달이 가장 높았던 도시에서 발전하였다. 좀 더 효율성을 추구하고 좀 더 관료적인 것을 시도하는 이러한 과정은 교회에 영향력을 미쳤다. 근대화된 교회는 그들의 몇 가지 실천을 변화시키고, 몇 가지 교리적인 입장을 수정하여 말하며, 사회적·정치적·경제적 질서 안에서 발생된 문제에 좀 더 많은 개입을 한다. 그러나 프레이리에 따르면, 이 교회들은 사회의 재구성에 필요한 근본적 변화만을 일으키는 데 있어 적절하지 않은 어정쩡한 조치를 취하는 데 머무를 뿐이다. 이러한 교회들은 여전히 엘리트 권력에 헌신하고 있다. 그들은 '가난하거나 경제적으로 혜택을 못 받는 사람들'에 대하여 말을 할지도 모르나 '피억압자들'의 편은 아니다. 왜냐하면, 피억압자라는 용어는 고통받는 사람들의 상황에 대하여 제도와 개인 모두에게 책임을 묻는 관점에서 상황을 설명하려고 시도하기 때문이다.

근대적 종교 또한 교육에 대한 독특한 관점을 가지고 있다. 근대적 종교가 해방 교육에 대해 말을 하고는 있지만, 절실히 요청되는 과감한 사회 개혁보다는 오로지 교육 기술의 변화와 개인의 변화만을 옹호하고 있다. 이러한 종류의 교육은 "학생들을 칠판, 고정된 수업, 교과서 위주의 수업에서 해방시키고, 그들에게 영사기와 다른 시청각 부품, 좀 더 역동적인 수업과 새로운 기술과 전문적인 수업기술을 제공하는 것," 그 이상은 아닌 것이다.[8-4] 이러한 프레이리의 해방 교육에 대한 설명은 근대적 종교보다는 더 수동적인 것처럼 보이게 한다. 왜냐하면, 근대적 종교는 순수하게 신앙만을 말하는 교회나 종교적 문제를 뛰어넘어 사회 안의 문제에 대해 더 정치적인 접근을 하기 때문이다.

프레이리가 선호하는 종교는 '예언자적' 종교이다. 그것은 피지배계급을 해방시키는 데 전념하며, 급진적 방식으로 사회의 변혁을 추구한다. 그는 이러한 형태의 종교들을 받아들인 교회가 라틴아메리카에서 나타났다고 주장한다. 이러한 유토피아를 꿈꾸는 희망을 가진 운동은 엘리트들의 권력으로 뭉쳐진 연결고리를 끊었다. 예언자적 교회는 세속의 해방에 헌신을 하였다. 그렇게 하는 것이 초월과 구원에 대한 그들의 생각이었다. 이런 교회들은 사회구조에 대한 비판적 분석을 제공함으로써 과감하게 예언자가 되도록 시도하였다. 그들은 구원을 좀 더 세속적인 용어로 정의했다. 이러한 종교의 관점은 예언자적 종교를 지지하는 많은 사람들에게 때로는 폭력혁명의 필요성을 인정하는 것을 수반하였다. 이러한 형태의 종교는 구성원들을 새로운 탈출이나 억압을 벗어난 해방의 길로 인도한다. 그러한 교회의 신학은 해방신학이다. 해방신학은 종속되어 있고, 착취당하며, 억압받고 있는 상황을 이야기한다.

다른 형태의 종교와 같이 예언자적 종교는 예언자와 해방을 불러올 수 있는 교육의 형태와 관련이 있다. 종교, 교회, 신학에 부합하는 이런 관점을 갖는 교육은 "영원한 인간 해방에 이바지하는 정치적 실천과 변혁적 실천의 도구임에 틀림이 없다."[8-5] 프레이리는 교육의 예언자적 관점에 대해 아래와 같은 주장을 펼쳤다.

> 예언자적 관점에서 볼 때 그런 교육의 형태는 교육이 일어나는 특정 지역에서 별 차이가 없다. 그것은 항상 교사-학생, 학생-교사가 활동에 참여함으로써 하나가 되며 함께 배우는, 구체적인 맥락을 명확하게 하기 위한 노력일 것이다. 그것은 항상 미신을 깨트리는 실천일 것이다.[8-6]

전통적 교육으로부터 예언자적 교육을 구별해내는 일은 후자가 사회 안에서 억압을 조장하는 사회구조에 대해 시시비비를 가리고, 이러한 구조에 근본적이고 객관적인 변화를 가져오기 위한 정치적 프로그램에 참여함으로써 가능하다. 예언자적 교육은 이처럼 사람들에 대한 억압을 유지하는 형식을 처리하는 구체적인 활동에 사람들을 참여시키는 데 관심을 갖는다.

프레이리는 세계교회협의회에서 상담자로 활동하면서 자신의 신학과 교육 이론 사이에 존재하는 유대관계를 더욱 완전하게 진전시켰다. 해방신학을 깊이 공부할수록 그는 점점 더 해방신학과 자신의 교육 이론 사이에 연결점이 분명히 있다는 것을 알게 되었다. 정말 해방신학이 전통신학에 대한 비판을 포괄하는 것처럼, 프레이리의 해방의 교육학은 전통적 교육에 대한 비판을 포괄하고 있다.

프레이리의 교육 비판은 교육 이론가들 사이에서는 대체로 알기 어려운 요소에 주목을 하고 있다. 즉, 특정 국가에서의 종교 문화의 힘과 교육을 형성하는 제도가 그것이다. 프레이리의 교육적 관점은 종교적 가치가 교육에서 주요한 역할을 하는 나라에서 발전을 하였다. 부분적이기는 하지만, 이러한 사정으로 프레이리는 이 문제에 대해 특별한 감수성을 가진 것 같다.

프레이리는 자신의 교육 비판과 종교적 관점에 대한 제안을 확실히 연결시키고 있다. 그는 예언자의 전통에 호소하면서 많은 사상가들이 인간의 근본적인 권리를 위해 강력하게 주장하기 위해 근거로 삼았던 성경의 자료를 이용하였다. 역사상 다양한 시기에 많은 개혁가들이 그렇게 호소하였다. 그런데 그는 자신을 예언자로서 설정하는 것에 심각한 딜레마에 봉착하고 있다. 하나님의 말씀을 전하고 있다고 확신시키는 것은 엄청난 부담이다. 거짓된 예언자와 참된 예언자를 구별하는 것은 항상 어렵다. 우리는 예언자의 사명을 하겠다고 나서는 사람을 주의해야 하며, 영감을 불러오는 생각이 반드시 인간을 향상으로 이끄는 것은 아니다.

그러므로 프레이리를 대하면서 그가 너무도 자주 예언자의 언어와 자세를 취한다는 사실을 인식하는 것이 중요하다. 예언자들은 주장과 이슈에 대한 판단을 하지만, 자주 토론하거나 근거를 제시하지는 않는다. 프레이리는 예언자처럼 종종 그의 입장에 대한 논거를 제공하지 않고, 권위적인 방법으로 말하거나 글을 쓴다. 그는 종종 흑백논리로 문제를 보기도 한다. 그래서 그의 저작은 종종 이분법으로 구성되어 있곤 하다. 종종 그의 글 쓰는 방식은 설교적이거나 훈계적이다. 때때로 그는 성서 속의 예언자를 상기시킨다는 비난을 확인시켜주는 분위기를 물씬 풍기기도 한다.

프레이리의 예언자 같은 발언이 지닌 문제점에도 불구하고, 우리가 교육 실천과 이론에 대한 그의 비판에 주목하는 것은 중요하다. 프레이리의 교육 비판을 체계화하기 위하여 나는 세 가지 중요한 문제에 대한 격렬한 비판을 정리할 것이다. 즉, 자유, 평등 그리고 우애가 그것이다. 많은 정치적 개혁가들과 혁명가들이 외친 이들 개념은 종교적 뿌리를 가지고 있다. 비록 이들의 원리들이 종종 종교 집단과 제도에 의해 훼손되기도 하지만 말이다. 프레이리는 자신이 계속 헌신하였던 가톨릭 복음에 따라 하느님의 딸과 아들로서 그들을 노예로 만들려는 교회와 속세의 모든 시도에 대항하여 자유를 누리는 것이 중요하다는 점을 강조하였다. 사람을 차별적으로 대하지 않는 신 앞의 평등은 종교 문헌에 암시되어 있거나 명확하게 발견할 수 있는 가치이다. 비록 때때로 종교가 계급과 카스트를 정당화하지만 말이다. 끝으로 박애, 자기성찰, 또는 동료애는 종교 집단들의 특성을 가장 잘 드러내는 자기주장들이며, 그들의 내면적 생활을 묘사하는 한편, 특정한 종교적 헌신과 공동체의 가치를 다른 사람들에게 증언한다.

자유에 대한 요청

프레이리의 교육 비판은 자유의 이름으로 이루어지며, 그것은 피억압자를 위한 자유, 그리고 억압적이고 교활한 형태의 교육으로부터 자유를 의미한다. 프레이리에게 있어 자유, 해방, 권한 부여 등 자유 및 그것과 관련된 단어보다 더 자주 떠올리는 발상은 없다. 그의 피억압자의 교육학은 또한 자유를 위한 교육학으로 불리기도 한다. 이것은 급진적이거나 혁명적인 교육자로부터 들을 수 있는 종류의 언어이다.

일찍이 성인 문해 교육자로 활동하면서, 많은 개인들이 자유에 대해 상당히 두려워한다는 것을 프레이리는 알게 되었다. 자유에 따르는 위험을 감수해야 하고, 다른 사람들의 통제 아래 들어가 얻는 안정감으로 쉽사리 도피하지 않는 용기를 가져야 한다는 점을 그는 깨달았다. 오로지 진정한 인간화를 위해 자신이 원하는 대로 또는 되어야 한다고 생각하는 대로 될 수 있는 개인의 자유가 있어야 한다. 자유는 선물이 아니라 싸워서 얻는 것이라고 인식하는 프레이리는 다음과 같이 주장한다.

> (자유는) 끊임없이, 책임감 있게 추구되어야 한다. 자유는 인간의 밖에 위치한 관념이 아니라 신화가 된 생각도 또한 아니다. 그것은 인간화를 추구하면서 절대로 빼놓을 수 없는 조건이다.[8-7]

프레이리에 따르면, 자유를 누리기 위해서는 그들의 삶에 존재하는 제한된 상황과 모순을 인식하고, 그것들을 초월하면서 동시에 그것들로부터 자유로워지기 위해 투쟁할 용기가 있어야 한다. 그러므로 프레이리가 가장 관심이 있는 자유는 어떠한 억압의 형태로부터의 자유, 특히 경제적·정치적·문화적 자유이다.

이러한 유형의 자유를 염두에 두고 프레이리는 전통적 교육이 인간의 근본적인 자유를 공격하고 있다는 가정 아래 전통적 교육에 대한 통렬한 비판을 가했다. 그는 이러한 교육을 "은행 저축식 교육"이라고 불렀다. 교육은 "예탁하는 활동으로서, 학생들은 수탁자이고 교사는 예금자"가 되게 하기 때문이다.[8-8] 교육에서 학생들의 유일한 한 가지 역할은 교사가 만든 예금을 받아서 쌓아두고 저장하는 것이다. 이러한 형태의 교육에서 잘못된 점은 "학생을 물건을 받는 존재로 변모시키는 것이다. 그것은 생각과 행동을 통제하려고 시도하고, 인간을 세계에 적응하는 데로 이끌고, 인간의 창의적인 힘을 억제한다."[8-9] 은행 저축식 교육은 지배와 억압을 위한 행위이다. 왜냐하면 그것은 학생들이 억압의 세계에 그들 자신을 적응시키도록 주입하고, 그들을 조종하는 권력에 도전하지 않도록 하기 때문이다.

프레이리는 은행 저축식 교육에 대해 반대하면서 해방 교육 또는 문제 제기식 교육을 제안했다. 해방 교육에서 학생들은 탐구할 문제를 진척시키는 데 있어 그들의 교사와 동등한 조건 위에 존재한다. 이러한 교육 이론과 실천에 대한 더 자세한 설명을 다음 장에서 할 것이다.

프레이리의 교육 비판에서 자유가 중요한 이유는 그가 자유를 위한 문화적 활동으로서 교육과정 전체를 기술하고 있는 사실만 보아도 알 수 있다. 이러한 활동은 사람들의 집단이 대화를 통해 그들이 살고 있는 구체적인 상황을 깨닫고, 이러한 상황을 초래한 이유와 그 문제에 대한 해결책까지 알아내는 것을 말한다. 진정성 있는 활동을 하기 위해 참가자들은 교사와 함께 교육과정을 창조할 자유를 누려야 한다.

인간의 자유를 파괴하는 은행 저축식 교육에 대한 프레이리의 분석은 설교 위주, 교사 중심 형태의 모든 교육에 대한 고전적 비판과 유사하다. 그가 내놓은 많은 비판에 위대한 진리가 있다. 교사 중심 그리고 교과서 중심의 교육은 학생들에게 특정한 세계관을 보여줄 뿐이다. 프레이리가 브라질과 다른 곳에 대하여 묘사한 바와 같이, 엄청난 억압의 상황에 처해 있는 이러한 교육의 형태는 사람들로 하여금 지배적 문화의 지위와 가치를 비판 없이 수용하도록 이끌어간다.

프레이리는 교육을 분석하는 데 자유를 위한 교육과 길들이기식 교육이라는 이분법을 적용함으로써 중요한 특징들을 애매모호하게 만들고 있다. 이러한 분석은 문화의 전달을 위한 교육의 약점이나 문제 제기식 교육의 강점 모두를 과장한다. 정도의 문제이기는 하지만 모든 교육은 문화, 전통, 그리고 역사의 전승을 동반한다. 이를 하는 방법은 억압적일 수도 있고 해방적일 수도 있다. 이후에 설명하겠지만, 프레이리는 자신의 교육학에도 있을 수 있는 통제/조종하는 요소에 대해 비판을 충분히 하지 못하였다.

좀 더 균형 잡힌 관점에서 교육을 본다면, 문화의 전승과 문화의 비판이라는 상호 간의 긴장과 변증법적 통일이 작용하고 있음을 알 수 있다. 두 가지 주요한 교육 방식에 대한 논쟁은 적어도 미국에서 한 세기 동안 맹위를 떨쳤다. 다양한 방법에서 프레이리는 존 듀이와 비슷한 관점을 가지고 있다. 듀이는 현재 문제를 다루기 위해 과거의 역사와 문학의 가치보다는 새로운 지식을 더 중요시하였다. 이 논점에 프레이리가 추가한 점은 역사와 문학 같은 과거의 지식이 인간의 의식과 그것의 결과인 인간의 자유에 어떤 영향을 주는지를 분석한 것이다.

평등

프레이리는 미덕 혹은 정의의 개념과 연결하여 평등의 이름으로 교육을 비판하였다. 억압받는 사람들의 투쟁은 자유와 정의 모두를 위한 것이다. 프레이리는 억압자들을 폭력으로 이끌어가는 것과 피억압자들의 비인간화를 가져오는 것은 불공정한 사회의 질서를 유지하기 위하여 내리는 압제자의 결정이라고 결론을 맺는다.[8-10] 계급적 이익을 추구하는 부정의는 죽음, 절망, 빈곤을 가져온다.

프레이리는 부당한 사회적 질서에 대하여 자본주의에 책임이 있다고 명확하게 말하였다. 프레이리는 브라질 사회가 얼마나 서로 다른 계급으로 나뉘어 있는지를 처음으로 깨달았을 때 자신의 충격을 토로한다.[8-11] "수백만 명의 사람들이 배고프고 아무것도 먹지 못할 때 백만장자들은 매우 좋은 삶을 살고 있다." 왜냐하면 프레이리는 그때까지 들은 바대로 신이 이런 불평등을 만들었다는 믿음을 수용할 수 없었기 때문이다. 그래서 그는 이런 상황에 대한 역사적 이유를 연구하기 시작했다. 이것이 프레이리로 하여금 마르크스주의와 경제학을 연구하도록 이끌었다.

프레이리는 사회에 대한 평등주의와 사회주의 사상을 제안하면서, 현대 사회에 존재하고 있는 부, 권력, 지위의 엄청난 불평등을 혹독하게 비판하였다. 비록 이 같은 불평등에 대해 아주 넓은 제3세계 국가의 맥락에서 주로 말하고 있지만, 또한 기술이 진보한 나라에서도 근본적인 불평등이 존재함을 그는 목격했다. 이러한 "선진 사회"의 국민들은 "모든 구조를 초월한 만능의 기술을 오로지 몇몇 특권계층만 사용할 수 있도록 해야 한다."라는 신화를 받아들이고 있었다.[8-12]

프레이리는 전통적 교육 방법을 거부하거나 전통적 교사-학생 간의 관계를 반대하는 데 그치지 않고, 자신의 교육 비판을 "자본주의 체제 그 자체에 대한 비판으로 확장"함을 분명히 한다.[8-13] 프레이리는 사회에서 불평등이 유지되는 요소의 하나로서 불평등한 교육을 정확히 지적한다. 또한 사회에서의 불평등한 관계는 교육계에서 똑같이 나타나고, 특히 교사-학생 관계에서 뚜렷하게 보인다고 주장하는 마르크스주의 분석을 수용한다. 그에게 길들이기 교육의 힘은, 사람들에게 그들이 살고 있는 현실 사회의 진실을 보지 못하게 하고, 따라서 그들이 살고 있는 불평등을 수용하도록 강요하는 것이다. 비록 프레이리의 중요한 초점이 성인교육이라 하더라도 그는 계급 없는 사회의 실현을 막는 중요한 제도 중 하나가 학교라는 결론에 도달했다.

프레이리는 교사-학생의 관계의 불평등에 대하여 무자비한 비판을 가한다. 그것은 사회에서 보이는 억압을 반영한 관계이다. 교사야말로 말을 하고, 모든 것을 알고, 생각하고 행동하고 훈육하며, 내용에 관해 선택하고, 권위를 가지며, 시작을 명하는 주체가 된다. 잘 모르는 학생은 단순한 대상으로 취급되고, 훈육되고, 가르침을 받고 지시에 따라 행동한다. 이러한 모든 방법에서 교사와 학생 사이의 엄청난 간격을 프레이리는 비판한다.

프레이리는 근본적 불평등 개념에 근거를 둔 자신의 교육 비판 때문에 비슷한 비판을 해온 다른 많은 역사가들, 철학자들, 사회학자들의 동료가 되었다. 그의 저작은 급진적인 교육사회학자들과 비견되었고, 그들은 프레이리에 대해 자신들의 입장과 가깝게 생각하였다. 프레이리의 사상은 많은 네오마르크스주의자들의 교육 분석의 개념에 상당한 영향을 주었다.[8-14]

교사와 학생 간의 더욱 평등한 관계를 주장하는 프레이리의 요청과 사회에서 평등을 진전시키자는 프레이리의 주장에 대하여 동일한 종류의 질문을 제기할 수 있다. 그가 대부분 사회에서 불평등의 존재를 지적하고 교육계에서도 그렇다는 것을 지적한 점이 옳다는 데 대해서는 조금도 의심의 여지가 없다. 그렇지만 이러한 상황을 초래하고 그것을 종식시키는 것 모두를 교육의 역할에 두는 것은 좀 과장된 것이라고 할 수 있다. 프레이리는 좀 더 최근의 저서에서 자신의 다른 저서와 『페다고지』에서 그랬던 것보다 교육의 잠재력에 대해 좀 더 복잡 미묘한 태도를 보이는 듯하다.

프레이리는 사회 안에서 일어나는 자본가들의 횡포에 대해서는 민감하게 반응하면서도 사회주의 정권이 지닌 문제에 대해서는 좀처럼 직접적으로 비판하지 않는다. 그의 저작만 읽다 보면 사회주의 사회에서 새로운 남성과 새로운 여성의 개념을 도입하는 것으로서 경제적 분배와 교육적 관계 모두의 불평등이 끝날 것이라는 기대를 하는 것 같다. 그렇게 되었다는 증거는 거의 없는데도 말이다. 사회주의 정권과 그들의 교육제도에서도 똑같은 불평등이 많이 나타나서 고통을 받고 있는 사람들이 많다. 만약 프레이리의 이론이 이 지역에서 예언자의 선언, 무장투쟁에 대한 호소, 그리고 성명서와 같은 것으로 간주된다면 그의 이론은 어느 정도 타당성을 가질 것이다. 진중한 교육 이론과 사회 이론으로 면밀히 살펴보면 프레이리의 이론은 상식에 맞지 않고 입증에 필요한 실증적인 증거를 갖고 있지 못하다.

프레이리의 전통적인 교사-학생의 관계에 대한 설명 또한 과장되거나 한쪽에 치우친 것으로 보인다. 그의 이론대로 논리적 결론을 계속 밀고 나간다면 가르칠 것이 아무것도 없다는 가정에 이르게 되고 교사의 역할은 없어진다. 예언자적 주장을 하는 그의 몇 가지 비판이 진리처럼 들리지만, 그것들은 철저한 검증을 견뎌내지 못하고 있다. 일부 지역에서는 조력자가 학생들을 좀 건드려주기만 해도 배움이 일어날 정도의 지식을 소유하고 있지만, 대부분의 지역에서는 시험이나 주의 깊은 가르침이 필요한 것이다.

박애

마지막으로 프레이리의 교육 비판은 박애의 이름 아래 행해졌다. 이 용어는 사회 안에서 사람 사이에 존재해야 하는 관계의 질을 포함한다. 박애는 사회적 존중의 명확한 평등을 나타내며, 노예처럼 복종하는 관습의 철폐, 시민적 우애와 사회적 연대의식에 대한 감수성을 의미한다.[8-15] 박애라는 이상은 감수성과 감정이 결합된 상태와 관련이 있다. 진정한 박애는 사회의 제도들이 시민의 사회적 삶을 풍요롭게 할 때 사회 안에서 존재한다. 박애의 요구는 자유와 평등의 요구로부터 쉽게 따로 떼어놓을 수 없다.

프레이리가 박애의 이상을 표현하기 위해 사용한 단어는 교감 communion이다. 이는 기독교 신앙 안에서 깊은 종교적 의미를 가지고 있으며, 기독교의 영성 그리고 초대 교회와의 상징적 결합, 기독교의 신도들 사이의 영적 결합을 의미한다. 그러므로 프레이리에게 박애적 연대는 본질적으로 종교적·정치적·교육적 구원 또는 해방이다. 그는 자신의 저작에서 그 비유를 다음과 같이 인용한다.

인간은 그들이 올바르게 고치고자 원하는 어떤 일에 대해 협동하고 공동체를 만드는 가운데 자신을 자유롭게 할 수 있을 뿐이다. 거기에는 다음과 같이 논리적으로 유사한 신학적 비유가 있다. 즉, 어떤 사람도 다른 이를 구원할 수 없으며 홀로 스스로를 철저하게 구원할 수 없다. 왜냐하면 단지 교감 속에서만 우리 자신을 구원할 수 있을 뿐, 우리 스스로는 우리 자신들을 구원할 수 없기 때문이다.[8-16]

프레이리에 따르면 브라질에서의 교육적 박애 또는 교감은 반-민주주의적 사고방식을 조장하고 강화시킨 엄격한 권위주의적 삶의 구조 때문에 위험에 처해 있었다.[8-17] 그가 주장하듯 브라질의 전통은 학생들과 '함께' 일하는 것이 아니라 그들 '위에서' 일하는 것이었다.[8-18] 브라질의 민주개혁의 노력이 실패한 데 대하여 프레이리는 브라질 사회에 존재하는 관계의 형태를 비판하며, 특히 프레이레Gilbert Freyre에 의해 분석된 주인-노예 관계에 주목한다. 그가 똑같은 유형을 교사와 학생의 관계에서 찾아냈기 때문에, 그러한 권위주의적 사회구조가 민주주의 사회의 삶에 꼭 필요한 박애 사상의 발전을 가로막는 것이라고 주장하였다.

프레이리가 "은행 저축식 교육"을 공격한 것은 그가 지지한 교감의 사상에 의해 형성되었다. 이러한 교육의 형태는 박애를 부정하고 있다. 프레이리에 따르면 그 이유는 교사는 배우는 과정의 주체이고, 학생들은 순전히 객체이기 때문이다. 학생들은 복종하는 위치에 있으며 교사에게 경의를 표해야 한다. 학생들은 이러한 교육의 형태에서 진정한 파트너십을 인정받지 못한다. 교사와 학생 사이에 존재하는 어떠한 유대감도 없다. 그 이유는 그들의 유대를 뒷받침할 진정한 소통이 없기 때문이다. 은행 저축식 교육은 "학생들을 너무 쉽게 믿도록 자극하고, 압제자의 세계에 순응하도록 하는 이념적 내용을 (종종 교육자에 의해 감지되지 않는 형태로) 주입시킨다."[8-19] 프레이리의 해방의 교육학이 존중, 소통, 유대에 근거한 것은 민주주의 사회에서 민주적인 교육이 이루어지는 데 필수적이기 때문이다.

프레이리는 사회 안에서 진정한 박애와 교감을 가로막는 것은 대화의 부재라고 주장했다. 그는 대화를 교육과 사회 이론에서 필수적으로 여긴다고 하였다. 만약 사람들이 자유롭지 않고 그들이 다른 사람을 평등하게 만나지 않는다면 그들은 다른 사람과 함께 교감을 나누거나 대화를 할 수 없을 것이다. 사회 안에서 진정한 박애를 거스르는 행동은 "반대화적인" 것이다. 프레이리는 몇 가지 사례를 제시한다. 정복 활동과 같은 것은 라틴아메리카의 역사에서 널리 만연한 일이고, 사람을 정복되어야 할 대상으로 만들어버렸다. 다른 사람들을 분열시켜 지배하는 권력자의 행동 또한 박애를 위한 규범에 어긋난다. 대중에 대한 교묘한 속임수는 지도자의 뜻에 따르도록 사람들에게 강요하려는 시도이다. 가장 나쁜 폭력은 문화적 침략이다. 그것은 우수하다고 생각하는 문화를 강요하면서 개인들에게 자신의 문화를 버리게 하려고 폭력을 행사하는 것이나 다름없다.

박애와 교감에 바탕을 둔 프레이리의 비판에 동의를 하지 않는 것은 쉽지 않다. 그가 지적한 것은 모든 사회를 괴롭혀온 많은 악덕 중의 많은 부분이고, 그것은 정치적 또는 경제적 준비 정도와는 별 상관이 없다. 신정국가에서도 비슷한 많은 악습을 찾을 수 있을 것이며, 짐작컨대 그곳의 사람들은 신의 지배 아래에 있을 것이다. 그러나 프레이리가 이러한 문제를 어떻게 다뤘는지에 관하여 한 가지 질문을 던질 수 있다. 즉, 사람들과 함께 교감을 나누고 대화적 활동을 하자는 그의 제안은 이러한 문제를 다루는 데 있어 그렇게 적절한 것처럼 보이지 않는다. 여기에서 다른 곳에서처럼 프레이리는 예언자의 단순 명쾌함을 채택하거나 간단한 해결책을 제시하는 데서 가히 혁명적이다. 그렇게 함으로써 그는 임무에 대한 어려움을 과소평가하거나 그가 제안한 방법을 분명히 과대평가하고 있다. 아마도 이것은 일종의 수사적인 것으로서 그가 보기에 혁명 이전의 브라질에서 요청되었을 법한 것이다. 아마도 그것은 라틴아메리카 방식의 표현과 담론일 것이다. 프레이리의 어휘는 진실로 고무적이지만, 납득이 되지 않는 악에 직면하여 더욱 문명적인 사회를 만들어내는 거대한 임무를 감당하겠다는 영감은 별로 볼 수 없다.

프레이리의 교육에 관한 비판은 세계 곳곳에서 큰 영향력을 미치고 있다. 해방과 근본적인 변화를 추구하는 교육자들이 모든 나라에서 사회 개혁과 교육적 제안 그리고 사회 비판을 하면서 프레이리의 저작에 의존하고 있다. 그러나 비평가들은 애초부터 그의 사상에서 독창적인 것은 없다고 주장하였다. 일찍이 프레이리의 저작은 그러한 비판에 대응하였다.

나를 반대한 캠페인을 통해 …… 말하기를, 나는 "대화의 발명가"는 아니다(마치 내가 그러한 무책임한 확언을 한 것처럼 말한다). 내가 "원저자인 것은 하나도 없고" 그리고 내가 "유럽이나 북미 교육자들을 표절한 것"일 뿐만 아니라 일개 브라질 입문서의 저자일 따름이라고들 말한다. 독창성에 관해서 말한다. 나는 항상 듀이의 견해에 동의하는데, 그의 견해로 독창성이란 "비범하거나 환상으로 가득한 것"이 아니라, "다른 사람이 생각하지 않는 용도에 일상적인 것을 배치하는 것"이다.[8-20]

프레이리의 교육에 대한 비판이 처음 나타난 것이든 그렇지 않든 간에 한 가지는 분명한 것이 있다. 그의 비판은 시기적절하고 효과적이다. 프레이리의 교육 이론과 실천에 대한 비판은 전 세계 곳곳에서 심금을 울리며 관심을 끌고 있다. 해방의 교육학을 위한 긍정적 제안은 더 발전시킬 필요가 있다.

8-1.　Paulo Freire, "The Educational Role of the Churches in Latin America." Washington, D. C.; LADOC, 3, 14. 1972.

8-2.　Paulo Freire, "Education, Liberation, and the Church." *Risk*, Vol., IX, No. 1, 1973, pp. 34–38; reprinted in *The Politics of Education*. South Hadley, Mass.: Bergin and Garvey 1985.

8-3.　Paulo Freire, *The Politics of Education*, p. 133.

8-4.　Ibid., p. 137.

8-5.　Ibid., p. 140.

8-6.　Ibid., p. 140.

8-7.　Paulo Freire, *Pedagogy of the Oppressed*, New York: Continuum, 1970, p. 31.

8-8.　Ibid., p. 58.

8-9.　Ibid., p. 71.

8-10.　Ibid., p. 28.

8-11.　Ira Shaw & Paulo Freire, *A Pedagogy for Liberation*. South Hadley, Mass.: Bergin and Garvey, 1987, p. 47.

8-12.　Paulo Freire, *Pedagogy of the Oppressed*, p. 37.

8-13.　Paulo Freire and Antonio Faundez, *Learning to Question: A Pedagogy of Liberation*, New York: Continuum, 1989, p. 45.

8-14.　Henry Giroux, "Introduction to Paulo Freire", *The Politics of Education*.

8-15.　John Rawls, *A Theory of Justice*, Cambridge, Mass.: Harvard University Press, 1971, p. 105.

8-16.　Paulo Freire, "Conscientiizing as a Way of Liberating", Washing-ton, D. C.: LADOC, 2, 29c, 1972, p. 8.

8-17.　Paulo Freire, *Education for Critical Consciousness*, New York: Continuum, 1973, p. 26.

8-18.　Ibid., p. 38.

8-19.　Paulo Freire, *Pedagogy*, p. 65.

8-20.　Paulo Freire, *Education for Critical Consciousness*, p. 5.

제9장
해방을 위한 교육 이론

이 책에서 지금까지 줄곧 프레이리는 기본적으로 기독교 인본주의자, 기독교-마르크스주의 사회비판가, 마르크스주의 혁명 이론가, 급진적 교육비판가임을 보여주었다. 그리고 끝으로 다루어질 영역이 그의 '구성주의적' 교육 이론이다. 이 이론은 제1세계와 제3세계에 엄청난 영향력을 미쳤으나, 지난 20년 동안 호된 비판을 받았다.

프레이리의 교육 이론을 설명하는 일은 쉽지 않다. 그는 유토피아를 꿈꾸는 대부분의 사상가가 그런 것처럼 자신이 제안한 구성주의 교육 이론에서보다 자기비판에 그리고 그가 거부하고 있는 내용에서 더욱 명확한 입장을 보이고 있다. 유토피아 사회에 있어야 할 교육이나 학습의 내용을 묘사하는 적극적 제안과 시도를 할 때는 모호함을 보이기도 한다. 그렇지만 그의 저서에서는 교육 이론에 필수적인 요소를 발전시킬 수 있는 충분한 징표가 보인다.

프레이리의 교육 이론은 규범적이거나 처방적인 이론의 틀에 맞추어져 있다. 이러한 교육 이론은 실제로 존재하고 존재해야 하는 목적, 원리, 방법에 대한 언명을 포함하고 있다. 일부 자료는 경험적 사실에, 또 일부 자료는 형이상학적, 인식론적 또는 신학적 가정에 기초하고 있다.[9-1] 이러한 이론 유형은 영어권 세계에서 지배적이며, 피터스R. S. Peters와 셰플러Israel Scheffler의 저서에서 가장 대표적으로 발견되는 교육철학의 분석적 접근과는 차원을 달리한다. 프레이리의 저서에서 개념 분석이 일부 시도되고 있지만 이는 교육, 학습, 앎, 목적, 내용과 방법에 대한 규범적 언명에 비하면 분명 이차적인 것에 속한다. 그는 분명 교육이 해야 하는 일과 하지 말아야 하는 일을 묘사하는 데 초점을 두고 있다.

이 장에서 나는 프레이리의 교육 이론을 일부 비판할 것이다. 이 비판은 프레이리와 여러 사람이 실천했던 문해 교육과 문해 이후 교육 방법의 힘을 부정하지 않는다. 나는 프레이리가 그의 교육적 실천을 설명하기 위해 제시하는 이론을 분석하고 비판하는 데 더 많은 관심을 둘 것이다.

프레이리의 학습 이론

프레이리의 교육 이론에 중심을 차지하는 개념은 '의식화'이다. 지난 25년 동안 프레이리는 다른 어떤 라틴아메리카 교육자보다도 이 말과 더욱 밀접한 연관을 맺어왔다. 프레이리는 '의식화'라는 말이 1964년 '브라질고등학습연구소'의 연속된 교수 원탁 모임에서 탄생하였다고 말한다. 프레이리는 의식화라는 용어를 누가 창안했는지를 정확하게 알지는 못하나, 그가 그 말을 들었을 때 충분히 확신한 사실은, "자유로운 활동으로서의 교육은 현실에 대해 비판적 접근을 하는 앎의 행위이다. 이 말은 그 이후 내가 가르치는 관점을 표현하는 용어의 일부분이 되었으며, 그것을 내가 만들어낸 어떤 것처럼 손쉽게 생각하게 되었다."는 것이다.[9-2]

현재 프레이리는 의식화 용어에 대한 매우 많은 오해와 그 용어의 많은 용례 때문에 그것을 사용하는 것에 대해 다소 유보적 태도를 보여왔다. 그러나 듀이가 진보주의 교육을 가장 강력하게 비판하는 사람이었었음에도 진보주의 교육과 분리될 수 없는 것처럼, 프레이리도 의식화와 분리될 수 없을 정도로 동일시되고 있다.

프레이리의 의식화는 그 개념의 발달을 분명하게 보이고 있다. 『비판적 의식을 위한 교육』에서 비판적 의식은 사태의 진정한 원인을 사실 그대로 알 수 있는 비판적 성찰, 대화, 그리고 현실의 코드화를 통해 성취할 수 있는 하나의 과정으로 묘사되었다. 『페다고지』와 후기의 다른 저서에서 의식화 개념은 더욱 급진적이며 더욱 정치적으로 변해갔다. 그것은 지금 실천praxis을 통해 어떤 현실을 고발하는 동시에 새로운 실재를 선포하는 것을 필요로 한다. 그는 의식화라는 단어를 자신의 초기 저서에서는 사용하지 않은 용어인 실천이라는 마르크스주의 개념과 결합시킨다.

프레이리는 초기 저서에서 의식화를 사회적·정치적 책임과 연관된 대화적 교육 프로그램을 통한 비판의식의 발전으로 묘사했다.[9-3] 이런 프로그램의 목적은 민중들에게 비판적 태도를 불러일으키는 것이다. 이런 비판적 태도는 세계의 변혁으로 연결되게 되어 있다. 그가 이런 민주적 교육을 요청한 이유는 그것이 인간에 대한 신뢰에 기반하고 있고, 민중들이 자기 나라 문제들을 논의하고, 그리고 그 문제들을 해결할 수 있는 힘을 갖고 있다고 믿었기 때문이다. 의식화는 관념의 교환, 논쟁, 토론을 하는 데 있어 학생들 '위에서' 활동을 하는 것이 아니라 그들과 '함께' 활동하는 것을 포함한다.[9-4]

프레이리는 세계와의 대면에서 귀결되는 하나의 과정으로서 의식화 어휘를 빚어낸다. 그것은 또한 발견과 재발견은 물론이고 계속적인 연구를 필요로 한다. 그것은 변혁의 관계인 인간과 세계와의 관계에 기초하여 만들어진다. 의식화는 이들 문제에 비판적 초점을 둠으로써 스스로를 완성한다. 프레이리에게 있어 의식화는 개별적 과업이 아니라 사회적 과업으로서 그것은 결코 중립적이지 않다. 왜냐하면 교육자는 스스로 의견을 가질 권리가 있지만 타인에게 의견을 강요해서는 안 되기 때문이다.[9-5]

『페다고지』에서 프레이리는 의식화에 대한 더욱 상세한 설명을 하면서 실재를 학생과 교사가 함께 만들어가는 '공동 지향co-intentional'의 교육 형태로 묘사한다.[9-6] 즉, 학생과 교사 양자가 현실의 베일을 비판적으로 벗겨내고, 지식을 재창조하는 주체라고 본다. 이러한 과정에 대하여『페다고지』에서 더욱 많은 철학적 설명이 주어진다. 의식화는 다음의 학습 상황에서 일어난다.

> 학습 상황이란 인식 가능한 대상(결코 인식하는 행위의 목적이 아닌)이 인식하는 행위자, 즉 교사와 학생을 매개하는 상황이다. 대화적 관계를 위해, 그리고 진정한 교육을 위해 학생-교사 간의 모순을 해결하지 않으면 안 된다. 교사도 역시 학생과의 대화를 통해 배운다. 누구도 타인을 가르치지 않으며, 어떤 사람도 스스로 배우지 않는다. 사람들은 세계를 매개로, 즉 인식 가능한 대상을 매개로 하여 서로를 가르친다.[9-7]

프레이리가 의식화를 통해 의미하고자 하는 최상의 정의는『자유를 위한 문화적 실천』의 편집자 주석에 아마 포함되어 있을 것이다. 거기에서 의식화는 사람이 수용체가 아닌, 인식하는 주체로서 그들의 삶을 형성하는 사회문화적 현실을 의식하고, 동시에 그것에 대한 행동을 통하여 바로 그 현실을 변혁하는 능력을 깊이 있게 의식하는 과정으로 정의되고 있다.[9-8] 이렇게 의식화는 다음의 두 순간, 즉 사람이 살고 있는 사회적·문화적 상황을 자각하는 것과 함께 행동을 통해 상황을 변화시키는 자신의 능력에 대한 자각을 포함하고 있다.

프레이리는 많은 저서에서 자신의 입장이 지성적 깨달음에 해당하는 프랑스말인 '의식의 포착prise de conscience'에 비견되는 관념적인 것이라는 비난에 매우 민감하게 반응하고 있음을 노출했다. 그의 초기 저서를 읽은 사람은 프레이리에 대한 비난이 정당함을 알 수 있다. 그러나 프레이리는 의식화란 이보다 더 깊은 곳까지 나아간다고 주장한다. 의식화는 실재를 진실로 존재하는 대로 알아채는 것이고 또한 실천praxis과 연결되어 있기 때문이다. 사회적 행동에 성찰이 더해진 프레이리의 실천 개념은 마르크스의 실천 개념에 의존한다. 의식화는 역사적 개입을 요구하고, 그것은 또한 현실에 대한 참여와 개입을 요구한다. 이때 프레이리에게 있어 의식화는 실재를 창조하는 것이 아니고, 단지 그것을 발견하는 것이다. 의식화는 프레이리가 즐겨 쓰는 마르크스주의 용어로 억압적 현실의 고발과 함께 해방을 가져오는 실재의 선포를 요청하는 것이다. 프레이리는 이렇게 관념론과 유물론을 피하기 위해 객관적이면서도 주체적인 앎을 설명할 수 있는 제3의 길을 만들어내려고 시도함으로써 '현상학적' 추진력을 보이고 있다.

의식화의 종교적 해석

프레이리는 자신이 중심 개념으로 삼았던 의식화 용어를 설명하기 위해 종교적 언어와 상징주의를 이용한다. 의식화는 부활절에서 예수의 죽음과 부활 경험과 비견될 수 있다. 프레이리에게 "교사는 부활절의 중대한 의미를 살려내지 않으면 안 된다." 이를 위해 교사는 학생에 대하여 배타적 교육자로서 죽어야 하며 또한 학습자도 교육자에 대하여 배타적 학습자 역할로서 죽지 않으면 안 된다.[9-9] 이러한 죽음은 양자가 진정한 학습자로서 다시 태어나기 위해 필요하다. 이런 죽음과 거듭남이야말로 자유를 위한 교육을 가능하도록 한다. 실존주의 용어로 말하면 교육자는 학생들에게 '현현顯現하지present' 않으면 안 되고 스스로 '현존現存presence'이 될 수는 없다.

교육자가 부활절을 경험하기 위해서는 "억압받는 사람의 편에서 부활하기 위해 지배자인 그는 죽어야 하며, 존재해서는 안 될 사람과 함께(하는 존재로서) 다시 태어나야 한다."[9-10] 프레이리는 교사들이 죽어야 극복 가능한 신화를 다음과 같이 열거한다.

교사들이 우월하며, 맑은 영혼과 덕을 갖추고 있으며 지혜롭다는 신화, 그들이 가난한 자를 구원한다는 신화, 교회, 신학, 교육, 과학, 기술이 중립적이라는 신화, 그들이 공평무사하다는 신화, 민중은 열등하고, 빈자는 영적으로나 육체적으로 불결하며 피억압자는 절대적으로 무식하다는 신화.[9-11]

프레이리는 이러한 신화를 부르주아 정신을 구현하는 것으로 규정한다.

진정한 부활절은 단지 상징적인 어떤 것이 아니고 실천praxis과 관련되어 있고 역사의 일부인 것처럼, 교육자의 부활절은 실존적 경험을 통해서만 의식의 변화로 이어질 것이다. 이렇게 프레이리는 자기 용어를 단순히 영적으로 해석하는 것에 대해서 방어적 태도를 취하려 한다.

부활절의 경험은 교사와 학습자 사이에 존재해야만 하는 새로운 관계뿐만 아니라 학습의 행위 바로 그 자체를 설명하기 위해 사용된다. 죽음과 부활은 프레이리가 가장 우선시하는 은유인데, 이것은 실천 활동을 통해 기존 세계를 고발denouncing하고 새로운 세계를 선포announcing하는 것을 의미한다. 폴란드의 마르크스주의적 인본주의자 코와코프스키로부터 가져온 이러한 구상은 부활절의 경험과 그리고 예수의 추종자들이 감내해야 했던 회심을 반영하고 있다. 무엇보다도 회심은 한 인간의 의식에 있어 급진적 변화를 필요로 하며, 주로 어떤 구체적 행동이나 참여를 통해 성취되는 것이다.

의식화를 설명하기 위해 사용된 이런 종교적 상징주의는 더욱 급진적으로 될수록 더욱 종교적으로 되는 프레이리의 모습에 대해 앞에서 설명했던 것의 사례가 된다. 기독교 민주주의의 영향을 받았던 초기 저서에서는 이러한 종교적 상징주의가 발견되지 않는다. 종교적 상징주의는 의식화에 대한 마르크스주의 해석과 관련이 있다.

의식화의 수준들

프레이리의 의식화 개념을 이해하는 데 있어 중요한 것은 여러 가지 수준의 의식에 대한 그의 이론이다. 이들 수준을 설명하기 위해 그가 사용하는 용어는 포르투갈어 교사 시절 이래 프레이리를 항상 매혹시켰던 주제인 문법으로부터 비롯된다. 프레이리가 이 의식 수준들을 브라질 사회의 발전과 관련하여 정교화하였기 때문에 이 수준들은 강고한 사회적·역사적 성격을 띠고 있다. 또한 이 수준들은 지식의 사회적 성격을 강조하는 한 개인의 의식 발달에 적용될 수도 있다. 프레이리는 이 수준에 대해『비판적 의식을 위한 교육』과『페다고지』에서 설명을 한다. 후자의 설명에서 그는 마르크스주의 용어를 사용한다.

프레이리가 가장 낮은 의식의 수준으로 일컬은 것은 '준변화 불가능 단계의 의식semi-intransitive consciousness'(옮긴이 주: 5장에도 언급됨)이다(준변화 불가능 단계 의식을 소유하고 있는 사람은 세계에서 대상이나 사물을 알고 있는 주체라고 거의 볼 수 없기 때문에 변화 불가능이라고 호칭할 수 있다). 이 수준은 과거의 폐쇄 사회에서 그리고 심지어 오늘날의 후진 지역에서 만연하고 있다. 이런 의식을 가진 민중들은 그들의 가장 기초적인 욕구의 충족에 사로잡혀 있고 현실에 매몰되어 있다. 실제 역사의식이 거의 없는 특징을 가진 민중들은 생물학적 국면을 벗어난 문제와 도전에 실천적으로 아랑곳하지 않고, 일차원적 억압의 현실에 매몰되어 있다. 그들이 연루되어 있는 관계가 사회문화적 상황을 형성해왔음에도 불구하고 민중들은 이를 잘 이해하지 못한다. 운명론은 이런 의식이 만연한 특징들을 보여준다. 그것은 주술과 종교적 의례에 참여하는 것을 특징으로 하고 있다.

초기 저서에서 프레이리는 이런 의식의 형태를 개인이 살고 있는 일반 문화적 조건에 귀속시켰다. 후기 저서에서 그는 명확한 마르크스주의 해석을 부여한다. 프레이리에 따르면 준변화 불가능 단계의 의식은 지배를 당하고 있는 의존적이고 억압된 민중들의 의식이며,

다른 나라의 지배를 받는 폐쇄 사회에 살고 있는 민중들의 의식이다. 라틴아메리카의 맥락에서 통제 권력은 스페인, 포르투갈, 그리고 지금 의 미국에서 온 것이다. 프레이리는 이런 문화를 '침묵의 문화'라고 일컬었다. 이러한 의식의 형태는 제3세계의 신생 국가에서 지배적이다. 이런 의식 수준을 가진 민중은 자신들의 사회문화적 상황을 '주어진 것'으로 간주한다. 또한 이런 의식의 형태는 삶의 모든 것을 운명이나 행운, 즉 인간의 통제를 넘어서는 힘으로 바라보는 운명론적 정신 구조의 특징을 보이고 있다. 자기 멸시는 이런 형태의 가장 공통적인 의식의 속성이다. 왜냐하면 이런 의식 수준에서 지배문화가 그들의 탓으로 돌린 부정적 가치를 민중들이 내면화하기 때문이다. 또한 이런 의식 수준에서는, 존재하는 것은 어떤 사람의 아래에 있는 것, 동시에 다른 사람에게 의존하는 것일 정도로 지나친 정서적 의존이라는 특징을 보여준다. 이런 의식의 수준은 종종 방어적이고 치유적인 마술로서 스스로를 표현한다.

'소박한 준변화 가능 단계의 의식naive semi-transitive consciousness'은 의식의 제2단계이다(이 의식은 개인이 타인과 대화할 수 있는 주체가 되기 시작하기에 이행적이다). 이것은 프레이리의 초기 저서에서 문제를 알기는 하지만 지나치게 단순화시키는 의식으로 묘사된다. 그것은 철저한 탐구를 추구하지 않고, 단지 대화를 시작하는 민중들의 대중적 의식, 정서적 태도를 드러내고 있다.

프레이리가 마르크스주의 해석으로 설명한 바 있는데, 소박하고 초보적인 의식 수준이지만 민중들의 삶의 상황에 대한 질문을 진지하게 시작하고 있기 때문에 침묵을 이 단계의 특징이라고 할 수는 없다. 이런 의식은 문화적 상황을 개인의 활동에 의해 결정되는 것으로 판단할 가능성이 좀 더 크다. 그러나 이러한 발달 상태에 있는 민중들은 대중의 인기에 영합하는 지도자들에 의해 쉽게 흔들린다. 그들은 자신들의 삶을 어느 정도 통제하기 시작하지만, 여전히 조종을 일삼는 리더십에 휘둘릴 위험성이 존재하고 있다. 또한 프레이리는 그것이 대중의 인기에 영합하는 리더십과 연관되었기 때문에 이런 수준을 '대중적 의식popular consciousness'이라고 일컫는다.

프레이리의 의식 분석에는 어떤 엘리트주의 형태가 보이는데, 그것은 가장 낮은 수준에 대한 묘사에서 나타난다. 이런 막다른 지점은 버거Peter Berger가 이 이론에 반대하며 제기한 주요 비난 중의 하나이다.[9-12] 이런 분석이 대중의 위대한 지혜와 지성을 주장하는 프레이리의 더 혁명적인 저서와 어떤 관련을 맺고 있는지는 결코 분명하지 않다.

가장 고차원적 의식 수준에 대한 프레이리의 묘사로 나아가기에 앞서 이 의식의 수준들에 대해 프레이리가 더욱 능숙하게 묘사하는 데서 명백하게 드러나는 마르크스주의적 특징을 지적하는 것이 논의에 도움이 될 것이다. 프레이리는 마르크스와 같이 하부구조와 관련된 상부구조로서 문화적-역사적 실재를 설명한다. 프레이리에게 의식 수준이란 마르크스의 허위의식 혹은 물화된 의식에 조응한다. 마르크스에게 있어 "사물화reification"는 인간 활동으로 말미암은 생산물이 마치 자연이나 우주의 법칙 그리고 신의 의지의 산물인 것처럼 보는 것이다. 이렇게 앎의 과정에서 인간과 세계의 진정한 관계가 뒤바뀌어왔기에 물화된 세계는 비인간화된 세계라고 할 수 있다. 사실상 인간은 그들이 만든 세계의 산물이다. 역설적으로 그들은 자신을 부정하는 실재를 만들 수 있다. 마르크스주의의 인식론에서 물화는 소

외와 밀접하게 연동되어 있다.[9-13]

프레이리에게 최고의 의식 수준은 의식화의 과정을 통해 성취된 '비판적 의식'이나 '비판적으로 변화하는 의식critically transitive consciousness'이다. 그는 듀이를 인용하고 있지는 않지만, 이런 의식은 듀이의 비판적 성찰과 비슷하다. 이런 의식 수준의 특징은 문제 해석의 깊이, 토론에 대한 자신감, 나와 다른 생각을 수용하는 것, 책임을 회피하지 않는 것이다. 여기에서 담론의 속성은 분명 '대화적'이다. 사람들은 이 수준에서 자신의 생각을 검토하고, 사건들 사이의 적절한 인과적·환경적 상관관계를 파악한다. 진정으로 이것은 민주적인 체제에서 발견된 의식이다. 수준1에서 수준2로의 이동이 도시화와 산업화와 같은 과정을 통해 일어나는 반면, 비판적으로 변화하는 의식 수준의 달성은 "사회적·정치적 책임감을 갖고 대중화의 위험을 피할 준비를 하는 적극적 대화 교육 프로그램"[9-14]을 필요로 한다.

프레이리는 그의 마르크스주의 재해석에서 제3세계 국가의 맥락에서 의식화를 묘사하는데, 그것은 비인간적인 구조를 고발하고 해방된 인간이 창조하는 새로운 실재를 선포할 필요성을 제기한다. 의식화는 억압적인 구조를 지지하는 이데올로기에 대한 열정적이고 합리적인 비판을 요구한다. 비판적 의식은 지성적 노력만이 아니라 실천praxis, 즉 행동과 성찰의 결합을 통해 성취되는 것이다. 민중들이 이런 의식의 형태로 나아간다는 것은 다른 한편으로 1964년에 브라질에서 그랬던 것처럼 위협을 느낀 지배권력층으로 하여금 폭력을 사용하여 진압하도록 한다.

이 지점에서 프레이리의 의식화 개념은 매우 취약함을 보인다. 프레이리는 민중들이 자기의 진정한 이해관계를 알면 성취를 위한 행동에 틀림없이 나설 것이라는 말을 하려고 하는 듯하다. 그러나 지식이 오로지 이 역할을 담당한다는 것은 적절하지 않다. 호로위츠Horowitz는 다음과 같이 적절히 지적하였다.

행동과 관심 사이에 연결된 선은 결코 직선이 아니다. 비록 행동과 관심이 직접적으로 상관관계가 있는 데서 발생하는 딜레마를 우리가 무시하더라도, 정책(옮긴이 주: 정치적 행동에 대한 계획)이라는 문제가 관련되어 있다. 말하자면 완전한 혁명적 고양을 창조하지 않는 상황이라면, 민중들로 하여금 발달의 노선을 따라 생각하도록 자극하는 데는 어느 정도의 사회적 불안이 필요하다.[9-15]

실제로 가능성이 있는 일은, 의식화에 참여한 민중이 자신들의 삶에서 한번 엄청난 억압의 충격을 목격하게 되면 자신의 사고에 있어 더욱 더 방어적으로 될 수 있다는 것이다.

학습 이론

프레이리의 사상에서 의식화의 역할에 대한 논의를 한 이후에는 인간의 학습 이론을 더 분명하게 이해하는 것이 가능하다. 프레이리에게 있어 학습은 의식의 한 수준에서 다른 수준으로 옮아가는 과정이다. 각 수준의 내용은 사람들이 사회적 세계 속에서 자신의 존재에 대해 갖고 있는 관점이고 자신의 운명을 결정하기 위해 지니고 있는 힘이다. 이렇듯 학습은 언어, 자아 개념, 세계관, 그리고 현재 삶의 조건을 스스로 드러내는 것과 같이 현재의 의식 수준을 평가하는 것에서 시작한다. 사회적 현실의 우연성을 자각하는 것은 학습의 시작이다. 다른 말로 하면 학습은 비판적 의식으로 향하는 운동이다. 그것의 기본은 자연 세계의 주어진 특성과 사회적 세계의 우연성 사이에 본질적인 차이가 있다는 것을 자각하는 것이다. 이러한 우연적 세계는 인간의 힘과의 관계 속에 존재하면서 변화한다. 이렇게 학습은 자신이 살고 있는 삶의 상황과 사회적 현실의 주어진 특징에 도전하고, 동시에 그것에 의해 도전을 받는 과정이다.

프레이리에게 있어 학습은 대부분 적극적 과정이라고 할 수 있다. 학습의 과정은 교육자로 하여금 학습자가 살고 있는 세계를 코드화하기 위해 교육자가 사용하는 학습자의 어휘, 관념 그리고 삶의 상황으로부터 시작한다. 교육자의 역할이란 언어적으로, 그리고 그림을 가지고 이런 상황을 제시하면서 그것을 검토하고, 도전하고, 그리고 비판하기 위해 학습자를 돕는 일이다.

학습자의 활동을 가장 높은 위치에 두고 있는 프레이리는 새로운 방안을 제시하지 않는다. 왜냐하면 그의 원리는 교육철학자와 교육심리학자가 주장해온 것이기 때문이다. 그러나 학습자와 교육자 사이의 대화적 행동으로서 학습을 강력하게 강조하는 것은 사회적 학습의 비판적 측면을 집중 조명하는 것이다. 프레이리에게 성인 학습의 과정은 서로 연관된 두 맥락의 존재를 암시한다.

그 하나는 평등한 앎의 주체로서 학습자와 교육자 간에 이루어지는 진정한 대화의 맥락이다. 이것은 학교가 무엇이어야 한다는 대화의 이론적 맥락이다. 두 번째는 사실에 대한 실제적이고 구체적인 맥락, 즉

인간이 존재하는 사회적 현실이다.[9-16]

프레이리는 두 맥락 간의 밀접한 연계를 강조한다. 행동과 성찰 간의 계속적으로 이루어지는 변증법적 관계에 대한 마르크스주의 실천 praxis 개념은 두 맥락 사이에 벌어진 거리에 다리를 놓는다. 학습자의 집단은 맥락에 대한 좀 더 깊은 이해와 원인을 파악하기 위해 자신의 행동을 성찰한다. 그렇게 하여 그 집단은 그것의 새로운 이해에 따라 다르게 행동할 수 있을 것이다. 이때 학습은 그들이 살고 있는 구체적 상황을 자각하고, 그 상황이 어떻게 도래하였고 변화할지를 이해하고, 그다음엔 그것을 변화시키기 위해 행동하는 전체의 과정이라고 할 수 있다. 이러한 학습 개념은 학습을 경험의 재구성으로 보는 듀이의 관점과 유사하다. 마르크스주의 용어인 의식화로서의 학습은 앎의 계속적인 과정이고, 하나의 현실을 고발하는 것이며, 동시에 민중이 싸워서 성취할 수 있는 새로운 현실을 선포하는 것이다.

프레이리는 개인과 집단의 학습에 천착한다. 그는 자신의 교육 이론에 본질적인 관념을 추구하기 위해 학습자의 자유를 구안한다. 그러나 실제 개인은 집단, 특히 집단의 조정자로부터 강력한 압박을 받지 않을 수 없다. 프레이리의 방법이 비록 개인으로 하여금 비인간화되고 억압적인 학습으로부터 자유롭도록 기획되어 있지만, 사실상 그의 방법은 교묘한 조작을 하고 있다는 비판을 받아왔다.

또한 프레이리는 학습의 정치적 측면을 분명히 하고 있다. 그의 판단에 의하면 제3세계의 억압적 지배계층은 대중을 지배하기 위해 교육을 이용한다. 그것을 이용하는 사람의 힘만큼이나 그것을 창출하는 사람의 힘도 크기 때문에 프레이리에게 학습은 정치적이다. 자신

의 관점에서 어떤 것을 배우거나 아는 것은 그것을 변화시키거나 보
존하고, 또한 그것을 파괴하거나 그것을 자신의 문제로 느끼고 충분
히 경험하기 위한 결정과 분리될 수 없기에 학습은 정치적이다.

학습 조직

프레이리의 학습 조직은 인류학자와 사회학자가 구사하는 참여관
찰법과 비슷하다. 이러한 절차에서 다양한 단계는 간략하게 기술될
수 있다. 전문가 팀은 한 지역에 사는 민중들의 삶 속에서 의미 있는
주제와 이슈에 도달하기 위하여 맥락을 탐구한다. 이때 이런 주제들
은 그림과 같은 재현 방법을 통해 코드화된다. 이 지역의 민중들은
이들 주제, 어휘, 코드화의 선택에 참여한다. 학습자의 서클은 자신들
의 목적으로서 문해 교육, 나아가 문해 이후의 교육, 또는 정치 교육
을 설정할 수 있다.

프레이리는 이런 교육적 장치를 '문제 제기problem posing' 교육이라
일컫는다. 프레이리는 그것이 듀이와 미국의 진보주의 교육자들이 제
안한 유형의 교육과 비슷하다는 점을 인정한다. 사실 그는 곧바로 민
주적이고 자유주의적인 교육자에 의존하고 있음을 인정한다. 프레이
리의 교육적 절차는 이 교육자들과 비견될 수 있지만, 그가 이들 절
차를 설명하는 이론과 동일하다고 말할 수는 없다. 프레이리는 인간
의 의식과 집단의 상호작용 속에 무엇이 일어나는지를 설명하기 위해
'실존적 현상학'의 용어와 개념을 차용한다.

프레이리의 학습 조직이 지닌 하나의 결함은 '대화'라는 하나의 방

법에 전적으로 의존하는 것이다. 그가 암시하는 듯한 의미는, 필연적으로 어떤 다른 교육 형태들이 조종하거나 주입하는 방식을 피할 수 없을 것이라는 것이다. 브라질 사회에서 지켜보았던 권위주의적 교육에 대한 비판을 쏟아낸 프레이리는, 교육 방법으로서 강의와 직접적 설명으로부터 별다른 가치를 발견하지 못하는 극단적인 관점을 취하였을 수도 있다. 게다가 그는 학생과 교사 사이에 이루어지는 '자유로운' 대화 속에서조차 있을 수 있는 교묘한 조종을 보여줄 가능성까지 분명하게 자각하지는 못하고 있다.

프레이리 학습 이론에 대한 비판

프레이리의 의식화로서의 학습 개념은 많은 지점에서 비판을 받을 수 있다. 이미 프레이리가 앎의 과정을 기술하는 데 있어 지나친 관념론 때문에 비판받는 것과 연동되는 하나의 비판이 있다. 후기 저서에서 그는 앎의 과정을 설명하는 데 있어 주관주의와 "기계론" 혹은 합리주의와 경험주의 간의 중간 위치에 서고자 하는 노력을 보여주었다.

프레이리 학습 이론에 대한 또 다른 비판은 일종의 실재에 대한 초월적 관점에 호소하고 있다는 점이다. 진정으로 개인이 의식화를 통해 있는 그대로의 '실재reality'를 보게 된다는 것이다. 학습 방법을 묘사하는 데 있어 집단은 상황에 대한 진정한 참 지식에 도달한다고 프레이리는 보고 있다. 사람들이 포착하려고 시도하는 실재의 복잡성에 대한 인식이 프레이리의 저서에 거의 나타나지 않는다. 그는 공개적

연설과 대화에서 확신이 부족해 보인다. 아마 프레이리는 이런 문제에 대해서 인간과 자연에 대해 절대적 힘을 가진 존재를 동원해서 그의 종교적 관점에서 오는 영향력을 은근히 드러낼 것이다. 인간, 자연 그리고 세계의 고정성에 대한 프레이리의 견해는 인간이 역사를 형성하고 문화를 만든다는 그의 진술과 충돌한다. 여기에서 우리는 종종 마르크스주의의 역동적 개념을 인간과 실재에 대한 종교사상의 정적 개념에 동화시키는, 많은 기독교 사상가가 경험하는 곤혹스러운 고전적 사례를 보고 있는지도 모른다.

의식화라는 프레이리의 학습 개념이 가치 있음을 보여주는 증거는 여전히 많이 있다. 적어도 교육적 실천, 즉 문해 교육 프로그램에서 정교화된 학습 이론을 보는 것은 신선하다. 그의 실천에서 보여준 성공을 부정하는 사람은 많지 않을 것이다. 민중들은 짧은 기간에 읽고 쓰는 것을 배웠다. 지금 전 세계에 걸쳐 25년 동안 프레이리의 방법이 이용되고 있다. 또한 민중들이 빠져든 사회적 현실을 비판적으로 자각하게 되고, 이 현실을 변화시키고 통제하는 조치를 취하는 사례들이 나타났다. 그러나 실천에 있어 성공이 반드시 이론에서 진리와 일관성을 의미한다고 말할 수는 없다. 사람은 성공적으로 실천한 것을 부적절하게 설명할 수 있다. 또한 사람들은 자기가 이론화한 것을 실천에 옮기지 않음으로써 성공을 할 수도 있다. 프레이리는 자기 이론을 가능한 한 완벽하게 설명하기 위해 지속적으로 그가 했던 것의 실재로 돌아간다. 또한 그는 이론과 실천이 초래한 상황의 결과를 보고 자신의 실천을 수정한다. 그러므로 그의 저작은 교육철학의 가장 핵심부에 속하는 이론과 실천 간의 밀접한 변증법적 관계를 보여준다.

프레이리에게 학습은 정치적·사회적 목적에 복속되어 있다. 그래서 역설적으로 그의 이론은 교화와 조작이라는 비판을 받고 있다. 브라질 사회에서 활동하는 상황적 조건으로 인해 프레이리는 우파적 요소와 갈등을 어느 정도 피하기 위해 스스로 이런 비판에 민감해졌다. 그는 자기 저서가 다른 나라와 문화에 적용하기 위해 검토되고 고려되었기 때문에 이런 비판에 대해 더더욱 민감한 태도를 보였다. 프레이리 학습 이론은 반드시 교화와 조작으로 이루어지는가? 그의 저서를 치밀하게 보면 모종의 양면성이 드러난다.

프레이리는 교사가 학생의 마음속에 정보를 수동적으로 저장시키는 교육의 '은행 저축식banking' 개념을 강하게 비판한다. 그는 문해 교육 입문서가 학생에게 어휘뿐만 아니라 세계관을 강요하고 있다고 느끼고 있기에 문해 교육에서 입문서를 사용하는 것을 줄곧 반대하였다. 교육에서 사용되는 어휘와 주제가 교육을 받는 민중들이 흔히 보고 듣는 것이어야 한다고 프레이리는 주장한다. 교육의 내용은 학습을 추구하는 민중들과 함께 결정되어야 한다. 프레이리는 또한 어휘와 주제가 지시하는 현실의 코드화가 너무 명시적이어서도 너무 수수께끼 같아서도 안 된다고 상세히 설명하고 있다. 코드화가 너무 명시적이면 선동의 특징을 갖기 쉽고, 그렇게 되면 학습자의 비판적 의식 발달을 저해할 수 있다. 그리고 코드화가 너무 애매모호하고 수수께끼 같으면 사려 깊은 논의를 촉진할 수 있는 능력을 잃게 될 수 있다. 또한 프레이리는 자신의 목표는 민중들이 코드화에 제시된 대로 자기 삶의 구체적인 현실에 도전함으로써 학습하게 하는 것이라고 주장하면서 '교화'라는 비난에 대응한다. 민중들에게 사회적 현실에 대해 다른 관점을 강요하는 것이 아니라, 문제 상황에 대해 토의를 함으로써 그들이 살고 있는 진정한 조건을 바라보도록 이끌고, 또한 현재의 사회적 실재란 결정된 것이 아니라 변화될 수 있다는 것을 발견하기 시작하도록 하는 것이다.

프레이리는 자신의 방법이 조작적이지 않다고 주장한다. 그는 개인적으로 완전히 자유롭게 지식을 발견하는 것 그리고 개인을 길들이고 조작할 것으로 보이는 지식을 직접적으로 전달하는 것 사이에 중간적 토대가 있음을 주장한다. 그는 그 중간적 토대를 '대화'라고 생각한다.

프레이리는 스스로 정교한 조작을 하고 있다는 비난을 받고 있는 것에 대해 민감한 반응을 보이지만, 그렇다고 전적으로 이 비난을 벗어났다고 딱 부러지게 말할 수도 없다. 왜냐하면 그에게 '중립적 교육'이란 존재하지 않기 때문이다.

> 모든 교육적 실천은 교육자의 입장에서 가지는 이론적 입장을 암시한다. 이 입장은 인간과 세계의 해석—때때로 암묵적인 것이 더하거나 덜하지만—을 함의한다. 그것은 달리 존재할 수가 없다.[9-17]

프레이리는 문해 교육과 문해 이후의 교육을 위해 선택된 모든 어휘와 주제 중에서 사회적 현실에 도전하기 위한 최대의 능력을 갖는 것을 선택했다는 점에서 이런 '비중립성'을 보여준다. 프레이리에게 있어 의식화의 과정은 이것이 창조할 새로운 실재의 선언과 함께 수행되는 비인간화 구조에 대한 급진적 고발을 필요로 한다. 이런 일이 학습자와 교육자가 평등하게 참여하는 자유로운 대화를 통해 발생할 것이라고 프레이리는 확신한다. 그러나 학생이 교육 경험이 부족하고 교사가 선명한 정치적 목적을 가지고 있다면, 이러한 방식 속에 숨어 있는 정교한 조작이 가능하지 않을까? 이러한 조건 속에서 객관성을 위한 요청과 합리적 논변에 대한 호소를 모두 충족시키는 것은 매우 어렵게 될 것이다.

결론

이러한 비판에도 불구하고 프레이리의 교육 이론은 '비판적 교육학'의 발전에 강력한 영향력을 발휘하고 있다. 비판적 교육학은 모든 가정을 드러내고, 모든 주장을 의문시하고, 모든 결론에 대해 교사와 학습자가 평가하는 그 교육의 과정에 학습자를 참여시키려고 시도한다. 이러한 교육학에서 전 세계의 소수자 집단은 자신들의 곤경을 이해하고, 사회의 지배권력에 도전하기 위한 강력한 수단들을 발견하였던 것이다.

9-1. William K. Frankena, "A Model for Analyzing a Philosophy of Education", In Jane Martin, ed. *Reading in the Philosophy of Education*, Boston: Allyn and Bacon, 1970, p. 16.

9-2. Paulo Freire, "Consciousness as a Way of Knowing", Washington, D. C.: LADOC. 1972, 2, 29, p. 1.

9-3. Paulo Freire, *Education for Critical Consciousness*, New York: Continuum, 1973, p. 19.

9-4. Ibid., pp. 34-38.

9-5. Ibid., pp. 100, 109, 148-149.

9-6. Paulo Freire, *Pedagogy of the Oppressed*, New York: Continuum, 1970: 55-56.

9-7. Ibid., pp. 66-67.

9-8. Paulo Freire, Cultural Action for Freedom, *Harvard Educational Review*, and Center for the Study of Development and Social Change, 1970, p. 27.

9-9. Paulo Freire, *The Politics of Education*, South Hadley, Mass.: Bergin and Garvey, 1985, p. 105.

9-10. Ibid., p. 122.

9-11. Ibid., p. 123.

9-12. Peter Berger, *Pyramids of Sacrifice*, Baltimore: Penguin, 1977.

9-13. Peter Berger and Thomas Luckmann, *Social Construction of Reality*, Garden City, New York: Doubleday, 1966, pp. 200-201.

9-14. Paulo Freire, *Education for Critical Consciousness*, New York: Continuum, 1973, p. 19.

9-15. Iriving Louis Horowitz, *Three Worlds of Development*, New York: Oxford University Press, 1966, p. 295.

9-16. Paulo Freire, *Cultural Action for Freedom*, p. 14.

9-17. Ibid., p. 6.

제10장
해방신학자와 교육

파울로 프레이리는 기본적으로 성인교육자이다. 하지만 지난 25년 동안 그는 자신의 교육을 설명하기 위해서, 철학·사회학·정치학의 이론 등을 주로 하여 여러 학문적 논의들을 이용해왔다. 하지만 그의 가장 풍부한 기본적인 분석틀 가운데 한 가지는 종교적 시각과 신학적 견해였다. 나는 프레이리 사상의 다른 측면들도 체계적으로 논의코자, 그의 신학적 시각을 이 마지막 장에서 집중적으로 살펴보고자 한다. 앞에서 이미 프레이리의 종교관과 그의 다른 이론들의 연관성을 다룬 바 있다. 그러므로 이 장은 앞서 다룬 내용들이 어느 정도 반복될 것이다. 하지만 이러한 반복은 프레이리의 신학적 관점을 체계적으로 설명하기 위해서는 당연하다고 생각된다. 프레이리는 기독교 신학자들과 진지한 대화를 해가면서 자신의 이론과 신학적 개념들을 결합시켜왔다. 더욱이 많은 신학자들 역시 그의 연구에 깊은 관심을 보여왔다.

프레이리는 분명 전문적 의미의 신학자는 아니다. 전문적 의미의 신학자란 자신의 가장 우선적인 학문적 준거 집단이 신학자들인 사람으로서 신학으로 훈련받은 사람을 말한다. 하지만 많은 경우에서 볼 수 있듯이 프레이리는 신학의 무대에 들어가 자신의 말과 글을 펼쳐내었다. 그는 자신의 신학적 관심을 이렇게 설명한다.

나는 결코 신학자는 아닙니다. 하지만 시대착오적으로 신학을 이해하지 않고 그 학문이 수행할 필수적 역할을 지니고 있다고 파악하는 사람들과 같이 길을 가고 있습니다. 곧 자신의 임무를 완수하기 위해서는, 신학자들이 성찰을 시작점으로서 반드시 인간의 역사를 다루어야만 한다고 생각합니다.[10-1]

프레이리가 보기에, 신학의 출발점은 인간의 구체적 삶이다. 더불어 신학이란 학문의 목적은 불공정과 투쟁하고 정의를 위해 일해야 하는 인간의 임무를 원조하는 것이다. 프레이리가 단지 자신은 신학에 관심을 지닌 구경꾼에 불과하다고 생각했음에도, 분명 그는 일반적 의미에서의 신학자로 분류될 수 있다. 일반적 의미의 신학자란 신학에 관심이 있으며, 때때로 이 신학적 관점을 바탕으로 글을 쓰는 사람이다.

해방의 신학자

프레이리는 여러 편의 글에서 자기 자신을 해방신학 혹은 정치신학을 하는 사람이라고 규정한 바 있다.[10-2] 그의 설명에 따르면, 이러한 신학은 피억압자의 해방을 위해 개입해야 한다는 것이다. 이 신학은 피억압자들이 사회 변혁을 위해 쓰일 수 있다고 믿는 바, 모든 기독교인들 특히 제3세계 국가의 기독교인들에게 혁명적 입장을 요청한다. 또한 이 신학은 정치적 개입이란 주제를 실질적으로 다루며, 심지어 폭력적인 혁명 행위를 제안하기도 한다. 더욱이 해방신학은 기독교 전통에서 무시해왔던 정치학, 유토피아, 해방자로서의 신, 예언자의 교회와 같은 요소들을 특별히 강조한다. 또한 이 신학은 여러 전통적인 기독교 상징들을 재해석하도록 유도하기도 한다.

프레이리는 해방신학으로 시작하는 신학의 재탄생이 요청된다고 생각했다. 그는 오직 이러한 형태의 신학만이 아직도 교회의 많은 부분들에서 통용되는 중세 신학 말기에 초래된 신의 죽음 신학의 충격을 극복해줄 것이라고 말했다. 해방신학은 사회의 사회·정치적 구조와 더 깊은 관계를 맺도록 해준다. 프레이리의 관점에서 볼 때, 기존의 학술적 신학은 현재의 사회 장치들을 정당화시키는 강제력으로 작동했음에도 그 장치들이 의롭지 못할 경우에 이에 대항할 수 있는 힘은 지니지 못하였다.

여러 해방신학자들과 마찬가지로 프레이리는, 해방신학에 커다란 공헌을 한 마르크스의 사회·정치적 분석틀에 의존한다. 신학자들과 많은 라틴아메리카의 학자들은 마르크스에 의지해왔다. 그리하여 자신들의 사회를 괴롭히는 해악의 원인과 경제·사회·정치적 대안을 찾고자 하였다. 물론 프레이리는 마르크스 사상의 많은 왜곡과 마르크스주의 국가들의 부패상을 인식하고 있었다. 그래서 그는 초기 마르크스의 인본주의적인 글에 의존하곤 했다. 하여튼 프레이리와 해방신학자들이 몇몇 마르크스주의 개념들을 차용함으로써, 그들은 교회 당국과 재래의 신학자들에 의해 마르크스주의자라는 혐의를 받아왔다.

프레이리는 자신의 신학을 유토피아를 꿈꾸는 신학 혹은 예언적 신학으로 기술한다. 이는 바로 억압과 억압자들을 맹렬하게 비난하며, 더불어 세계의 변혁을 공표하는 희망의 신학이다. 그는 이 신학이 부르주아를 맹렬하게 비난해야 하며, 새로운 사회와 인간이 도래함을 선포해야만 한다고 주장한다. 그는 희망과 예언이 담겨 있는 이 신학과, 세계를 양분시켜 사람들이 수동적으로 사후 세계의 더 나은 삶을 기다리도록 유인하는 기존의 신학을 대비시킨다.[10-3] 프레이리의 관점에서 보자면, 해방신학은 교회가 그 역사적 소명을 되살리도록 해야 한다. 다시 말해, 교회는 세계에 대해 비판적이고 예언자적 역할을 해야 한다. 더불어 교회는 정의롭지 못한 상황을 인정하는 어떠한 압박에도 순응하거나 굴복하지 않아야 한다. 그는 이러한 자신의 입장을 다음과 같이 기술하고 있다.

교회는 추위에 얼어 죽을 각오를 하는 것이 자신의 본래 소임임을 결코 잊어서는 안 된다. 이것이 바로 유토피아이다. 그것은 일상에서의 영웅적 행위들이 모여 역사적인 헌신을 해야 한다는 고발이요, 선포이다.[10-4]

또한 프레이리는 그의 신학을 '인류학적' 신학이라고 일컫는다. 그 출발점이 세계에 자리하는 인간의 실제 생활이어야만 한다고 믿기 때문이다. 그러므로 이 신학은 이 지점(인간의 실제 생활)에서 출발하기에, 이 신학은 자유를 위한 문화적 행동과 의식화로 (사람들을) 더 잘 인도할 수 있다.[10-5] 물론 해방신학은 기독교적 전통과 텍스트들을 감안하고 있다. 하지만 그 신학은 결코 그것들을 자신의 출발점으로 삼지 않는다. 텍스트로부터 시작하면 어떤 경우라도 그 텍스트를 유지하기 위해 노력할 것이므로, 곧 세계의 실제적인 문제들로 이동하지 못하기 때문이다. 다른 영역에서와 마찬가지로, 프레이리는 과거의 텍스트, 철학, 그리고 구조들에 너무도 지나치게 헌신하는 것에 대해 우려를 표명한다. 대개의 경우, 인간의 진정한 자유를 위한 도정에 장벽을 세우는 것은 바로 이런 과거의 것들이기 때문이다.

프레이리는 제3세계의 해방신학에 커다란 희망을 품고 있다. 그것은 해방신학자들과 모든 기독교인들이 세계 속의 사람들이 되기를 격려하기 때문이다. 그것은 또한 사회의 희망적인 인간과 예언자가 되도록 격려하기 때문이다. 다시 말해, 그것은 해묵은 구조를 와해시키고 새로운 구조를 일구어내는 데 지원을 해줄 수 있는 사람이 되도록 용기를 북돋아준다. 곧 그것은 모든 기독교인이 사회의 부조리와 억압에 도전해야 할 자신의 소명을 되찾도록 하는 데 도움을 주기 때문이다.

희망의 신학

프레이리의 신학에서 또 다른 주요 주제는 희망 또는 유토피아이다. 그는 「어느 신학생에게 보내는 편지」에서 신학은 기독교인이 이 세계에서 희망이 되도록 하는 기반을 반드시 제공해야만 한다는 주제를 심화시켜 논의하고 있다. 이곳에서 프레이리는 희망에 대한 적극적인 관점을 제시한다. 그에게 희망은 막연한 기다림이나 타협 그리고 적응을 뜻하지 않는다. 차라리 그에게 희망이란 모든 인간의 탐색에서 수반되는 불안과 평화의 변증법에 참여하는 것이다.

프레이리에게 희망이란 유토피아와 관련된 것이다. 그것은 부조리한 구조를 비난하고 자유롭고 정의로운 사회적 질서를 선포하는 관점에서 설명할 수 있는 용어이다. 사실 의식화의 과정은 본질상 희망과 유토피아의 활동으로 설명될 수 있다. 따라서 프레이리에게 희망이란 단지 기다림이 아니라 탐색과 동일하다. 인간은 행동과 변혁을 지향하도록 태어난 창조적 피조물이다. 사실, 인간의 구원이란 탐색에 의해 도출된 전환으로부터 나오는 것이다. 곧 구원은 우리 자신의 노력에 의해 성취되는 것임을 알아야 한다. 프레이리는 현재의 상황을 운명론적으로 수용하는 것을 거부하며, 현세와 내세의 이원화를 거절한다. 그는 기독교인의 임무를 모든 부조리한 요소들을 제거함으로써 신과 더불어 창조행위를 완성하는 것으로 파악한다.

신과 인간

신, 그리고 인간과 역사에 대한 신의 관여는 기독교의 중요한 신학적 상징이다. 프레이리는 해방신학자들과 마찬가지로 신의 존재를 당연한 것으로 받아들인다. 따라서 그는 신의 존재 증명을 위해 어떠한 시도도 하지 않는다. 하지만 프레이리는 신에 대한 인간의 이해는 신학적 훈련의 극히 중요한 부분이라고 파악한다. 그가 생각하기에, 신학적 훈련은 해방을 위한 문화적 행동을 포함해야만 한다. 그리하여 인간은,

> 신에 대한 자신의 순진한 개념을 제거할 수 있으며(사실 인간을 소외시키는 것은 신화이다), 신 안에서 신에 대한 새로운 개념을 획득할 수 있게 된다. 신은 역사에 전면에 나오신 분으로, 인간이 "역사" 즉 해방의

역사를 "만들어가는 것을" 조금도 제지하지 않으신다.[10-6]

곧 프레이리의 관점에서 볼 때, 신은 스스로 해방을 위한 노력을 통해 역사를 만들어갈 수 있는 권한을 인간에게 부여한 존재이다.

프레이리는 신에 대한 이와 같은 새로운 개념을 제시하면서, 창조자이자 해방자인 신을 기술하고 있다.

신과 인간의 초월적 관계는 우리가 유한하다는 사실 그리고 이 유한성에 대한 우리의 지식에 바탕하고 있다. 우리는 불완전한 존재이기 때문에, 우리의 불완전성에 대비되는 그 완전성은 바로 우리의 창조자와의 관계에서 대면하게 되는 것이다. 그 관계는 본질상 인간을 지배하거나 길들이는 관계가 될 수 없으며, 언제나 해방적인 관계이다. 따라서 인간 안에서 이러한 초월적 관계를 구현하고 있는 종교는(그 어원인 라틴어 꽉 졸라매다religare에서부터 지금의 묶다bind까지)[10-7] 결코 소외의 도구가 되어서는 안 된다. 엄밀하게 말해서 인간은 유한하고 궁핍한 존재이기 때문에, 사랑을 통한 이러한 초월을 통해서 인간은 자신을 해방시키는 근원자로 돌아가게 된다.[10-8]

프레이리는 교육받은 사람의 기본적 속성들을 위와 같은 표현들을 사용하여 기술하고 있다. 바로 그의 주장은 인간의 본성은 자신의 한계를 초월할 수 있는 능력을 지니고 있다는 것이다. 특히 지배, 소외, 억압의 상황에 있을 때 더욱 그렇다는 것이다. 프레이리는 인간이 이를 행할 수 있는 근본적인 이유가 신과의 관계에 기인한다고 파악한다. 그는 이 관계가 결코 창조자-피조물의 관계라는 용어로서 완전하게 기술될 수 없다고 생각한다. 그리하여 이 관계를 해방이라는 중요한 요소를 덧붙여 기술하게 된다. 그가 언급하고 있는 해방은 소외, 지배, 억압으로부터의 해방이다. 따라서 그것은 순수한 정신적 해방이 아니다. 바로 인간 존재의 구체적인 역사적 상황에 뿌리를 두고 있는 해방이다. 이처럼 프레이리는 "인간성과 초월성 사이에 결코 메울 수 없는 간극"을 만드는 어떠한 종교적 관점도 거부한다.[10-9]

프레이리는 신에 대한 이론을 더 이상 자세히 개진하지는 않는다. 하지만 프레이리는 자신의 해방자로서의 신 개념에다가 과정 신학자 process theologian들이 제시하는 "제한된 신"이라는 개념을 결합한 것으로 보인다. 그는 "절대자이신 신께서는—그 자체가 제한적이고 미완성이며 불완전한—인간을 신의 창조 과업을 공유하고 이를 선택한 존재로서 바라보기에, 신은 스스로 한계를 짓는다."라고 말한다.[10-10] 여기서 신이 한계를 지닌다는 말은, 정의로운 세계를 완성하기 위해 신께서 인간이 자유로이 선택한 협력을 사용하거나 필요로 한다는 것을 의미한다.

프레이리에게 인간과 인간의 관계는, 자유를 특징으로 하는 인간과 신의 관계를 반영해야만 한다. 인간과 그 창조자 또는 근원자와의 관계는 또한 평생 동안 지속되는 관계이다. 인간이 가장 개탄스러운 삶의 상황에서조차 초월할 수 있도록 해주는 인간의 자질은 바로 사랑할 수 있는 능력이다.

프레이리는 더 나아가 인간 존재와 신과의 관계를 대화적 관계로 묘사한다. 그에게 신은 인간 존재와 계속적으로 평생 동안 대화를 나눌 동반자이다. 프레이리는 이렇게 설명한다.

의식의 변화 가능성transitivity은 인간을 "스며들 수 있도록permeable" 만들어준다. 그것은 인간을 실존적 무관심 상태로부터 전면적인 앙가 즈망 상태로 바꾸어준다. 존재란 역동적 개념으로, 인간과 인간의 대화, 인간과 세계와의 대화, 인간과 창조주와의 대화를 의미한다. 이 대화야 말로 인간을 역사적 존재로 만들어준다.[10-11]

앞에서 언급했듯이, 프레이리의 교육 이론에서 대화보다 더 중요한 개념은 존재하지 않는다. 프레이리가 여기서 덧붙이고 있는 중요한 점 은, 교육에서 대화의 실천은 단지 교육학적 근거뿐만 아니라 심오한 철학적이고 신학적인 이유 덕분에 요청된다는 것이다. 그것은 바로 인 간의 삶의 본질 그 자체가 신, 자연, 타자와의 대화라는 의사소통을 통해 특징지어진다는 점이다.

신-인간의 관계에 대한 프레이리의 관점은, 그가 비판하던 신에 대 한 잘못된 개념으로부터 이해할 수 있다. 그는 신에 대한 주술적 관 점을 비판하곤 했다. 그 관점은 사람들이 신은, 특히 벌을 내리는 신 은, 주술적 신앙과 의례에 의해 통제될 수 있다는 믿음이다.[10-12] 프레 이리의 의식화 과정의 주요 목적 가운데 하나는 그러한 주술적 개념 을 넘어서는 것이기도 하다. 프레이리는 그러한 주술적 신앙과 사고 방식을 빈곤한 소작농과 결부시키곤 했다. 그는 브라질 북동부 소작 농들의 사고방식을 기술하면서, 그들이 세계에 대한 구조적인 관점 에 도달하거나 자신들의 빈곤한 처지에 대한 원인을 이해할 수 없다 고 말한다. 대개 소작농들은 사태의 원인을 더 높고 더 강력한 것에 서 찾고 있다. "소작농은 자신의 상태의 원인, 즉 그 상태를 만든 자 가 바로 신이라 생각한다. 아! 그러나 신이 정말로 그렇게 만든 것이라고 한다면, 인간은 어떤 것도 할 수 없을 것이다."[10-13] 하지만 프레이리는 많은 이들이 마침내 이러한 태도에 대해 반발하고 있음을 알고 있다. 왜냐하면 그들은 다음과 같은 진실을 받아들이기 시작했기 때문이다.

바로 우리가 지금 이 자리에서 우리들의 천국을 얻어야만 한다는 것입니다. 우리는 바로 지금 우리가 살아 있는 동안에, 우리들의 천국을 세우고 만들어야만 합니다. 구원은 쟁취해야 하는 것이지, 결코 바라기만 한다고 오는 것이 아닙니다.[10-14]

프레이리는 신이 억압에 책임이 있다는 관념에 대해 이와 같이 강한 어조로 거부한다. "어찌 우리가 신이 이 재앙에 책임이 있다고 할 수 있는가? 마치 절대 사랑Absolute Love이 끊임없는 희생과 철저한 파괴에 이르도록 인간을 저버린 것처럼 말이다. 그러한 신은 아마 마르크스가 언급한 것과 같은 물신으로서 신[10-15]일 것이다."[10-16]

프레이리는 또한 반란이 신을 거스르는 죄인 것처럼 취급되는 신화에 대해 공격한다. 그는 많은 피억압자들마저도 자신들의 비통한 상황을 신의 의지 때문이라고 판단하면서, 이러한 신화를 공유하고 있다고 주장한다.[10-17] 이 신화를 피억압자들이 내면화하게 만들어, 그들 스스로가 억압에 저항하는 반란 행위를 자신들의 인간적 운명에 대한 타당하고 정당한 대치상황으로 바라보지 못하도록 만들어버린다. 앞의 장에서 논의했듯이, 프레이리가 이 지점에서 인정하는 신 개념에는, 인간의 역사에 신이 깊이 관여한다는 의미가 담겨 있다. 심지어 혁명과 반란의 행동마저도 신께서 격려한다는 의미가 포함되어 있다.

이러한 신 개념은 의심할 바 없이 논란이 많은 관점일 것이다. 하지만 전사로서의 신Warrior God의 이미지는 억압을 상대하려는 종교 집단에서 매우 강력한 이미지로서 작동하곤 한다. 유대인들이 자신들의 엑소더스와 바빌론 유수에서 벗어났을 때처럼 말이다.

물론 프레이리는 구원자로서의 신의 개념을 인정하고 있다. 하지만 그는 이 교리에 몇 개의 흥미로운 점을 제시하고 있다. 그는 우리가 우리 스스로의 힘만으로는 우리 자신을 구원할 수 없다고 말한다. 우리의 구원은 타자와 영적 교감communion을 할 때 이루어진다는 것이다. 그의 관점은 이러하다.

> 당신은 저를 구원할 수 없습니다. 왜냐하면 저의 영혼, 저라는 존재, 의식을 지닌 저의 신체는 누구에 의해 결코 구원될 수 있는 것이 아니기 때문입니다. 우리는 영적 교감 속에서 우리의 구원을 이루어낼 수 있습니다. 제 말은, 신께서 역사의 전면에 나오셔서 우리를 구원하지 않는다는 것을 의미하지는 않습니다. 지금 저는 다만 인간의 수준에서 말하고 있는 것입니다.[10-18]

구원에 관한 프레이리의 논의는 언제나 이와 같은 현세적인 용법이다. 그는 결코 이 현실적 삶을 초월한 구원에 대해 긍정도 부정도 하지 않는다. 그가 주장하는 바는, 많은 해방신학자들과 마찬가지로, 기독교인의 삶은 영적 교감 안에서 사는 것이다.

예수 그리스도

프레이리는 자신의 글에서 예수에 대해 많은 언급을 하지는 않았다. 하지만 예수를 언급할 때에는 언제나 그를 그리스도로 제시하였다. 그는 사회의 부조리함에 도전하는 예언자의 교회에 대해 말할 때, "그리스도는 결코 보수적이지 않다. 예언자의 교회는 그분이 그랬듯이 끊임없이 전진해야만 하고, 영원히 죽고 영원히 재탄생해야만 한다."라고 표현한 바 있다.[10-19]

프레이리는 성육신聖肉身, incarnation의 교리를 바탕으로, 신학의 출발점이 인간적인 것이 되어야만 한다는 원칙을 확립한다. 때문에 그는 "그러나 사실, 말씀이 육신이 되듯이,[10-20] 말씀은 오직 인간을 통해서만이 다가올 수 있다. 신학은 그 출발점을 인류학으로 삼아야만 한다."라고 주장하였던 것이다.[10-21]

예수에 대한 프레이리의 가장 의미심장한 진술은 그가 "부활절 경험"을 해석할 때 사용하는 것이다. 앞서 설명했듯이, 의식화는 죽음과 부활의 경험이자 고발과 선포의 경험으로 해석될 수 있다. 프레이리가 보기에 "모든 기독교인들은 자신의 부활절에 살아야만 한다. 그것만이 참으로 유토피아이다. 다시 태어나기 위해 죽는다는 의미에서, 자신의 부활절을 만들지 않는 사람은 진정한 기독교인이 될 수 없다."[10-22] 프레이리 본인 스스로가 이러한 경험을 계속적으로 하며 살고 있는 사람이라고 표현하곤 했다.

신의 말씀

말씀의 상징은 프레이리의 글에서 강력한 상징이다. 그의 문해 프로그램은 생성어와 관련이 있다. 즉, 말은 다른 말을 생성할 뿐만 아니라, 또한 성인 학습자에게 새로운 수준의 정치적 의식도 생성하게 한다. 교육의 목적은 인간이 자기 자신의 말로 세계에 대해 말할 수 있도록 하는 것이다. 프레이리에게 인간의 말은 단지 언어가 아니다. 그것은 또한 행동이다. 말은 단지 말해진 것이 아니다. 그것은 또한 행해진 것이다.

이제 프레이리의 말씀에 대한 이러한 이해를 그의 일반 이론으로 적용해보고자 한다. 이는 그가 신의 말씀이란 중요한 종교적 상징을 어떻게 다루는지를 분석하는 흥미로운 일이 될 것이다. 프레이리가 보기에, 신의 말씀을 안다는 것은 그 말씀을 듣는 것이자 이를 실천으로 옮기는 일이다. 무엇보다도 구체적 행동을 통해 인간 해방을 위해 전념하지 않는다면, 결과적으로 신의 말씀을 모르는 일이다. 프레이리에 의하면, "신의 말씀이 나를 세계의 재창조에 초대한다는 것을 최종적으로 분석해보면, 그것은 내 형제의 지배를 위한 초대가 아니라 내 형제의 해방을 위한 초대이다."[10-23] 곧 말씀을 들음은 그 말씀대로 완전히 살겠다는 자발성과 헌신을 수반한다.

신의 말씀을 설교하고 듣는다는 것은 돈을 예치하고 돌려받는 은행 저축식의 개념으로 이해될 수 없는 것이다. 우리는 이 말씀으로 채워지길 기다리는 항아리가 아니다. 말씀은 물처럼 따를 수 있고 우리는 단지 수동적으로 받아들이는 그릇이 아니다. 우리가 우리 스스로 구원과 해방을 위해 적극적으로 일할 때만이, 신의 말씀이 우리를 해방시키고 구원한다. 프레이리의 이론적 틀에서, 신의 말씀이 특별히 제3세계에서 들리는 이유는 바로 그 세계에서 죽어 되살아나는 부활절 경험이 발생하기 때문이다.

신의 말씀에 대한 중요한 회답은 개인의 전환이기도 하다. 하지만 그것은 더 중요하게 집단의 전환임을 프레이리는 강조한다. 그는 세계를 변혁하는 일은 사회적 구조들을 그대로 둔 채로 사고방식과 마음을 바꾸는 것만으로 충분하다는 시각을 거부한다. 그의 관점에서, 강력한 권고나 선행, 그리고 지성적 분석은 이러한 세계변혁의 임무를 수행하기에 적절한 것이 못 된다. 적극적인 정치 참여만이 사회구조의 급진적인 변혁을 이끌어낼 수 있으며 그것이 억압의 상황에서 요청되는 것이다.[10-24]

프레이리가 보기에, 신의 말씀이 육신이 되었다는 사실은 신의 말씀이 오직 우리의 형제자매들과 함께 하는 우리의 구체적 삶을 통해서 다가올 수밖에 없다는 것을 의미한다. 따라서 성육신은 신학뿐만 아니라 세계에서 기독교인의 삶을 위한 인류학적 출발점을 제공한다. 말씀을 읽는다는 것, 즉 복음을 읽는다는 것은 형제자매들과의 영적 교감 그리고 형제자매들을 향한 헌신이 요청된다.

교회의 신학

나는 앞의 여러 장에서, 프레이리의 중요한 글인 「교회의 교육적 역할」과 그 자매편인 「교육, 해방, 그리고 교회」에 대해 언급한 바 있다.[10-25] 이 글 속에는 교회에 대한 프레이리의 관점이 담겨 있다. 더불어 이 글은 프레이리 본인의 평가처럼, 보다 성숙한 그의 사상을 이해하는 데 중요하다.

물론 프레이리는 순수한 교회학을 제시하지 않는다. 그의 관심은 늘 그랬듯이 자신이 인정하거나 거부하는 교육의 형식을 설명하는 것이다. 하지만 프레이리는 이 작업을 하면서, 기독교 교회의 성격과 사명에 대해 그 자신이 생각하고 있었던 바를 분명하게 지적하고 있다.

프레이리는 교회를 올바르게 논의하기 위해서는, 오직 교회를 추상체가 아니라 역사에 참여하는 구체적인 제도로 다룰 때만이 가능하다고 주장한다. 이러한 이유로, 교회는 중립적일 수가 없다. 교회는 반드시 특정 사회가 마주하는 문제들에 대해 입장을 밝히고 판단을 내려야만 한다. 예를 들어, 교회는 지배계층의 손에 지나치게 많은 정치적·경제적 권력이 주어져 있다는 문제에 대해 모른 척할 수 없는 것이다. 또한 프레이리는 교회가 내세적 가치에 대한 설교만으로 충분히 세상을 바꿀 수 있다고 생각하는 사람들의 소박한 태도 또는 도덕주의에 대해 반박한다. 그의 입장에서 볼 때, 중립주의자와 도덕주의자의 태도는 지배계급의 이익에 봉사하고 있다. 신앙을 변호한다는 구실로 그들은 계급 이익을 변호하고 있는 것이다.

프레이리는 교회가 유토피아와 예언자 같은 것이어야 한다고 요구한다. 교회가 이와 같이 되기 위해서는 세계의 부조리를 비난하고 피억압자의 역사-사회적 실천을 통해 좀 더 정의로운 세계가 되어야 함을 선포해야 한다. 만약 교회가 예언자와 유토피아를 따르지 않으면, 교회는 형식주의자, 관료주의자, 소외된 자와 소외시키는 자의 것이 되어버릴 것이다.

프레이리는 교회의 지도자들에게 "그들 자신의 부활절을 경험하도록"요청한다. 즉 지배자의 태도를 죽이고 피억압자의 편에 서서 되살아나기를 요구한다. 이를 성취하기 위해서는 변화된 의식만으로 충분치 않다. 그들에게 요청되는 것은 세계 변혁을 위해 피억압자들과 함께 실천에 참여하는 것이다. 다른 말로, 요청되는 것은 단지 말만 하는 것이나 임시방편적 태도가 아니라 적극적인 정치적 참여이다. 프레이리는 다른 형식의 신학 교육을 유토피아의 교회 또는 예언자의 교회의 지도자들에게 제공해야 한다는 것을 인식하고 있었던 것이다.

프레이리는 전통주의자의 교회, 근대화된 교회, 예언자의 교회라는 세 가지 형식의 교회를 제시하면서, 이를 의식의 수준과 교육의 형식에 대한 이론과 연결한다. 이러한 세 형식의 교회가 이전 장에서 논의되긴 했지만, 여기서 간단하게 재언급하는 것이 프레이리의 신학에 대한 관점을 전체적인 그림으로 제시하는 데 도움이 될 것이다. 전통주의자의 교회는 준변화 불가능 단계의 의식에 사로잡힌 것이다. 프레이리는 그 교회가 지닌 그와 같은 식민주의적인 사고방식을 맹렬하게 비난하였다. 그 교회는 죄, 지옥의 불, 그리고 영원한 지옥살이를 강조한다. 인생은 우리가 천국에 도달하기 위해 반드시 겪어야만 하는 시련의 과정으로 제공되는 것이다. 이 교회는 세계를 근본적으로 악의 장소로 바라보기에, 내세의 구원을 설교할 뿐이다. 프레이리는 무엇보다 이 교회가 지배 권력에 지지를 보낸다는 점에서 강도 높게 비판한다.

'근대화된' 교회는 소박한 의식으로 특징화할 수 있다. 이 교회는 종교 생활을 조성하고 종교 조직을 운영하기 위해 근대적인 수단을 사용하고자 하는 제도이다. 예를 들어, 그 교회는 사회복지사를 활용하고, 대중 매체를 이용하며, 계획과 평가의 방법들을 발전시킨다. 하지만 프레이리는 이 교회는 많은 사회가 마주하고 있는 실제 문제들에 충분히 맞설 만큼은 되지 못한다고 판단한다. 자본주의에 대해 이 교회가 취하는 태도가 바로 프레이리가 가장 문제점으로 파악하는 구체적 실례이다. 이 교회는 자본주의를 규탄하기보다는, 자본주의를 인간다운 것으로 만들려고 시도한다. 계급 사회는 사회 변혁을 위한 투쟁의 중심부에 자리한다는 것을 인식하지 못하기에, 이 교회는 이러한 상황을 아무런 비판도 도전도 하지 않은 채 유지되도록 한다.

프레이리는 '예언자의 교회'를 찬양한다. 이곳은 지도자와 사람들이 완성된 단계의 비판적 의식을 지닌 곳이다. 이 교회는 사회의 비판적 분석에 관여하고 그 자신이 피억압자의 편에 서서 급진적인 사회 변화를 위해 헌신한다. 이 교회는 새로운 엑소더스에 참여하는 곳이자 제3세계의 많은 지역에서 나타나고 있다는 점에서, 진실로 혁명적이라고 표현할 수 있을 것이다. 프레이리는 예언자의 교회의 실례를, 그의 고국 브라질에서 유행하고 있는 기독교 기초공동체로 파악한다.

신학과 정치학

프레이리가 신학과 정치학을 강하게 결속시키려 함은 그가 한 말 가운데서 분명하게 확인할 수 있다. 프레이리는 이러한 관계를 콘의 『흑인 해방신학』에 대한 논평에서 제시한 바 있다.[10-26] 프레이리는 흑인 신학[10-27]과 라틴아메리카의 해방신학이라는 이 두 신학 모두가 정치적 성격을 지닌 것으로 연관 지어 파악한다. 이 두 신학이 피억압자 집단의 투쟁에 연대하여 그들 자신의 말을 할 뿐만 아니라, 역사를 만들고, 혁명적 실천에 참여한다.

흑인 신학과 라틴아메리카의 신학은 모두 신학적 순수성을 해칠까 하는 두려움 때문에 공개적으로 정치적 행동을 지지하는 것을 주저하지는 않는다. 프레이리는 현재 군림하고 있는 백인 지배계급의 이익을 백인 신학이 옹호한다는 점에서, 백인 신학은 정치적이라고 말하는 콘의 주장에 동의한다. 백인 신학은 화해될 수 없는 것을 화해시키려 하고, 계급적 차이를 부정하려 하며, 사회 속에서 현대화하려는 노력에만 동의한다는 혐의를 받고 있다. 피억압자들에게 이 신학은 고통, 희생, 체념의 가치와 죄의 정화만을 설교한다.

프레이리는 콘이 말한 흑인 해방신학이 보여준 신학의 정치화를 찬양한다. 그는 그 신학이 피억압자가 고통에 굴복하지 않고, 고통을 신앙으로 전환하도록 지도한다는 점을 찬양한다. 그 신앙은 피억압자들에게 "그들을 소외시키는 애매모호함도 미리 결정된 내용도 아닌, 정의로운 사회 건설의 임무와 해방의 행위로서, 미래에 의미를 제공할 수 있다."[10-28]

해방신학에 끼친 프레이리의 다른 영향

유토피아의 신학

라틴아메리카의 해방신학자들은 파울로 프레이리의 저작에 주목해 왔다. 구티에레스Gustavo Gutierrez[10-29]는 프레이리의 『페다고지』를 매우 높이 칭송했다. 그는 세계와 타자와의 관계를 변혁하기 위해, 실천과 이론을 연결시키면서도 소외시키지 않으며 해방을 가져오는 문화 행동에 대해 언급한 바 있다. 구티에레스는 프레이리의 생각이 아직 완전하게 확립된 것이 아님을 인식한다. 그리하여 프레이리가 말한 의식화 과정에는 어떠한 한계가 있음을 말한다. 하지만 그는 그 한계들을 구체적으로 제시하지는 않는다. 반면, 구티에레스는 프레이리의 라틴아메리카 사회의 분석에서 보여준 하나의 요소를 마음 깊이 인정한다. 그것은 바로 라틴아메리카 사람들이 과거를 과대평가하도록 만드는 집착이다. 이 집착은, 비판적 의식 이전의 단계에서 드러나는 것으로, 새로운 사람과 새로운 사회가 출현하지 못하도록 막는다. 마지막으로, 구티에레스는 프레이리가 부조리한 현실에 대한 맹렬한 비판과 정의로운 실재에 대한 선포를 유토피아의 과정으로 기술한 점에 또한 주목한다. 그리하여 이를 자신이 주장하고 있던 유토피아와 정치적 행동의 개념들과 통합시킨다.[10-30]

의식화로서의 복음 전도

또 다른 해방신학자인 세군도Juan Segundo[10-31]는 프레이리로부터 의식화로서의 복음 전도란 개념을 이끌어낸다. 이러한 복음 전도에서, 복음은 인간을 역사의 대상이 아닌 주체로서 바라보는 역사에 대한 해방적인 해석으로 자리한다. 이러한 방식으로 복음이 사용되지 않는다면, 복음 전도와 교리의 가르침은 문화적 행동이 아니라 문화적 침략이 될 것이다. 즉, 다른 문화에서 온 새로운 말과 관념의 가르침일 뿐으로, 실제 삶과 조응하지 못할 뿐만 아니라, 공포, 노예화, 이데올로기에서 비롯되는 사람들의 실제적인 소외를 다루지 못하게 된다. 세군도는 "복음 전도와 정치적 의식화 사이의 긴밀하고도 필연적인 연결만이 …… 오염되지 않은 복음 전도라는 잘못된 희망을 파괴시킬 수 있다."고 주장한다.[10-32] 세군도는 문해 훈련과 복음 전도 사이의 관련성을 이와 같이 적고 있다.

인간의 해방에 헌신하는 복음 전도는 새로운 형태의 문해 훈련과 깊은 관련을 맺고 있다. 즉, 의식을 키우는 과정 안에서 하나로 통합되어 있는 것이다. 이러한 새로운 형태의 문해 훈련은 일종의 해방의 과정으로서, 그것은 인간에게 기여하는 교육적 기법을 보유하고 있다. 그 기법은 복음 전도의 과정에서 사용되는 것들과 완전히 유사한 것이다. 우리는 이것들을 두 개의 다른 과정으로 생각해서는 안 되며, 복음 전도에 포함되어 있는 인간의 점진적 해방을 위한 단일한 순간으로 생각해야만 한다.[10-33]

성례

프레이리의 교육학은 또한 성례 즉 교회의 의례를 해석하는 데 활용되었다. 세군도는 프레이리의 관점에 기초하여, 성례를 공동체적 해방의 교육학으로 설명한다. 이러한 의례의 목적은 주술적인 시각의 은총을 천국에 예금하기 위한 것이 아니다. 이러한 시각은 사람들을 소외시킬 뿐이며, 의례의 진정한 목적은 기독교인이 자기 자신의 언어로 말할 수 있도록 하고자 함이다. 세군도는 성례의 의식에서 일어나야만 하는 것에 대해 이와 같이 묘사한다.

각각의 성례는 기독교인들에게 현재의, 구체적인, 실존적인 상황을 제시해야만 한다. 그것은 기독교인들이 도전받고 대답을 요청받는 문제로서, 이러한 상황을 제기해야만 한다. 더불어 그것은 또한 신성함을 드러내어야 한다. 그리하여 기독교인들이 이와 같은 도전에 마주할 수 있도록 도움을 주는 요인이 되도록 해야 한다.[10-34]

성례 의식은, 의식화의 경험이 되는 것으로서, 지성적 이해와 행동 모두를 포함해야만 한다. 왜냐하면 "기독교 공동체가 그 자체로 성례의 표현이 되도록 조직될 때, 그것은 그 스스로 성찰과 비판의 방식으로 역사적 도전에 맞서는 행동을 향해 나아가기 때문이다."[10-35] 세군도는 조금도 주저하지 않고 파울로 프레이리의 입장을 받아들여, "문해 훈련, 교육, 문화와 같은 용어들을 자신의 논의에서 성례, 은총, 기독교인의 임무 등과 같은 용어들로 대응시켜 단순하게 바꾸어 제시하고 있다."[10-36]

프레이리와 기독교 기초공동체

프레이리는 브라질의 기독교 기초공동체를 여러 차례 언급하였다. 이 공동체는 기독교인들이 성서의 내용을 토론하여 자신들의 구체적인 삶의 문제들에 적용시키고자 모임을 갖는 소규모 집단이다.

프레이리는 이 공동체가 1960년대 초기에 브라질에서 시작되었다고 말한다. 그는 이 공동체의 행동을 군사정부 시절 독재 정치에 반대하여, 자신들을 지키기 위한 개인과 집단의 노력으로 표현한다. 그는 이 집단에서 해방신학이 시작되었으며, 그 집단이 독재정치를 막아내는 유대감, 즉 교회 안에서의 친밀성을 제공하였다고 바라본다.

대중의 집단이 주체적인 역할로서 복음을 공부한다고 하면, 그들은 더 이상 단순히 읽지만은 않는다. 곧 그들은 필연적으로 피억압자의 관점에서 복음을 공부하게 된다. 더 이상 그들은 억압자의 관점에서 공부하지 않는다.[10-37]

프레이리에 보기에, 이 공동체는 정치적 임무를 수행하면서도 신앙적 차원을 놓치지 않는, 예언자적 교회의 구체적 실례이다.

프레이리 본인은 이 공동체에 자기가 영향을 끼쳤다고 말하지는 않았다. 하지만 다른 이들은 프레이리가 이 공동체에 상당한 영향력을 끼쳤다고 주장하였다.[10-38] 왜냐하면 프레이리의 페다고지, 즉 의식화의 방법이 이 공동체들에서 활용되기 때문이다. 곧 이 공동체의 시작에서부터 프레이리의 방법이 매주 열리는 기도회와 예배에서 성경에 대한 성찰을 위한 해석의 도구로서 사용되어왔던 것이다.

신학적 방법

프레이리에게 있어, 의식화의 방법론은 해방신학을 위한 방법론이었다.[10-39] 의심할 바 없이 이 두 개의 접근 방식에는 유사성이 존재한다. 그러나 주요 라틴아메리카 신학자들이 의식화를 직접적으로 적용한 경우는 찾아보기 어렵다. 예컨대, 구티에레스는 해방신학의 방법론을 신의 말씀에 비추어 실천을 비판적으로 반성하여 성찰하는 것이라고 규정하였다. 이처럼 해방신학자들은 피억압자의 투쟁에 참가하는 것을 신학을 하기 위한 선결 조건으로 파악한다.

맥칸McCann은 프레이리의 방법론이 신학을 위한 적절한 방법론이 아님을 지적해왔다. 왜냐하면 그것은 극단적인 개방성 때문에 전통과 권위를 거부하기 때문이다. 프레이리의 저작에는 이러한 극단적 개방성의 관점을 정당화하는 여러 언급들이 있음을 부정할 수 없다. 프레이리는 모든 진리들은 다시 바로잡을 가능성을 열어두어야 한다고 주장하는 것 같다. 하지만 맥칸은 이러한 프레이리 방법론과 신학에 대한 논의를 통해, 프레이리의 이론에 대한 비판보다는 변화되지 않는 종교적 진리의 특성을 부각시키고자 한 것으로 생각된다. 프레이리는 분명히 변화의 입장에 서 있다. 이는 그가 책을 쓰게 된 상황적 맥락을 파악해보면, 충분히 이해할 수 있는 것이다. 다시 말해, 그는 종교적 진리를 다룸에 있어 거의 완전히 숙명론적 입장이 지배했던 상황적 맥락에서 저술한 것이다. 하지만 프레이리가 종교적 진리에 대한 완전한 개방성을 강조함을, 그가 보기에 모든 진리가 동일한 가치를 지니고 있다거나 종교적 전통과 권위가 가치 없다는 것을 의미하는 것으로 파악해서는 안 될 것이다.

10-1. Paulo Freire. "A Letter to a Theology Student", *Catholic Mind*, Vol. LXX, No. 1265, 1972, p. 8.

10-2. Paulo Freire. *The Politics of Education*, South Hadley, Mass.: Bergin and Garvey, 1985, p. 127.

10-3. Paulo Freire. "A Letter to a Theology Student", p. 7.

10-4. Paulo Freire, "Conscientizing as a Way of Liberating", LADOC. 1972, Ⅱ. 29a, p. 8. This is a taped version of a talk given by Freire in Rome in 1970.

10-5. Paulo Freire, "A Letter to a Theology Student", p. 7.

10-6. Ibid., p. 9.

10-7. [옮긴이 주] Religion은 라틴어 religare에서 유래하며, 이는 "꽉 졸라매다"라는 의미를 갖고 있다.

10-8. Paulo Freire, *La educacion como pratica de la libertade*. Santiago, Chile: ICIRA, Calle Arturo Claro, p. 15. This passage has been omitted from the English translation, *Education for Critical Consciousness*.

10-9. Paulo Freire, *The Politics of Education*, p. 103.

10-10. Paulo Freire, "A Letter to a Theology Student," p. 1.

10-11. Paulo Freire, *Education for Critical Consciousness*. New York: Seabury, 1973, p. 18.

10-12. Ibid., pp. 103-104.

10-13. Paulo Freire, "Conscientization." In Walter Conn, ed. *Conversion*. New York: Alba House, 1977, p. 303.

10-14. Ibid., p. 304.

10-15. [옮긴이 주] 마르크스는 차안보다는 피안을 바라보고 현실의 고통을 신에게 의탁하게 하는 종교와 주객이 전도되는 결과를 빚어내는 물신성(fetishism)에 대해 신랄한 비판을 가했다. 물신성이란 인간의 사고로 어떤 대상을 신격화하고 결과적으로 그것이 스스로 만들어낸 것임을 망각한 채 이에 지배당하는 현상을 의미하는데, 종교 역시 마르크스의 입장에서는 물신에 지나지 않는다. 물신은 인간이 인간을 지배하고 소외시키는 세속적 방식을 교묘하게 은폐하는 데 있다. 하지만, 마르크스주의에서 "종교 부정은 자기 목적이 아니라, 투쟁교리이고, 이론적인 진리에 대한 관심에서 생긴 것이 아니라 이 세상을 더욱 더 인간적인 세계로 바꾸는 데 대한 실천적 관심에서 생긴 것"이다.

10-16. Paulo Freire, "Conscientization." p. 304.

10-17. Paulo Freire, *Pedagogy of the Oppressed*. New York: Seabury, 1970, pp. 136, 163.

10-18. Paulo Freire, "Conscientization." p. 306.

10-19. Paulo Freire, *The Politics of Education*, p. 139.

10-20. [옮긴이 주] 요한복음 1:14 "말씀이 육신이 되어 우리 가운데 거하시매 우리가 그의 영광을 보니 아버지의 독생자의 영광이요 은혜와 진리가 충만하더라."

10-21. Paulo Freire, "A Letter to a Theology Student," p. 7.

10-22. Paulo Freire, "Conscientization." p. 306.

10-23. Paulo Freire, "A Letter to a Theology Student," p. 7.

10-24. Paulo Freire, "The Educational Role of the Churches in Latin America"

Washington, D. C.: LADOC, 3, 14, 1972, p. 15.

10-25. Paulo Freire, "The Educational Role of the Churches in Latin America." "Education, Liberation, and the Church." *Risk*, Vol. 9, no. 1, 1973, pp. 34-38.

10-26. Paulo Freire, *The Politics of Education*, pp. 145-150.

10-27. [옮긴이 주] 흑인 신학은 흑인 해방의 신학으로, 하나님의 계시인 예수 그리스도의 빛 안에서 흑인의 상황을 살펴본다. 곧 흑인들의 실제 경험을 신학의 수준에서 해석하고자 한다. 흑인의 신학은 백인으로부터 흑인을 해방시킴으로써 흑인과 백인 모두에게 진정한 자유를 가져다주고자 하는 신학이다 흑인 신학의 이러한 정의와 목적은 라틴아메리카의 해방신학과 매우 유사하지만, 이 두 운동에는 형식적인 상호 관련성이 전혀 존재하지 않는다. 해방신학은 남미의 로마 가톨릭교회에서 시작된 반면, 흑인 신학은 북미의 프로테스탄트 교회에서 시작되었다. 콘은 하나님은 해방을 위한 흑인들의 투쟁에 관심을 가지고 계신다고 하면서, 이것이 하나님의 중심된 생각이라고 호소하였다. 콘은 흑인 신학의 핵심적 근원으로서의 흑인의 체험을 호소하였다.

10-28. Paulo Freire, *The Politics of Education*, p. 146.

10-29. [옮긴이 주] 구스타보 구티에레스는 라틴 해방신학의 창립자로서 1928년에 태어난 페루 신학자이자 도미니크회의 신부이다. 그는 자신이 배운 신학을 일상생활과 라틴아메리카의 문화에 적용하려 했으나, 라틴아메리카의 현실과 동떨어짐을 깨닫고 해방신학을 탐구한다. 그는 『해방신학』이라는 저서를 통해 가난은 구조적이며 파괴적이기에 대결을 통해 깨뜨려야 하고, 가난한 사람들은 사회계급이며, 이들에게 행하는 봉사는 실천을 통해야 한다는 이론을 집대성했다.

10-30. Gustavo Guterrez, *Theology of Liberation*, Maryknoll, New York: Orbis Books, 1973, pp. 91-92.

10-31. [옮긴이 주] 후앙 루이스 세군도(Juan Luis Segundo: 1925~1996)는 우루과이의 몬테비데오에서 태어난 제수이트 신부이자 신학자로, 해방신학 운동에서 가장 중요한 인물 가운데 한 사람으로 뽑히고 있다. 그는 신학, 이데올로기, 신앙, 해석학, 사회적 정의에 관한 많은 저서들을 남겼다. 이 저서들에서 그가 목도한 억압과 고통에 대한 교회의 무신경에 대해 신랄하게 비판하고 있다.

10-32. Juan Segundo, *The Idea of God*, Maryknoll, New York: Orbis Books, 1974, p. 174.

10-33. Ibid., pp. 174-175.

10-34. Juan Segundo, *The Sacraments Today*, Maryknoll, New York: Orbis Books, 1970, p. 104.

10-35. Ibid., p. 104.

10-36. Ibid., p. 101.

10-37. Paulo Freire and Antonio Faundez, *Learning to Question: A Pedagogy of Liberation*, New York: Seabury, 1989, p. 66.

10-38. Alfred Hennelly, *Theology for a Liberating Church*, Washington, D. C.: Georgetown University Press, 1989, pp. 28, 81.

10-39. Dennis McCann, *Christian Realism and Liberation Theology*, Maryknoll, New York: Orbis Books, 1981, chapter 7.

에필로그

파울로 프레이리가 20세기 후반 가장 중요한 교육자 중 한 사람이라는 사실은 의심의 여지가 없다. 그의 저작은 전 세계에 알려져 있다. 학자들은 프레이리 저작의 다양한 측면을 탐구하였다. 철학, 신학, 사회 이론, 정치 이론과 교육 등. 실천가들은 프레이리의 교육 방법을 통해 교육뿐만 아니라 공동체 조직과 사회 활동에 활용하였다.

문제는 파울로 프레이리의 저작이 다음 세기에도 중요한 의미를 가질 것인가 하는 점이다. 나는 그렇게 될 것이라고 믿는다. 민중이 억압받는 곳이면 어디든지, 교육자가 억압을 종식시키려고 노력하는 곳이면 어디든지 프레이리의 저작은 주목받을 것이다. 프레이리의 저서가 많은 비판을 받았음에도 불구하고, 그의 모든 저서 특히 『페다고지』에 스며 있는 지성, 열정 그리고 헌신에 감동받지 않는 사람은 없을 것이다.

프레이리는 주로 경제적 억압에 대해 이야기했다. 현재의 사건이 다가올 일의 전조라면, 다음 세기에는 경제적 억압에 더해 지독한 종교적·인종적 억압이 두드러질 것이다. 인간 본성에 대한 프레이리의 낙관주의 철학은 비관주의의 성장을 막는 데 필요할 것이다. 모든 형태의 억압에 도전함으로써 자유, 평등, 박애라는 인도적 가치에 헌신하는 사회를 향한 프레이리의 비전은 존속할 것이다.

프레이리의 저작은 당대의 사회문제를 현실적인 방법으로 다루는 교육의 힘에 대해 주목할 만하고 모범이 되는 진술을 계속하고 있다. 그의 변함없는 메시지는, 민중들이 자유롭게 교육을 받고, 교육을 하는 한 인류에게 희망이 있다는 것이다. 그는 자신의 걸작인 『페다고지』를 세상에 내놓음으로써, 실제로 모든 세대를 위한 해방의 교육자가 되었다.

옮긴이 후기

파울로 프레이리(1921~1997), 그는 오늘날 지구촌에서 가장 유명하고 영향력 있는 교육자라 단언해도 지나치지 않을 것이다. 엘리아스가 이 책(『Paulo Freire: Pedagogue of Liberation』) 처음에서 말하고 있듯이, 그 어떤 교육자도 프레이리의 저서만큼 세계 곳곳의 사람들이 읽는 책을 출간하지는 못했다. 더불어 어떤 교육자도 프레이리만큼 교사들, 교육 활동가들, 교육학자들에게 많은 영향력을 끼쳤던 인물은 없었을 것이다. 진정 프레이리는 브라질을 넘어 전 세계의 교육자로 자리매김한 인물이다.

그러나 프레이리를 이해하기는 결코 쉽지 않다. 그의 생애와 이론은 너무도 복잡다단하기 때문이다. 성인 문맹 퇴치자이자 비판적 교육학자이자 교육철학자이며 더불어 교육 실천가이자 혁명가인 프레이리, 그 무엇 하나로 규정할 수 없는 인물이기 때문이다. 엘리아스는 이 책을 통해 프레이리의 생애, 실천, 이론을 일목요연하게 정리하고 있다. 비록 그가 미국의 주류인 자유주의적 관점에 입각해서 프레이리를 그려내고는 있는 듯하지만 말이다. 예컨대 엘리아스는 '교육의 중립성'을 부정하는 프레이리의 태도를 이데올로기적 신념을 드러낸 것으로 평가한다. 또 의식화 교육이 교사-학생 사이에 대화보다 주입식으로 이루어질 소지가 크다는 문제 제기도 하고 있다. 하지만 이러한 그의 평가와 문제 제기는 프레이리를 객관적으로 그려내기 위한 노력으로 보아야 할 것이다. 왜냐하면 엘리아스는 이 책에서 프레이리의 활동 배경인 라틴아메리카의 정치경제 상황과 사회운동을 자세히 소개하면서 그에 대한 왜곡을 최대한 피하려고 노력했기 때문이다.

무엇보다도 엘리아스의 이 책은 지금까지 한국어로 번역된 프레이리 관련 저서에서는 찾아보기 어려운 독특성과 탁월성을 지니고 있다. 그것은 바로 프레이리 이론과 실천에 담겨 있는 종교적 사유를 세밀하게 분석하고 있다는 점이다. 물론 오늘날 한국에서 프레이리의 사유 밑바탕에 자리하고 있는 해방신학, 즉 가난하고 억압받는 자들의 입장에서 기독교 교리를 해석하고 교회의 사회 참여를 강조하는 신학이 큰 영향을 끼치지 못한다는 점은 사실이다. 그러나 그 신학이 경제 위기와 생태 위기의 이 시대에 영적 구원을 포함한 새로운 비전을 찾는 이들에게 중요한 시사점을 제공하리라 확신한다. 한 예로 프레이리는 대화의 원리가 창조주-인간의 관계에 존재한다고 보고 이것을 인간-인간에 적용하고 있다. 그의 이러한 대화의 원리는 인간-자연 만물에도 확대 적용할 수 있는 충분한 가능성을 가지고 있다. 이에 대해 여전히 과학적인 변혁 이론을 고집하는 이들에게는 이런 종교적 언사가 불만스러울 수 있을 것이다. 그렇지만 예수와 마르크스를 결합하고자 했던 프레이리처럼 진보적 인본주의를 믿는 이들에게는 이 책에서 보여주고 있는 프레이리의 사유가 의미심장한 시사점을 제공할 것이라 믿어 의심치 않는다.

프레이리의 교육 이론은 우리나라에 1970년대 말 교회 중심의 야학이나 교사 운동가, 진보적 교육학자들에 의해 도입되어 사회 각층으로 확산되었다. 하지만 1980년대 말 동유럽 사회주의 국가의 몰락과 함께 그의 교육 이론과 사상은 그 빛을 잃어간 듯 보인다. 사실 프레이리는 마르크스와 자유주의 모두에게 비판의 대상이었다. 1980년대 초에 마르크스주의가 유행하면서 프레이리의 자유주의적 입장은 강한 비판을 맞아야만 했다. 많은 노동야학에서 마르크스-레닌주의 선전선동 이론이 득세하여, 프레이리는 계급투쟁보다는 대화를 강조하고 구체적인 혁명 전략이 없다는 비판 대상이 되었다. 그리하여 프레이리는 듀이와 비슷한 교육사상가로 평가받기까지 하였다. 결국 프레이리는 한편에서 그의 중요한 사상적 기반인 마르크스주의 개념은 주목받지 못하고 실존주의나 인본주의에 입각한 개념들만 수용되었다. 더욱이 정부기관이나 대중매체에서 프레이리가 주장하는 '의식화 교육'을 좌경용공 교육으로 매도하면서 기피하는 용어로 만들어버렸다.

사실 '의식화 교육'은 근본적으로 '우리에게 현실은 우리 스스로가 주체적으로 만드는 것이며, 인간다운 삶을 위해서 부당한 억압이나 모순에 대항하여 극복해야 함을 자각'시키는 교육이다. 때문에 조금만 깊이 생각해보면, 이 '의식화' 혹은 '의식화 교육'은 프레이리의 실존주의와 인본주의적 입장에서 출현한 용어인 것이다. 그런데 의식화라는 용어가 우리 사회에서 너무도 반공 이데올로기적 입장에서 덧씌워짐으로써 프레이리의 사유의 근간이 어디에 있는지조차 제대로 평가받지 못하도록 만들어버렸다. 엘리아스에 따르면, 프레이리에게 실존주의나 인본주의란 '거짓된 삶과 교육을 참된 것과 구분하는 것'이며 '삶의 주체가 되려는 인간의 자유를 중시하는 것'이다. 이 점에서 프레이리가 학습자의 자유와 해방에 대한 의지를 북돋고자 했던 애초의 의도를 무시한 채, 그의 이론을 단순히 '인식-실천-반성-재인식이란 학습 순환 구도', 즉 교수학습 방법으로 축소시켜 이해하는 것도 지양해야 할 것이다.

물론 프레이리가 보여준 교수학습적 방법론은 대단히 의미 깊다. 그가 『페다고지』에서 현재의 교육 체제를 비판하기 위해 제시한 '은행 저축식 교육'은 여전히 유효하고 중요하다. '은행 저축식 교육'에 대한 비판으로부터 입시 위주 교육과 국가교육과정에 대한 비판이 가능했고, 학습자의 삶의 경험에서 출발하는 교수학습 방법을 정립할 수 있었다. 이는 분명 이오덕 선생님의 글쓰기 교육과 같은 교사들의 참교육 실천이 등장한 배경으로 작용했을 것이다. 더불어 교사-학생 양 주체 간의 대화와 실천으로 만들어가는 배움과 학습의 공동체를 가리키는 프레이리의 '문화 서클' 개념도 주목할 필요가 있다. 이러한 개념을 통해, 교사-학생 사이의 대화가 존재하는 공간으로 학급을 만들기 위해 '학급신문 만들기'나 '학생이 주인 되는 학급 운영'을 시도하는 교사들이 나타날 수 있었으리라 본다. 곧 문화 서클 담론의 영향으로 학생과 교사가 모두 주체가 되는 학교 문화와 교사 문화를 만들려는 노력은 혁신학교 운동으로 지속되고 있다고 말할 수 있다. 독자들은 이 책을 읽어가면서 프레이리가 우리 곁에 살아 있음을 느끼고 그 역사와 이론을 더욱 깊이 탐구하는 기회가 될 것이리라 확신한다.

오늘날 교사나 교육자들은 더 이상 프레이리에 대하여 열심히 공부하지 않는 듯하다. 어쩌면 20여 년 전에 프레이리를 열심히 공부했던 교사들도 사실 프레이리에 대한 피상적인 앎에 그치지 않는가 싶다. 그리고 프레이리는 임용고시 시험에 비중 있게 나오는 교육철학자도 아니기에 사범대나 교육대에서도 별로 깊게 다루어지지 않는다.

그 때문인지 '은행 저축식 교육'을 반대하고 '의식화 교육'을 실시해야 한다고 목소리를 높이는 교육자도 극히 드문 상황이 되었다. 입시 경쟁 교육의 위력 앞에 '은행 저축식 교육'의 전제가 되는 권위적인 교사-학생 관계를 침묵으로 순응하는 것만 같다. 우리의 현실은 입시 경쟁 교육의 뒤에 결코 깨질 것 같지 않은 강력한 학벌주의가 자리 잡고 있고, 교사들의 손발을 옥죄는 관료주의 통제 체제도 여전히 강고하게 서 있다. 때문에 프레이리의 이론을 우리의 교육 현장에 도입하는 것은 요원해 보인다.

하지만 이러한 현실적 상황 때문에 우리는 프레이리의 사유를 다시 한 번 돌아봐야만 한다. 입시 경쟁을 앞세워서 강제와 폭력으로 교육을 하고 있는 우리의 현실에, '인간화 교육', '의식화 교육'과 같은 담론은 여전히 유효하고 필요하다. 물론 비판과 계승의 지점을 찾는 작업 역시 요청된다. 엘리아스에 따르면, 가톨릭 인격주의 철학자 엠마뉴엘 무니에의 시각을 채용하여 '인간화란 의미 있는 역사와 문화를 창조하기 위해 반성적인 행동과 실천을 결합하는 과정'(4장 참조)이라 규정하고 있다. 이는 사회과학 용어라기보다는 종교적 담론에 가깝다. 우리는 이 개념을 어떻게 비판적으로 계승할 것인지 고민해야 한다. 그리하여 '인간화 교육'이라는 목표에 대한 공동의 이해를 구축해야 할 것이다.

이제 이 책과 관련한 몇 가지 논의와 제안을 드리고자 한다.

엘리아스는 프레이리의 한계점이 사회 이론과 혁명 이론 분야에서 가장 분명하게 드러난다고 지적하고 있다. 대표적인 예를 들면, 피억압 민중이 '의식화'를 통해 정치경제학 지식을 얻고 자신에게 작동하는 인과관계를 알게 되었다고 해서 "그/그녀가 억압자의 편에 서지

말라는 법이 없다."고 지적한다. 엘리아스가 에리히 프롬을 인용했듯이, "해방이란 억압된 사람들의 자유에 대한 두려움과 자유로워진 이후 억압자가 되려는 경향 두 가지 모두를 다루어야 한다." 이 대목에서 프레이리처럼 인간의 선한 본능을 무한 신뢰하는 인본주의자들의 한계가 드러난다고 엘리아스는 지적한다. 물론 프레이리는 의식화 교육이 개인의 의식 안에서만 이루어지는 것이 아니라, 세계와 자신을 동시에 변화시키는 정치 활동을 통해서 이루어지기에 배신과 변절의 가능성은 적다고 주장할지 모른다. 이러한 문제의 근원은 엘리아스가 지적하듯이, 프레이리가 억압과 지배의 문제를 정치경제학적 비판이 아닌 '비인간화'라는 모호한 개념으로 분석하려 한 초기의 순진함에 있는지도 모른다. 프레이리가 이후 마르크스주의를 기독교 해방신학과 결합하면서 이런 순진함에서 벗어나려 하지만 '의식화 교육'이 변혁 이론으로서 갖는 약점이 해소된 것은 아니라고 엘리아스는 평가한다. 그러나 엘리아스가 이러한 약점을 극복할 수 있는 방안을 제시해주고 있지는 않다. 독자들은 그 극복 방안으로서 안토니오 그람시의 헤게모니 이론을 프레이리의 이론에 접합하려고 시도하는 학자들에게서 아이디어를 얻기를 부탁한다.

새로운 인식론과 지식의 이론을 추구하는 작업에 있어서 프레이리가 확고하게 기초를 제시한 점이 있다면 그것은 '인간의 의식과 삶의 변화에 대한 실천praxis의 역할'일 것이다. 엘리아스는 이러한 프레이리의 입장을 마르크스와 코와코프스키의 영향이라고 지적한다. 그런데 인식 대상을 매개로 한 교사-학생 간의 대화와 실천이 교육에 있어서 중요하다는 프레이리의 주장은 오늘날 구성주의 학습 이론에도 계승되고 있다. 프레이리와 구성주의 철학자들 모두 현상학에 기초를 두고 있기 때문에 그리할 수 있다. 그러나 프레이리는 학습의 배경이 되는 문화역사적 맥락을 중시한다는 점에서 다른 구성주의 철학자와 다르다. 피아제를 추종하는 주류의 사회적 구성주의 이론가들은 문화 역사적 맥락을 무시하고 개인의 내면에서 일어나는 의식 변화에 집중하고 있는 상황이다. 반면, 프레이리가 더 깊은 연구를 제안하였던 비고츠키의 구성주의 심리학은 "인간이 언어와 도구를 매개로 세계에 대하여 실천함으로써 의식 변화가 일어난다."는 입장을 취한다. 엘리아스는 기존의 프레이리 이론을 정리하는 데 머물렀지만, 독자들은 실천을 중시하는 지식 이론의 새로운 방향을 비고츠키의 저작에서 찾아보기를 희망한다.

마지막으로 프레이리의 사상을 '대화와 실천의 교육학'으로 부르자는 제안을 하고자 한다. 프레이리의 '은행 저축식 교육' 이론은, 그의 대표적인 이론이면서 오늘날 우리나라 학교교육 현실에 가장 적합성을 가진 개념으로 보인다. 엘리아스는 '은행 저축식 교육'이야말로 자유, 평등, 우애라는 민주주의 원리와 어긋나는 대표적인 나쁜 교육의 형태라고 지적하고 있다. 21세기 대한민국의 보수화되어버린 정치 지형과 빈부 격차가 날로 심화되는 경제 상황에서 학교교육에서조차 '은행 저축식 교육'이 지속될 때 다가올 미래의 모습은 그리 희망적이지 못하다. 학교에 다니건 그만두건 간에 아이들 대다수가 무기력증에 빠진 모습을 보이고 있다. 우리는 이제 해답을 기다리기보다는 끊임없이 질문을 제기해야 한다. 더불어 비판, 대화, 실천을 통해 대안을 찾으려는 절실한 노력이 요구된다. 학교에서라면 듀이의 용어로 '문제 제기식 교육'이나 프레이리의 이론에 가까운 '대화와 실천의 교육' 같은 개념이 필요하다. 프레이리가 이미 '희망의 신학'(10장)이라는 이름으로 내세운 주장을 되새겨야 한다. '인간의 구원이란 기다림이 아니라 질문과 탐색하기에서 온다.' 이러한 생각을 교육에 적용하여 우리는 '희망의 교육학'을 제창해야 할 것이다. 희망은 단순히 바람이나 기도가 아니라, 문제 제기·대화·실천을 중단하지 않는 과정 속에서 계속 존재할 수 있다. 그러한 희망이 지속된다면 분명히 그 희망은 현실로 이루어질 것이다.

아무쪼록 한국교육연구네트워크에서 처음으로 시도하는 이번 번역 작업이, 교육학계와 현장에서 진보적인 교육 담론을 다양하게 하고 새로운 희망을 개척하는 단초가 되기를 기원한다. 아울러 번역에 참여하신 분들의 고충과 수고에 대해 짧게 언급하고자 한다. 번역 작업이 더 이상 중요하게 취급되지 않는 현실에서도 참여해주신 대학의 연구자들과 각종 평가와 공문서 처리에 시달리면서도 시간을 내어주신 현장의 교사들에게도 감사드린다. 옮긴이들의 역량과 시간의 한계 때문에 부족한 점이 많이 드러나겠지만, 한국의 교육자들이 이 책을 통하여 프레이리의 문제의식을 되살리는 계기로 삼기를 바라며 이만 후기를 마친다.

2014년 9월
옮긴이 일동

삶의 행복을 꿈꾸는 교육은
어디에서 오는가? 미래 100년을 향한 새로운 교육

혁신교육을
실천하는
교사들의 **필독서**

▶ 교육혁명을 앞당기는 배움책 이야기
혁신교육의 철학과 잉걸진 미래를 만나다!

핀란드 교육혁명
한국교육연구네트워크 총서 01 | 320쪽 | 값 15,000원

일제고사를 넘어서
한국교육연구네트워크 총서 02 | 384쪽 | 값 13,000원

새로운 사회를 여는 교육혁명
한국교육연구네트워크 총서 03 | 380쪽 | 값 17,000원

교장제도 혁명
한국교육연구네트워크 총서 04 | 268쪽 | 값 14,000원

새로운 사회를 여는 교육자치 혁명
한국교육연구네트워크 총서 05 | 312쪽 | 값 15,000원

혁신학교
성열관·이순철 지음 | 224쪽 | 값 12,000원

행복한 혁신학교 만들기
초등교육과정연구모임 지음 | 264쪽 | 값 13,000원

서울형 혁신학교 이야기
이부영 지음 | 320쪽 | 값 15,000원

혁신교육, 철학을 만나다
브렌트 데이비스·데니스 수마라 지음
현인철·서용선 옮김 | 304쪽 | 값 15,000원

혁신교육 존 듀이에게 묻다
서용선 지음 | 292쪽 | 값 14,000원

미래교육의 열쇠, 창의적 문화교육
심광현·노명우·강정석 지음 | 368쪽 | 값 16,000원

프레이리와 교육
존 엘리아스 지음 | 한국교육네트워크 옮김
276쪽 | 값 14,000원

대한민국 교사, 어떻게 가르칠 것인가?
윤성관 지음 | 320쪽 | 값 15,000원

교사, 선생이 되다
김태은 외 지음 | 260쪽 | 값 13,000원

아이들을 어떻게 가르칠 것인가
사토 마나부 지음 | 박찬영 옮김 | 232쪽 | 값 13,000원

아이들의 배움은 어떻게 깊어지는가
이시이 쥰지 지음 | 방지현·이창희 옮김
200쪽 | 값 11,000원

다시 읽는 조선 교육사
이만규 지음 | 750쪽 | 값 33,000원

대한민국 교육혁명
교육혁명공동행동 연구위원회 지음 | 152쪽 | 값 5,000원

▶ 평화샘 프로젝트 매뉴얼 시리즈

학교 폭력에 대한 근본적인 예방과 대책을 찾는다

 학교 폭력 어떻게 만들어지는가
문재현 외 지음 | 300쪽 | 값 14,000원

 아이들을 살리는 동네
문재현·신동명·김수동 지음 | 204쪽 | 값 10,000원

 학교 폭력, 멈춰!
문재현 외 지음 | 348쪽 | 값 15,000원

 평화! 행복한 학교의 시작
문재현 외 지음 | 252쪽 | 값 12,000원

 왕따, 이렇게 해결할 수 있다
문재현 외 지음 | 236쪽 | 값 12,000원

▶ 비고츠키 선집 시리즈

발달과 협력의 교육학 어떻게 읽을 것인가?

 생각과 말
레프 세묘노비치 비고츠키 지음
배희철·김용호·D. 켈로그 옮김 | 690쪽 | 값 33,000원

 어린이의 상상과 창조
L.S. 비고츠키 지음 | 비고츠키연구회 옮김
280쪽 | 값 15,000원

 도구와 기호
비고츠키·루리야 지음 | 비고츠키연구회 옮김
336쪽 | 값 16,000원

 비고츠키 생각과 말 쉽게 읽기
비고츠키 교육학 실천연구모임 지음
316쪽 | 값 15,000원

 어린이 자기행동숙달의 역사와 발달 I
L.S. 비고츠키 지음 | 비고츠키연구회 옮김
564쪽 | 값 28,000원

 비고츠키와 인지 발달의 비밀
A.R. 루리야 지음 | 배희철 옮김
280쪽 | 값 15,000원

 어린이 자기행동숙달의 역사와 발달 II
L.S. 비고츠키 지음 | 비고츠키연구회 옮김
552쪽 | 값 28,000원

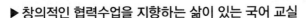

▶ 창의적인 협력수업을 지향하는 삶이 있는 국어 교실

우리말 글을 배우며 세상을 배운다

 중학교 국어 수업 어떻게 할 것인가?
김미경 지음 | 332쪽 | 값 15,000원

 이야기 꽃 1
박용성 엮어 지음 | 276쪽 | 값 9,800원

 토론의 숲에서 나를 만나다
명혜정 엮음 | 312쪽 | 값 15,000원

 이야기 꽃 2
박용성 엮어 지음 | 294쪽 | 값 13,000원

▶ 교과서 밖에서 만나는 역사 교실

상식이 통하는 살아 있는 역사를 만나다

전봉준과 동학농민혁명
조광환 지음 | 336쪽 | 값 15,000원

교과서 밖에서 배우는 역사 공부
정은교 지음 | 292쪽 | 값 14,000원

남도의 기억을 걷다
노성태 지음 | 344쪽 | 값 14,000원

통하는 공부
김태호·김형우·이경석·심우근·허진만 지음
324쪽 | 값 15,000원

응답하라 한국사 1
김은석 지음 | 356쪽 | 값 15,000원

팔만대장경도 모르면 빨래판이다
전병철 지음 | 360쪽 | 값 16,000원

응답하라 한국사 2
김은석 지음 | 368쪽 | 값 15,000원

빨래판도 잘 보면 팔만대장경이다
전병철 지음 | 360쪽 | 값 16,000원

즐거운 국사수업 32강
김남선 지음 | 280쪽 | 값 11,000원

김창환 교수의 DMZ 지리 이야기
김창환 지음 | 264쪽 | 값 15,000원

즐거운 세계사 수업
김은석 지음 | 328쪽 | 값 13,000원

영화는 역사다
강성률 지음 | 288쪽 | 값 13,000원

한국 고대사의 비밀
김은석 지음 | 304쪽 | 값 13,000원

친일 영화의 해부학
강성률 지음 | 264쪽 | 값 15,000원

아이들이 주인공이 되는 주제통합수업
이윤미 외 지음 | 268쪽 | 값 13,000원

광주의 기억을 걷다
노성태 지음 | 348쪽 | 값 15,000원

▶ 살림터 참교육 문예 시리즈

영혼이 있는 삶을 가르치는 온 선생님을 만나다!

꽃보다 귀한 우리 아이는
조재도 지음 | 244쪽 | 값 12,000원

선생님이 먼저 때렸는데요
강병철 지음 | 248쪽 | 값 12,000원

성깔 있는 나무들
최은숙 지음 | 244쪽 | 값 12,000원

서울 여자, 시골 선생님 되다
조경선 지음 | 252쪽 | 값 12,000원

아이들에게 세상을 배웠네
명혜정 지음 | 240쪽 | 값 12,000원

행복한 창의 교육
최창의 지음 | 328쪽 | 값 15,000원

▶ 정의로운 세상을 여는 인문사회 과학

사람의 존엄과 평등의 가치를 배운다

밥상혁명
강양구 · 강이현 지음 | 298쪽 | 값 13,800원

도덕 교과서 무엇이 문제인가?
김대용 지음 | 272쪽 | 값 14,000원

자율주의와 진보교육
조엘 스프링 지음 | 심성보 옮김 | 320쪽 | 값 15,000원

민주화 이후의 공동체 교육
심성보 지음 | 392쪽 | 값 15,000원

갈등을 넘어 협력 사회로
이창언 · 오수길 · 유문종 · 신윤관 지음 | 280쪽 | 값 15,000원

동양사상과 마음교육
정재걸 외 지음 | 356쪽 | 값 16,000원

좌우지간 인권이다
안경환 지음 | 288쪽 | 값 13,000원

민주시민교육
심성보 지음 | 544쪽 | 값 25,000원

민주시민을 위한 도덕교육
심성보 지음 | 496쪽 | 값 25,000원

교과서 밖에서 배우는 인문학 공부
정은교 지음 | 276쪽 | 값 13,000원

오래된 미래교육
정재걸 지음 | 392쪽 | 값 18,000원

수업과 교육의 지평을 확장하는 수업 비평
윤양수 지음 | 316쪽 | 값 15,000원

▶ 남북이 하나 되는 두물머리 평화교육

분단 극복을 위한 치열한 배움과 실천을 만나다!

10년 후 통일
정동영 · 지승호 지음 | 328쪽 | 값 15,000원

선생님, 통일이 뭐예요?
정경호 지음 | 252쪽 | 값 13,000원

▶ 출간예정

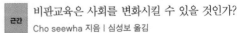
교육은 사회를 바꿀 수 있는가?
마이클 애플 지음 | 강희룡 · 김선우 · 박원순 · 이형빈 옮김

비판교육은 사회를 변화시킬 수 있을 것인가?
Cho seewha 지음 | 심성보 옮김

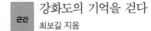
파랑새를 찾아 떠나는 북유럽 교육 기행
정애경 외 지음

강화도의 기억을 걷다
최보길 지음

독일 교육은 왜 강한가?
박성희 지음

참된 삶과 교육에 관한
생각 줍기